IEFI 国际财经中心
International Economics and Finance Institute

全球财经视野

——2018国际财经周记

周强武／主编

中国财经出版传媒集团
中国财政经济出版社

图书在版编目（CIP）数据

全球财经视野：2018 国际财经周记 / 周强武主编 . —北京：中国财政经济出版社，2019. 7

ISBN 978 - 7 - 5095 - 9036 - 2

Ⅰ. ①全… Ⅱ. ①周… Ⅲ. ①国际经济 - 研究 Ⅳ. ①F113

中国版本图书馆 CIP 数据核字（2019）第 112799 号

责任编辑：孙 腾　　　　责任校对：黄亚青

中国财政经济出版社 出版

URL：http：//www. cfeph. cn

E - mail：cfeph @ cfeph. cn

社址：北京市海淀区阜成路甲 28 号　邮政编码：100142

营销中心电话：010 - 88191537

中煤（北京）印务有限公司印装　各地新华书店经销

787 × 1092 毫米　16 开　17 印张　330 000 字

2019 年 7 月第 1 版　2019 年 7 月北京第 1 次印刷

定价：51. 00 元

ISBN 978 - 7 - 5095 - 9036 - 2

（图书出现印装问题，本社负责调换）

本社质量投诉电话：010 - 88190744

打击盗版举报热线：010 - 88191661　QQ：2242791300

序　言

2018年，全球经济乏善可陈。除美国外的发达经济体经济增速普遍放缓，新兴市场和发展中国家延续分化态势，部分基本面较脆弱的国家出现金融市场波动。贸易摩擦叠加主要经济体货币政策调整、地缘政治紧张等因素，导致全球经济风险和不确定性进一步上升。

具体来看，美国经济受减税等因素支撑，增长势头较为稳固，全年经济增速2.9%，为3年来最高；美国劳动力市场紧俏，通胀率接近2%目标水平，美联储年内4次加息，欧元区经济继续保持增长，但增速下滑至1.8%，为4年来最低；德国实际GDP增速放缓至1.4%，创5年来新低；法国经济增长放慢至1.5%；英国受“脱欧”等不确定性影响，经济增速降至1.4%，为2012年以来最慢；日本经济保持中低速增长，2018年增速0.7%，距离实现增长和通胀目标依然遥远。新兴经济体中，中国全年经济增速6.6%，仍是世界经济增长的主要驱动力；印度2018年高开低走，4个季度经济增速分别为7.7%、8.2%、7.1%和6.6%；俄罗斯经济有所改善，全年增速为2.3%；巴西经济增长1.1%；南非经济增长不及1%。受美联储收紧货币政策影响，部分新兴经济体货币对美元汇率显著贬值，土耳其里拉、阿根廷比索、南非兰特等均出现较大幅度贬值，印度卢比和印度尼西亚盾对美元汇率一度创下20年以来新低。资本市场方面，2018年大宗商品价格整体回落，美油期货下跌24.8%，布伦特原油下跌19.5%，黄金期货全年下跌约2%；美债收益率曲线11年来首现倒挂。

全球治理层面，贸易摩擦对多边主义和全球治理体系造成重大挑战，WTO改革迫在眉睫。区域贸易协定取得积极进展。《美国—墨西哥—加拿大协定》（USMCA）、《日欧经济合作协定》（EPA）、《全面与进步跨太平洋伙伴关系协定》（CPTPP）先后达成，《区域全面经济伙伴关系协定》（RCEP）谈判取得实质性进展。对中国来说，2018年财经外交同样成果丰硕。从中拉、中阿到中非合作论坛，中国同发展中国家的集体对话实现全覆盖。中国同主要大国关系总体稳定，同周边国家关系全面改善并发展，特别是面对美国挑起的贸易摩擦，中国坚定捍卫国家利益、坚决维护以规则为基础的多边贸易体制，在元首外交的战略引领下，双方重回对话协商解决问题的轨道，有效阻止了经贸摩擦进一步升级。“一带一路”倡议提出5周年，已成为世界上最受欢迎的公共产品和最大规模的合作平台。

为了更好地跟踪国际财经热点问题，财政部国际财经中心精心编辑整理“一周国际财经”，详细梳理和记录全球范围内财经热点事件和重大政策发布，包括主要经济体宏观政策、主要国际机构最新动向及重要报告、大宗商品价格走势和全球宏观经济形势等。“一周国际财经”相关信息因“找点准、信息全、质量高”，得到了中央有关部门领导和专家的充分肯定，为广大经济研究工作者提供了有益借鉴。

本书收录了财政部国际财经中心2018年编译整理的“一周国际财经”的主要内容，将为广大经济工作者和关注全球财经热点问题的同志提供有益帮助。由于水平有限，本书编辑过程中难免有疏漏和不妥之处，敬请广大读者提出宝贵意见。

编者

2019 年 2 月

目　录

第 1 周 （2017/12/30—2018/01/05）

2017 年 12 月 30 日—2018 年 1 月 5 日，国际财经要情有：美联储发布 2017 年 12 月份货币政策会议纪要；欧盟金融监管实施新法规；德国 2017 年 12 月份 CPI 初值同比上升 1.7%；法国财长称希望深化与中俄贸易关系；韩国 2017 年贸易顺差 958 亿美元；世行称 2018 年中国应持续深化改革；中国与格鲁吉亚自贸协定正式生效；斯宾塞称全球经济增长仍面临挑战。

一、区域观察

1. 北美

美联储发布 2017 年 12 月份货币政策会议纪要。2018 年 1 月 4 日，美联储发布 2017 年 12 月份货币政策会议纪要显示，2017 年核心通胀疲软是暂时性因素造成的，2018 年将回升；税改将部分提振消费者支出，温和推升资本支出；提高 2017—2020 年美国经济增速中值 0.1 个、0.4 个、0.1 个和 0.2 个百分点至 2.5%、2.5%、2.1% 和 2.0%；多数美联储官员预期 2018 年将加息 3 次。

美国 2017 年 12 月份制造业扩张速度加快。2018 年 1 月 3 日，美国供应管理协会发布数据显示，2017 年 12 月份美国制造业采购经理人指数由 58.2 上升至 59.7，创 3 个月以来新高，制造业扩张速度加快；2017 年美国制造业采购经理人指数均值 57.6，为 13 年来最高。

2. 拉美

巴西 2017 年贸易顺差 670 亿美元。2018 年 1 月 2 日，巴西工贸部发布数据显示，2017 年贸易顺差 670 亿美元，较 2016 年增长 40.5%，创 1989 年以来最高。其中，出口额同比增长 18.5% 至 2177.4 亿美元，进口额同比增长 10.5% 至 1507.4 亿美元。

委内瑞拉上调最低工资标准 40%。委内瑞拉总统马杜罗 2017 年 12 月 31 日宣布，自 2018 年 1 月起提升全国最低工资标准 40%，以改善民众生活。有分析认为，该举措将加剧委内瑞拉通胀恶化。受国际油价低迷、国内政局不稳、美国制裁等因素影响，委内瑞拉经济状况严峻，2017 年通胀涨幅 2000%，大量民众生活困难。

3. 欧洲

欧盟金融监管实施新法规。2018 年 1 月 3 日，《欧盟金融工具市场法规》生效，标志着欧洲在金融危机后进入新的监管周期。该法规通过后将增强欧盟内部金融系统透明度，并引入更多竞争，为参与者提供更公平、更安全、更高效的金融市场环境。目前仍有比利时、荷兰、芬兰、西班牙等 17 个欧盟成员国尚未正式实施该法规。

德国 2017 年 12 月份 CPI 初值同比上升 1.7%。2017 年 12 月 29 日，德国联邦统计局发布数据显示，德国 2017 年 12 月份 CPI 初值同比上升 1.7%，环比上升 0.6%。其中，能源价格指数同比上升 1.3%；食品价格指数同比上升 3.0%；服务业价格指数同比上升 1.6%。

德国 2017 年 12 月份失业率为 5.5%。2018 年 1 月 3 日，德国联邦劳工局发布数据显示，2017 年 12 月份失业率降至 5.5%，为 1990 年两德统一以来单月最低；2017 年全年失业人口 253.3 万人，就业人口 4430 万人，失业率 5.7%，创 1990 年以来年度最低。

法财长称希望深化与中俄贸易关系。2018 年 1 月 1 日，法国经济与财政部部长勒梅尔表示，希望深化法国与中国和俄罗斯的贸易关系，并建立一条经俄罗斯连通中欧的贸易“主干道”，认为法俄应在制裁框架内加强经济合作。

4. 亚太

日本 2017 年 11 月份制造业投入价格指数环比上升 0.6%。2017 年 12 月 29 日，日本央行发布数据显示，11 月份制造业投入价格指数初值为 97.3，环比上升 0.6%，同比上升 6.6%；制造业产出价格指数初值为 99.4，环比上升 0.3%，同比上升 3.8%。

韩国 2017 年 12 月份 CPI 环比上升 0.3%。近日，韩国国家统计局发布数据显示，韩国 2017 年 12 月份 CPI 环比上升 0.3%，同比上升 1.5%；剔除食品和能源因素的核心 CPI 环比上升 0.2%，同比上升 1.5%。

韩国 2017 年外商直接投资同比增长 7.7%。2018 年 1 月 3 日，韩国产业通商资源部发布数据显示，2017 年韩国订单外商直接投资同比增长 7.7% 至 229.4 亿美元；实际利用外资同比增长 20.9% 至 128.2 亿美元；欧盟对韩投资同比减少 4.5% 至 70.6 亿美元；美国对韩投资同比增长 21.5% 至 47.1 亿美元；日本对韩投资同比增长 47.9% 至 18.4 亿美元；中国对韩投资同比减少 60.5% 至 8.1 亿美元。

韩国 2017 年贸易顺差 958 亿美元。2018 年 1 月 1 日，韩国产业通商资源部发布数据显示，2017 年韩国出口额同比增长 15.8% 至 5739 亿美元，进口额同比增长 17.7% 至 4781 亿美元，贸易顺差 958 亿美元；2017 年 12 月份进口额同比增长 13.0% 至 433 亿美元，出口额同比增长 8.9% 至 490.7 亿美元，贸易顺差 76 亿美元。

越南 2017 年经济增速预计为 6.81%。2018 年 1 月 3 日，越南统计总局发布数据显示，越南 2017 年经济增速预计为 6.81%，高于 6.7% 的目标值。

新加坡 2017 年第四季度 GDP 同比增长 3.1%。2018 年 1 月 2 日，新加坡贸工部发布数据显示，新加坡 2017 年第四季度 GDP 同比增长 3.1%，2017 年全年经济增长 3.5%，是 3 年来最快增速。

沙特、阿联酋开征 5% 的增值税。2018 年 1 月 1 日起，沙特阿拉伯、阿拉伯联合酋长国开征 5% 的增值税，以增加政府财政收入，减少国际油价长期低位带来的负面影响；巴林、科威特、阿曼和卡塔尔 4 国将从 2018 年年底起征 5% 的增值税。

二、国际组织

世行称 2018 年中国应持续深化改革。2018 年 1 月 2 日，世行发布报告认为，在 2017 年良好的国内外经济环境中，中国去产能、执行环保标准等重大改革取得实质性进展；同时，大力推进财政和金融改革遏制金融风险；为保持经济强劲和包容性增长，中国应提升地方政府融资能力，加快建立现代财政制度，进一步推进养老金改革；预计 2018 年世界经济复苏继续稳步进行，为中国加快推进改革进程创造了有利外部环境。

金融稳定理事会发布唯一识别编码系统实施方案。近日，金融稳定理事会（FSB）发布了关于唯一识别编码（Unique Transaction Identifier，以下简称 UTI）的管理办法及实施方案。FSB 指出，准确的数据甄别将帮助 G20 成员国有效规避场外金融衍生品市场中存在的个体风险和系统风险。该方案规定：（1）所有相关国家须在该文件发布三年之内（2020 年内）实现 UTI 系统对金融衍生品市场的全覆盖；（2）指定国际标准化组织（ISO）作为 UTI 数据标准的发布机构；（3）指定支付与市场基础设施委员会（CPMI）和国际证监会组织（IOSCO）作为 UTI 系统的临时管理机构。

非开行称 2018 年将继续增加可再生能源投资。近日，非开行发布文章表示，2017 年非开行投资项目全部是绿色可再生的，批准的可再生能源发电项目累计达 1400 兆瓦，计划在 2018 年继续增加对可再生能源项目的支持力度。非开行行长阿金乌米·阿德希纳表示，非开行率先支持可再生能源项目，将帮助非洲释放能源潜力，支持工业化发展。七国集团在《联合国气候变化框架公约》第 21 次缔约方会议上承诺提供 100 亿美元用于支持这一计划。

三、国际大宗商品

本周纽约原油期货价格累计上涨 2.52%。截至星期四，本周纽约原油期货累计涨幅 2.52%。星期一元旦，原油期货市场休市；星期二纽约原油期货上涨 0.45%，收于每桶 60.37 美元；星期三纽约原油期货上涨 2.58%，收于每桶 61.93 美元；星期四纽约原油期货下跌 0.06%，收于每桶 61.89 美元。

本周纽约黄金期货价格累计上涨 0.37%。截至星期四，本周纽约黄金期货价格累计涨幅 0.37%。星期一元旦，黄金期货市场休市；星期二纽约黄金期货上涨 1.07%，收于每盎司 1319.1 美元；星期三纽约黄金期货下跌 0.35%，收于每盎司 1314.5 美元；星期四纽约黄金期货上涨 0.72%，收于每盎司 1324 美元。

四、区域合作

中国与格鲁吉亚自贸协定正式生效。2018 年 1 月 1 日，中国与格鲁吉亚的自贸协定正式生效，格鲁吉亚对中国 96.5% 的产品即将实施零关税，覆盖格鲁吉亚自中国进口总额的 99.6%。这是我国与欧亚地区国家签署的第一个自贸协定，也是“一带一路”倡议提出后我国启动并达成的第一个自贸协定。

中韩、中澳自贸协定启动第四轮降税。2018 年 1 月 1 日，根据中韩、中澳自贸协定安排，中韩、中澳分别启动第四轮产品降税，部分从韩国、澳洲进口和出口商品的关税税率进一步降低。

欧亚经济联盟开始实施新海关法。2018 年 1 月 1 日《欧亚经济联盟海关法典条约》正式生效，成为欧亚经济联盟关键性法律基础文件之一。该法旨在提高成员国之间在海关调解领域规范化和一致性水平，向“一个窗口”过渡，改善对外经济活动条件，刺激出口。

五、全球宏观经济形势

斯宾塞称全球经济增长仍面临挑战。诺贝尔经济学奖得主斯宾塞（Michael Spence）发表文章认为，目前，全球经济增长面临三大挑战：生产率增长疲软、收入不平等加剧和劳动者技能落后于市场需要；其中，生产率增长是经济增长的决定因素。为实现包容性和可持续性增长，各国政府在政策制定上应关注四点重要因素：一是保障充足的人力资本。在大多数经济体中，劳动者技能落后于市场需求，而政府却未能出台及时有效的政策，实现劳动者再教育和再培训，以及收入再分配；尤其在美国等一些国家，收入和财富分配扭曲程度使较低收入家庭完全无法承担必要的自我投资，以应对劳动力市场的快速变化。二是就业市场存在巨大的信息鸿沟。劳动者无法确定如何自我投资和提高哪些具体技能；政府、教育机构和企业也没有有效措施为劳动者提供信息和指导。三是改善基础设施和环境。好的基础设施可以降低经济运营成本，改善联结质量；政策制定者应从长远考虑，不仅局限于对基础设施的维护等基本社会需求，还应重点投资于那些能够创造更多私人投资机会的基础设施领域。四是自然、科技和生物医药研究对长期驱动创新至关重要。这些领域的研究将对经济产生很大溢出效应。在目前发达经济体的政策框架中，几乎看不到上述四点要素。以美国为例，特朗普政府的税改法案可能会增加私有部门投资，但忽略了能够为未来平衡和可持续性增长打基础的因素，平衡可持续的经济增长需要高社会生产率，而高社会生产率需要供给端和需求端的共同支撑。

第2周 （2018/01/06—2018/01/12）

2018 年 1 月 6—12 日，国际财经要情有：美国 2017 年 12 月份失业率为 4.1%；德国 2017 年经济增长 2.2%；日本央行宣布缩减购债规模；印度 2017/2018 财年实际 GDP 同比增长 6.5%；WTO 称加拿大针对美国发起贸易投诉；中法签署 200 亿美元经贸协议；世行预测 2018 年全球经济增速 3.1%。

一、区域观察

1. 北美

美国 2017 年 12 月份失业率为 4.1%。2018 年 1 月 6 日，美国劳工部发布数据显示，美国 2017 年 12 月份失业率为 4.1%，环比持平，劳动参与率 62.7%；新增非农就业人口 14.8 万人，远不及预期；平均每小时工资环比增长 0.3%，同比增长 2.5%。

美联储 2017 年向财政部上缴 802 亿美元利润。2018 年 1 月 11 日，美联储发布数据显示，2017 年美联储向美国财政部上缴利润 802 亿美元，较 2016 年下降 113 亿美元；美联储在声明中指出，2017 年美联储向商业银行支付储备金利息增加 138 亿美元，是导致利润下降的主要原因。

美国 2017 年 12 月份出口价格指数环比下降 0.1%。2018 年 1 月 10 日，美国劳工部发布数据显示，2017 年 12 月份美国出口价格指数环比下降 0.1%，同比上升 2.6%；进口价格指数环比上升 0.1%，同比上升 3%。

加拿大 2017 年 12 月份失业率为 5.7%。2018 年 1 月 6 日，加拿大国家统计局发布数据显示，加拿大 12 月份失业率为 5.7%，环比下降 0.2%，创 1976 年 1 月份以来最低。

加拿大 2017 年 11 月份商品贸易逆差 25 亿加元。2018 年 1 月 6 日，加拿大国家统计局发布数据显示，加拿大 2017 年 11 月份商品贸易逆差 25 亿加元，环比上升 9 亿加元。其中，进口额环比上升 5.8%，出口额环比上升 3.7%。

2. 拉美

巴西 2017 年通胀率为 2.95%。2018 年 1 月 10 日，巴西地理统计局发布数据显示，2017 年巴西通胀率 2.95%，创近 19 年来新低；巴西规划部当日表示，巴西已走出衰退，通胀率降至较低水平有利于巴西经济增长。

3. 欧洲

欧央行公布 2017 年 12 月份货币政策会议纪要。2018 年 1 月 11 日，欧央行公布 2017 年 12 月份货币政策会议纪要显示，欧央行考虑在 2018 年初逐渐调整前瞻指引，认为近期核心通胀下行是暂时的，通胀将在未来保持稳定并为欧央行逐步退出宽松货币政策提供有利条件。

欧盟称英国脱欧带来 130 亿—140 亿欧元预算缺口。2018 年 1 月 10 日，欧盟委员会表示，英国脱欧后，欧盟每年将损失 130 亿—140 亿欧元净收入，即欧盟年度预算面临 130 亿—140 亿欧元缺口。

德国 2017 年经济增长 2.2%。2018 年 1 月 11 日，德国联邦统计局发布数据显示，2017 年德国经济增长 2.2%，创 2011 年以来最高；2017 年预算盈余 384 亿欧元，GDP 占比 1.2%，创历史新高，已连续 4 年实现财政盈余；2017 年 12 月份失业率 5.5%，创记录最低，失业人数连续 6 个月下降。

德国 2017 年 11 月份制造业新增订单环比下降 0.4%。2018 年 1 月 8 日，德国联邦统计局发布数据显示，经季调，德国 2017 年 11 月份制造业新增订单环比下降 0.4%；其中，国内订单环比下降 0.4%，海外订单环比下降 0.5%；欧元区订单环比上升 0.7%，其他国家订单环比下降 1.2%。

德国 2017 年 11 月份工业产出初值环比上升 3.4%。2018 年 1 月 9 日，德国联邦统计局发布数据显示，经季调，德国 2017 年 11 月份工业产出初值环比上升 3.4%；其中，资本品产出环比上升 5.7%，消费品产出环比上升 3.6%，中间品产出环比上升 3.0%，能源产出环比下降 3.1%，营建业产出环比上升 1.5%；剔除能源和营建业产出，11 月份工业产出环比上升 4.3%。

法国 2017 年 1—11 月商品贸易逆差扩大至 597 亿欧元。2018 年 1 月 11 日，法国海关发布数据显示，2017 年 1—11 月商品贸易逆差累计 597 亿欧元，为 2012 年以来同期最高；法国央行预测，2018 年法国出口增速将达 6%。

意大利 2017 年 11 月份失业率降至 11%。2018 年 1 月 9 日，意大利国家统计局发布数据显示，2017 年 11 月份意大利失业率降至 11%，为 2012 年 9 月份以来最低；其中，15—24 岁年轻人失业率降至 32.7%，为 2012 年 1 月份以来最低。

罗马尼亚 9 年来首次上调基准利率。2018 年 1 月 8 日，罗马尼亚央行宣布，上调基准利率 0.25 个基点至 2%，自 2008 年 8 月以来首次上调基准利率；上调一年期存款利率 0.25 个百分点至 1%，一年期贷款利率 0.25 个百分点至 3%，维持存款类金融机构的本外币存款最低准备金率不变。

4. 亚太

日本央行宣布缩减购债规模。2018 年 1 月 9 日，日本央行宣布缩减购债规模，减少 10—25 年期国债购买规模 100 亿—1900 亿日元，减少 25 年期以上国债购买规模 100 亿—800 亿日元。

韩国 2017 年 11 月份经常账户盈余 74.3 亿美元。2018 年 1 月 5 日，韩国央行发布数据显示，韩国 2017 年 11 月份经常账户盈余 74.3 亿美元。其中，货物贸易账户盈余 114.6 亿美元，服务贸易账户赤字 32.7 亿美元，初次收入账户赤字 0.7 亿美元，二次收入账户赤字 7.0 亿美元。

韩国 2017 年 12 月份外汇储备 3892.7 亿美元。2018 年 1 月 6 日，韩国央行发布数据显示，韩国 2017 年 12 月份外汇储备 3892.7 亿美元，位列世界第九大外汇储备国。

韩国 2017 年青年失业率 9.9%。2018 年 1 月 10 日，韩国统计厅发布数据显示，2017 年韩国就业人口 2655.2 万人，同比增加 31.7 万人；青年失业率 9.9%，创记录新高；2017 年失业率 3.7%，与 2016 年持平。

印度 2017/2018 财年实际 GDP 同比增长 6.5%。2018 年 1 月 8 日，印度国家统计局预计，印度 2017/2018 财年实际 GDP 同比增长 6.5%。其中，农林渔业同比增长 2.1%；采矿业同比增长 2.9%；制造业同比增长 4.6%；电力、燃气及水生产和供应业同比增长 7.5%；建筑业同比增长 3.6%；贸易、酒店、交通运输和通信服务等产业同比增长 8.7%；金融、房地产和专业服务业同比增长 7.3%；公共管理、国防和其他服务业同比增长 9.4%。

哈萨克斯坦 2017 年通胀率 7.1%。2018 年 1 月 11 日，哈萨克斯坦国家经济部统计委员会发布数据显示，2017 年通胀率 7.1%，食品、非食品以及服务价格分别上涨 6.5%、8.9% 和 5.9%。

澳大利亚 2017 年 11 月份贸易账户赤字 6.28 亿澳元。2018 年 1 月 6 日，澳大利亚国家统计局发布数据显示，经季调，澳大利亚 11 月份商品及服务贸易账户赤字 6.28 亿澳元。其中，商品及服务出口总额为 318.53 亿澳元，环比上升 0.4%；商品及服务进口总额为 324.81 亿澳元，环比上升 1.5%。

5. 非洲

南非 2017 年 11 月份贸易盈余 130.2 亿兰特。南非税务总局发布数据显示，南非 2017 年 11 月份贸易盈余 130.2 亿兰特（约 10.6 亿美元），创一年半来新高。其中，出口额增长 11.5%，进口额增长 3.3%；分析认为，全球大宗商品价格回暖，中国等主要市场需求上升以及兰特疲软，是南非出口回升的主要原因。

二、国际组织

WTO 称加拿大针对美国发起贸易投诉。2018 年 1 月 10 日，WTO 发文称，加拿大针对美国发起了一项内容广泛的贸易投诉，对美国反倾销和反补贴关税的使用提出质疑，针对美国贸易准则的技术细节挑错，其中包括美国方面对待出口控制的方式，以及当美国国际贸易委员会（ITC）的 6 名委员作出不一致决定时的处理方式等；该投诉以美方被指从事不当行为的近 200 个例子为基础。美国对此表示，此举将导致加拿大自身利益受损。

IMF 称各国应关注结构性改革带来的经济增长不平等。IMF 发布报告称，结构性改革可能会使经济增长与公平产生矛盾；中国、印度等国推进经济改革，促进了增长，同时也加剧了发展不平等；尽管改革有一定的负面影响，但其对经济增长仍有促进作用；不同类型的结构性改革会带来不同程度的增长与公平矛盾；资本市场自由化改革或将带来经济发展不平等，但法律制度改革往往会促进增长与公平；各国应综合考虑分配效应，应用财政等再分配工具，减轻增长不平等，确保改革红利最大化。

世行发布《债务管理基金》报告。2018 年 1 月 8 日，世行发布报告称，自 2014 年 4 月起，世行与 IMF 启动第二轮信托基金—债务管理基金二期（DMFⅡ），双方正式建立伙伴关系；该基金为多边捐助信托基金，支持在低收入国家进一步开展世界银行集团的债务管理工作，以及辅助快速执行工作计划等。截至 2018 年 1 月，捐助方承诺对 DMFⅡ捐助 2660 万美元，实际支付额 2440 万美元；未来，该基金将纳入更多技术援助，包括发展国内债券市场，在国际市场发行债券以及评估宏观经济和金融风险等。

三、国际大宗商品

本周纽约原油期货价格累计上涨 2.5%。截至星期四，本周纽约原油期货累计涨幅 2.5%。星期一纽约原油期货上涨 0.5%，收于每桶 61.9 美元；星期二纽约原油期货上涨 2.55%，收于每桶 63.48 美元；星期三纽约原油期货上涨 0.03%，收于每桶 63.5 美元；星期四纽约原油期货下跌 0.08%，收于每桶 63.45 美元。

本周纽约黄金期货价格累计上涨 0.17%。截至星期四，本周纽约黄金期货价格累计涨幅 0.17%。星期一纽约黄金期货上涨 0.07%，收于每盎司 1321.2 美元；星期二纽约黄金期货下跌 0.58%，收于每盎司 1313.6 美元；星期三纽约黄金期货上涨 0.29%，收于每盎司 1317.4 美元；星期四纽约黄金期货上涨 0.43%，收于每盎司 1323 美元。

四、区域合作

中法签署 200 亿美元经贸协议。2018 年 1 月 11 日，中法双方企业在法国总统马克龙访华期间签署了总额约 200 亿美元的经贸协议，涉及领域包括核能、航天、养老、航空、环保、金融、能源综合利用等，显示出双边经贸合作的战略性和多样性。

欧盟计划出台欧亚互联互通蓝图。2018 年 1 月 10 日，欧盟驻华代表团团长史伟表示，欧盟期待 2018 年进一步深化与中国在互联互通上的合作，欧盟的欧亚大陆互联互通蓝图正在制定中，该蓝图将与“一带一路”对接。

五、全球宏观经济形势

世行预测 2018 年全球经济增速 3.1%。2018 年 1 月 9 日，世行发布《2018 年全球经济展望》报告显示，由于投资恢复、制造业回暖以及全球贸易稳步增长，2017 年全球经济预计增长 3%，为 2011 年以来最强劲增长。东亚和太平洋地区对 2017 年全球经济增速贡献率超过 1/3，其中大部分贡献来自中国；预计 2018 年全球经济增速将达 3.1%，发达经济体增速温和放缓至 2.2%，新兴经济体和发展中经济体加快至 4.5%，东亚和太平洋地区经济增速小幅下滑至 6.2%。分国别来看，美国 2018 年经济增速预计从 2017 年的 2.5% 降至 2.2%；中国 2018 年增速从 2017 年的 6.8% 放缓至 6.4%；印度尼西亚增速从 2017 年 5.1% 加快至 5.3%。长期来看，随着资本积累速度下滑，生产率增速放缓、人口老龄化加剧，未来 10 年全球经济潜在增速或将进一步下降，这可能导致全球经济脆弱性增加，为各国经济发展和生活改善带来挑战。

OECD 国家 2017 年 11 月份年化通胀率增至 2.4%。2018 年 1 月 9 日，OECD 发布数据显示，2017 年 11 月，OECD 国家年化通胀率 2.4%，连续 5 个月上涨，环比上涨 0.2 个百分点。除意大利外，OECD 主要成员 2017 年 11 月份年化通胀率均实现上涨。其中，加拿大受能源价格驱动，显著增长至 2.1%；日本增至 0.6%；德国增至 1.8%；美国增至 2.2%；法国增至 1.2%；英国增至 3.1%；G20 国家 2017 年 11 月份整体年化通胀率上升 0.2 个百分点至 2.5%；新兴经济体中，印度、沙特阿拉伯和巴西 2017 年 11 月份年化通胀率分别增至 4%、0.1% 和 2.8%；但印度尼西亚、中国、俄罗斯和南非呈现下降趋势，分别降至 3.3%、1.7%、2.5% 和 4.4%。

第3周 （2018/01/13—2018/01/19）

2018 年 1 月 13—19 日，国际财经要情有：美国 2017 年 12 月份 CPI 环比上升 0.1%；加拿大央行加息 25 个基点；欧元区 2017 年 12 月份 CPI 终值环比上升 0.4%；德国 2017 年 12 月份 CPI 终值同比上升 1.7%；法国 2017 年 12 月份 CPI 终值同比上升 1.2%；英国 2017 年 12 月份 CPI 降至 3%；日本 2017 年 11 月份经常账户盈余同比减少 5.6%；韩国央行维持基准利率 1.5% 不变；亚行 2017 年业务总额达 289 亿美元；中国—巴拿马自贸区建设正式启动；世界经济论坛发布《2018 年全球风险报告》。

一、区域观察

1. 北美

美联储发布褐皮书。2018 年 1 月 16 日，美联储发布褐皮书认为，2017 年 11 月底至 12 月底，美国大部分地区经济小幅增长，就业市场收紧，劳动力市场出现短缺，薪资温和上涨，通胀以温和到中速增长；对 2018 年经济前景保持乐观。

美财政部发布《国际资本流动报告》。2018 年 1 月 18 日，美国财政部发布《国际资本流动报告》显示，2017 年 11 月份，中国持有的美债总额环比下降 1.1% 至 1.18 万亿美元；日本持有的美债余额环比下降 0.9% 至 1.08 万亿美元，连续 4 个月减少，为 4 年多来最低水平；中国和日本合计持有的美债总额占美联邦政府债务总额的比重降至 36%，为 18 年来最低。

美国 2017 年 12 月份 CPI 环比上升 0.1%。2018 年 1 月 17 日，美国劳工部发布数据显示，经季调，美国 2017 年 12 月份 CPI 环比上升 0.1%，不计入食品和能源的核心 CPI 环比上升 0.3%，同比上升 1.8%。

美国 2017 年 12 月份零售销售额环比上升 0.4%。2018 年 1 月 12 日，美国商务部发布数据显示，经季调，美国 2017 年 12 月份零售销售初值为 4954 亿美元，环比上升 0.4%，同比上升 5.4%。其中，电子产品和家电零售额环比下降 0.2%，服装零售额环比下降 0.3%，文体产品零售额环比下降 1.6%，杂货零售额环比下降 2.9%。

加拿大央行加息 25 个基点。2018 年 1 月 17 日，加拿大央行召开货币政策会议，上调基准利率 25 个基点至 1.25%，创 2009 年以来新高；上调 2018 年经济增速 0.1 个百分点至 2.2%，上调 2019 年经济增速 0.1 个百分点至 1.6%；上调 2018 年年均通胀预期 0.3 个百分点至 2%，预计 2019 年通胀率为 2.1%。

2. 拉美

巴西 2017 年 11 月份经济环比增长 0.49%。2018 年 1 月 15 日，巴西央行发布数据显示，2017 年 11 月份巴西经济环比增长 0.49%，同比增长 2.82%，上调 2018 年经济增长预期至 2.7%，预计 2019 年经济增长 2.8%；预计 2018 年、2019 年通胀率分别为 3.95% 和 4.25%。

3. 欧洲

欧元区 2017 年 12 月份 CPI 终值环比上升 0.4%。2018 年 1 月 17 日，欧盟统计局发布数据显示，欧元区 2017 年 12 月份 CPI 终值环比上升 0.4%，同比上升 1.4%；核心 CPI 同比上升 0.9%。

欧元区 2017 年 11 月份国际货物贸易顺差 263 亿欧元。2018 年 1 月 15 日，欧盟统计局发布数据显示，欧元区（19 国）2017 年 11 月份国际货物贸易顺差 263 亿欧元，同比上升 25 亿欧元。其中，出口额为 1975 亿欧元，同比增长 7.7%；进口额为 1712 亿欧元，同比增长 7.3%；欧元区内货物贸易额为 1655 亿欧元，同比增长 6.9%。

德国 2017 年 12 月份 CPI 终值同比上升 1.7%。2018 年 1 月 16 日，德国联邦统计局发布消息称，德国 12 月份 CPI 终值同比上升 1.7%，环比上升 0.6%。其中，能源价格同比上升 1.3%，食品价格同比上升 3.0%，服务业价格同比上升 1.6%。

德国 2017 年接收难民数量下降 10 万人。2018 年 1 月 16 日，德国内政部发布数据显示，2017 年德国接收难民数量较上年下降 10 万人至 18.66 万人。根据德国联盟党和社民党组阁谈话达成的最终成果文件，德国每年接收难民数应限制在 18 万—22 万人。

法国 2017 年 12 月份 CPI 终值同比上升 1.2%。2018 年 1 月 13 日，法国统计局发布数据显示，2017 年 12 月份 CPI 终值同比上升 1.2%，环比上升 0.3%。其中，能源价格同比上升 5.0%；食品价格同比上升 1.3%；服务业价格同比上升 1.0%。

英国 2017 年 12 月份 CPI 降至 3%。2018 年 1 月 16 日，英国央行公布数据显示，2017 年 12 月份 CPI 环比增长 0.4%，同比增长 3%，为 6 个月来首次下降；核心 CPI 同比增长 2.5%，为 5 个月来最低；英国央行预测，2018 年英国经济将放缓至 2.4%。

意大利 2017 年 11 月份工业产出环比持平。2018 年 1 月 13 日，意大利国家统计局发布数据显示，经季调，意大利 2017 年 11 月份工业产出环比持平，同比上升 2.2%。

4. 亚太

日本 2017 年 11 月份经常账户盈余同比减少 5.6%。2018 年 1 月 13 日，日本财务省发布数据显示，2017 年 11 月份经常账户盈余同比下降 5.6% 至 1.35 万亿日元，连续 41 个月盈余；进口总额同比增长 17.6% 至 6.59 万亿日元，出口同比增长 13.9%，贸易顺差 1810 亿日元，同比下降 46.8%；海外分红和投资收益 1.3298 万亿日元，同比增长 10.4%。

韩国央行维持基准利率 1.5%不变。2018 年 1 月 18 日，韩国央行召开金融货币委员会全体会议宣布，维持基准利率 1.5% 不变。

韩国长期失业人数创新高。2018 年 1 月 16 日，韩国统计厅发布数据显示，2017 年韩国失业 6 个月以上人口达 14.7 万人，占总失业人口的 14.3%，创 2000 年有记录以来最高。

新加坡 2017 年 11 月份零售销售额同比增长 5.3%。2018 年 1 月 13 日，新加坡统计局发布数据显示，2017 年 11 月份零售销售总额同比增长 5.3%，环比增长 5.1%；扣除汽车销售后，零售销售总额同比增长 4.7%，环比止跌回升 2.9%。

澳大利亚 2017 年 12 月份失业率 5.5%。2018 年 1 月 18 日，澳大利亚国家统计局发布数据显示，2017 年 12 月份失业率 5.5%，不及前值和预期；就业参与率 65.7%，全职就业人口 1.51 万人；2017 年全年失业率降至 5.4%。

5. 非洲

埃及 2017/2018 上半财年基本预算赤字降至 10 年最低。近日，埃及财政部发布数据显示，埃及 2017/2018 财年上半年基本预算赤字降至 140 亿埃镑，占 GDP 的 0.3%，为 10 年来最低。其中，税收收入同比增长 61%，商品供给拨款增长 65%，现金拨款同比增长 140% 至 99 亿埃镑。埃及财长阿姆鲁·贾尔希表示，政府将争取在 2017/2018 财年结束时实现基本预算盈余占 GDP 0.2% 的目标。

二、国际组织

亚行 2017 年业务总额达 289 亿美元。亚行公布年度业务数据显示，2017 年，包括贷款、赠款、技术援助和联合融资在内的亚行业务总额达 289 亿美元。其中，获批的自有资金贷款和赠款增长 9% 至 191 亿美元，非政府贷款和赠款增长 26% 至 32 亿美元，联合融资下降 44 亿美元至 95 亿美元，技术援助同比增长 22% 至 2.05 亿美元；气候变化融资增长 21% 至 45 亿美元，创历史新高，有助于亚行在 2020 年实现 60 亿美元的气候变化融资目标；其他业务亮点包括资助多项创新发展项目，如使用卫星数据和遥感技术，改善印度尼西亚和巴基斯坦农业灌溉，开展孟加拉国气候智能农业实践的试点测试，以及支持蒙古的社会福利改革等。

联合国粮农组织：加强"一带一路"框架下农业合作。2018 年 1 月 17 日，"一带一路"框架下农业合作研讨会在北京召开。会议主要就四个主题进行深入探讨：促进包容性价值链发展、农业电子商务、"同一健康"方法的跨界动植物疾病控制、创新与合作。联合国粮农组织在会议上呼吁，加强各成员国政府以及其他发展伙伴的合作，共同努力，最大限度扩大"一带一路"倡议对减贫和农村发展的影响，实现减贫和农村发展目标。

欧投行称将继续支持联合国可持续发展目标。近日，欧投行行长霍伊尔在纽约会见联合国秘书长古特雷斯，重申支持联合国可持续发展目标，认为即使多边合作在某些地区遭受质疑，欧投行仍将支持联合国的发展计划和改革方案，以完成消除贫困和改善人民生活质量的目标；欧投行将引入私人资本，共同参与落实可持续发展目标，为研究发行专项债券等提供支持。

三、国际大宗商品

本周纽约原油期货价格累计下跌 1.67%。截至星期四，本周纽约原油期货累计下跌 1.67%。星期一纽约原油期货上涨 0.65%，收于每桶 64.75 美元；星期二纽约原油期货下跌 1.44%，收于每桶 63.82 美元；星期三纽约原油期货上涨 0.31%，收于每桶 64.02 美元；星期四纽约原油期货下跌 0.55%，收于每桶 63.67 美元。

本周纽约黄金期货价格累计下跌 1.0%。截至星期四，本周纽约黄金期货价格累计下跌 1.0%。星期一纽约黄金期货上涨 0.16%，收于每盎司 1340.5 美元；星期二纽约黄金期货下跌 0.13%，收于每盎司 1338.8 美元；星期三纽约黄金期货下跌 0.86%，收于每盎司 1327.3 美元；星期四纽约黄金期货下跌 0.02%，收于每盎司 1327 美元。

四、区域合作

中国—巴拿马自贸区建设正式启动。2018 年 1 月 15—16 日，中国—巴拿马自贸协定联合可行性研究工作组第一次会议在北京召开。会议期间，双方就联合可行性研究的工作机制、研究报告的结构框架及主要内容、下一步工作安排等问题深入磋商，并就指导双方研究工作的职责范围文件达成一致，会议取得积极进展。

德法央行将人民币纳入外汇储备。2018 年 1 月 15 日，德国央行表示已决定将人民币纳入外汇储备，目前仍在准备购买事宜，尚未进行投资；法国央行表示已将部分外汇储备投资于人民币。分析认为，德法央行将人民币纳入外汇储备篮子凸显了中国在全球金融领域的地位日益突出，反映了人民币可在全球范围更自由流通。

中欧班列在广西首发。2018 年 1 月 17 日，中欧班列在广西首发，开辟了一条从东盟国家经广西，连接我国西南、中南地区，直至中亚、欧洲的国际陆海贸易新通道，为东盟国家及我国华南地区货物出口俄罗斯、中亚、东欧等国家和地区提供了便利，对实现“一带”与“一路”有机衔接，增进我国与东盟、中亚、东欧等地区交流具有重要意义。

五、全球宏观经济形势

世界经济论坛发布《2018 年全球风险报告》。2018 年 1 月 17 日，世界经济论坛发布《2018 年全球风险报告》认为，2018 年世界经济增长势头强劲，这为各国解决经济、社会以及国际关系和环境等方面的问题提供了黄金时机；各国政府、国际组织、企业和民间团体应通力合作，应对全球范围的危机和挑战；2018 年全球可能性最高的十大风险有：极端天气事件、自然灾害、网络攻击、数据诈骗和盗取、气候变化应对措施失败、大规模非自愿移民、人为环境灾害、恐怖袭击、非法贸易以及主要经济体资产泡沫风险；认为地缘政治摩擦正不断助长网络攻击的规模和复杂性，随着企业越来越依赖技术，网络风险日益增加，政府和企业需要进一步增强抵御网络风险的能力。

OECD 国家经济增势保持稳定。2018 年 1 月 15 日，OECD 发布最新综合领先指数（CLIs）显示，该指数已连续 5 个月稳定在 100 以上，OECD 国家整体经济增长势头继续保持稳定；美国、日本、加拿大以及欧元区有望保持稳定增长势头；德国和意大利的指数分别上涨 0.1，增长势头将进一步加强；英国指数下跌 0.3，经济增长或进一步放缓；主要新兴经济体中，中国工业部门增长势头加强，2017 年 11 月份 CLI 升至 99.6，巴西增长势头强劲，5 个月内指数由 102.1 升至 103.6，俄罗斯增长势头进一步加强，印度指数与上月持平。

第4周 （2018/01/20—2018/01/26）

2018 年 1 月 20—26 日，国际财经要情有：美参众两院通过临时拨款法案；美国对进口洗衣机和太阳能产品征收保护性关税；欧洲央行维持三大利率不变；俄罗斯 2017 年外债增长 2.9%；日本央行维持大规模货币宽松政策不变；韩国 2017 年第四季度 GDP 环比萎缩 0.2%；世界经济论坛 2018 年年会在瑞士达沃斯举行；TPP11 个成员国就新协定谈判达成协议；IMF 发布最新《世界经济展望》报告。

一、区域观察

1. 北美

美国会参议院批准鲍威尔担任美联储主席。2018 年 1 月 23 日，美国会参议院投票批准鲍威尔担任美联储主席。鲍威尔预计将于 2 月 3 日接替耶伦上任。

美参众两院通过临时拨款法案。2018 年 1 月 22 日，美国会参众两院通过为期 3 周的临时拨款法案，为联邦政府提供运营资金至 2 月 8 日，结束了持续 3 天的政府“关门”。

美国对进口洗衣机和太阳能产品征收保护性关税。2018 年 1 月 22 日，美国贸易代表办公室宣布，美政府已决定对进口洗衣机和太阳能电池产品征收保护性关税；对进口洗衣机实行为期三年进口配额限制，第一年对 120 万台以内进口洗衣机征收 20% 关税，超出部分征税 50%，之后两年税率逐渐下降；对进口太阳能电池产品征收为期四年的保护性关税，第一年对 25 亿瓦以内太阳能电池产品不予征税，超出部分征税 30%，之后 3 年税率逐渐下降。

2. 拉美

智利公布新一届内阁名单。2018 年 1 月 23 日，智利总统塞瓦斯蒂安·皮涅拉公布新一届内阁名单。内政部长为 62 岁的安德烈斯·查德威克；外交部长是 64 岁的作家罗伯托·安普埃罗；国防部长由阿尔韦托·埃斯皮纳担任；财政部长为费利佩·拉腊因；经济部长为何塞·拉蒙·巴伦特；内阁成员平均年龄 55 岁。23

名内阁成员中，有 7 名为女性。新内阁将于 3 月 11 日就职。

3. 欧洲

欧洲央行维持三大利率不变。2018 年 1 月 25 日，欧洲央行召开货币政策会议，维持主要再融资利率 0.0%，隔夜存款利率 -0.4%，隔夜贷款利率 0.25% 不变；宣布每月 300 亿欧元的资产购买规模将至少持续至 9 月份，如有必要将延续更长时间。

欧盟调整“不合作税收管辖地”名单。2018 年 1 月 23 日，欧盟召开经济财政理事会，将韩国、巴拿马、阿联酋、蒙古国、巴巴多斯、中国澳门、突尼斯、格林纳达从“不合作税收管辖地”黑名单中撤下，列入避税港观察名单中；黑名单国家和地区由 17 个减至 9 个，观察名单由 47 个增至 55 个。

欧元区 2017 年 11 月份经常账户盈余 325 亿欧元。2018 年 1 月 20 日，欧央行发布数据显示，经季调，欧元区 2017 年 11 月份经常账户盈余 325 亿欧元。其中，货物账户盈余 311 亿欧元，服务账户盈余 45 亿欧元，初次收入账户盈余 105 亿欧元，二次收入账户赤字 136 亿欧元。

德国 2017 年 12 月份 PPI 同比上升 2.3%。2018 年 1 月 20 日，德国联邦统计局发布数据显示，德国 2017 年 12 月份 PPI 同比上升 2.3%，环比上升 0.2%。其中，能源价格同比上升 3.1%，非耐用消费品价格同比上升 1.8%，中间品价格同比上升 3.1%，耐用消费品和资本品价格分别同比上升 1.3% 与 1.1%。

英国 2017 年 12 月份公共部门净借款额降至 9.8 亿英镑。2018 年 1 月 23 日，英国国家统计局发布数据显示，2017 年 12 月份公共部门净借款额降至 9.8 亿英镑，2017 年 4—12 月份公共部门净借款额同比下降 66 亿英镑至 500 亿英镑，为 2007 年以来同期最低水平；预计 2017 财年（2017 年 4 月 1 日—2018 年 3 月 31 日）公共部门净借款额（不含公共部门银行）499 亿英镑，公共部门净现金需求为 251.3 亿英镑。

英国 2017 年 12 月份零售销售环比下降 1.5%。2018 年 1 月 19 日，英国国家统计局发布数据显示，英国 2017 年 12 月份零售销售量环比下降 1.5%，同比上升 1.4%。

英国 2017 年 12 月份失业率为 2.4%。2018 年 1 月 25 日，英国国家统计局发布数据显示，英国 2017 年 12 月份失业率为 2.4%，申请失业金人数增幅放缓至 8600 人。

俄罗斯 2017 年外债增长 2.9%。2018 年 1 月 20 日，俄罗斯央行发布数据显示，2017 年俄罗斯外债总额增长 2.9% 至 5291 亿美元，主要由于外国投资者购买俄国家主权债券增多和外国金融公司对俄企业长期贷款增多；银行业外债减少 12.5% 至 1045 亿美元，为近 10 年最低；央行外债增加 26.4 亿—150 亿美元。

4. 亚太

日本央行维持大规模货币宽松政策不变。2018 年 1 月 23 日，日本央行召开货币政策会议决定，维持现行超量宽货币政策不变，维持基准利率 -0.1% 不变，维持 2017—2019 财年经济增长预期 1.9%、1.4% 和 0.7% 不变。

日本 2017 年出口增长 11.8%。2018 年 1 月 24 日，日本财务省发布数据显示，2017 年日本出口总额增长 11.8% 至 78.3 万亿日元，进口总额增长 14% 至 75.3 万亿日元；2017 年贸易顺差下降 25.1% 至 3 万亿日元；从国别地区来看，2017 年日本对亚洲出口增长 15.7% 至 42.9 万亿日元，对亚洲贸易顺差增长 51.8% 至 5.9 万亿日元，对美国贸易顺差 7.04 万亿日元，对欧盟贸易逆差 968 亿日元。

韩国 2017 年第四季度 GDP 环比萎缩 0.2%。2018 年 1 月 25 日，韩国央行发布数据显示，2017 年第四季度 GDP 同比增长 3%，环比下降 0.2%；第四季度出口环比下降 5.4%，政府开支增长 0.5%，建筑业投资下降 3.8%，私人消费增长 1%；2017 年 GDP 增长 3.1%。

菲律宾 2017 年经济增长 6.7%。2018 年 1 月 23 日，菲律宾统计署发布数据显示，2017 年第四季度工业同比增长 7.3%，服务业同比增长 6.8%，农业同比增长 2.4%；2017 年 GDP 增长 6.7%。

马来西亚央行加息 25 个基点。2018 年 1 月 25 日，马来西亚央行宣布，上调基准利率 25 个基点至 3.25%，为 2014 年 7 月份以来首次加息；预计 2018 年马来西亚经济增长将持续强劲，通胀率有所下降。

伊朗 2017 年上半财年经济增长 4.5%。2018 年 1 月 20 日，伊朗央行发布数据显示，2017 财年上半年伊朗经济同比增长 4.5% 至 3540 万亿里亚尔；石油生产同比增长 5.8%，工业和矿产增长 4.5%，农业及服务业增长 3.8%。

5. 非洲

塞西宣布参加 2018 年埃及总统选举。2018 年 1 月 20 日，埃及总统塞西宣布，将参加 2018 年 3 月份举行的新一届总统选举。埃及全国选举委员会表示，2018 年埃及总统选举投票将于 3 月 26—28 日举行，最终选举结果于 5 月 1 日公布。

二、国际组织

世界经济论坛 2018 年年会在瑞士达沃斯举行。2018 年 1 月 23—26 日，世界经济论坛 2018 年年会在瑞士达沃斯举行。本届冬季达沃斯论坛主题为“在分化的世界中打造共同命运”，70 多位国家领导人、340 多名政府部长和 2000 多名企业家与会，与会各国领导人和国际机构领导人数量均创历史之最。

古特雷斯就 2030 议程提出七项改革举措。2018 年 1 月 22 日，联合国秘书长古特雷斯发表声明称，未来将把 2030 议程作为联合国的中心议题；由于一般的商业模式难以保证各国为实现可持续发展目标（SDG）提供相应的支持，也无法满足其对巴黎协定的承诺，因此改革是必要的；为加强协调，提高透明度，增强问责制，古特雷斯建议：第一，打造新一代需求驱动型的成员国团队；第二，重振驻地协调员制度；第三，重新构建协调的、有规划的区域方针，更好地支持实地工作；第四，为成员国提供新空间，指导整个联合国系统，透明化国家政策和问责制；第五，采取更有力措施回应 2030 议程；第六，将联合国系统与 2030 议程有机结合，并加速实施具体步骤；第七，联合国提供资金，包括在整个系统范围内，将核心资源的份额从 27% 提高到 30%，并将所占比例提高 1 倍，从 8% 增加到 16%，提高资源的数量和质量，提高可预见性，增强问责制和透明度。

国际劳工组织称 2018 年全球就业形势面临挑战。2018 年 1 月 22 日，国际劳工组织发布《2018 年全球就业与社会展望》报告指出，2018 年全球面临失业率偏高、就业环境不佳、就业人口结构日趋老龄化等挑战；预计 2018 年全球失业率将维持在 5.6% 的较高水平。其中，发达国家失业率将下降 0.2 个百分点至 5.5%，低于危机前水平；发展中国家就业增势预计较 2017 年有所放缓，但仍优于 2016 年水平；体面工作缺失和就业市场脆弱性仍是全球性问题，在发展中国家尤其严重；工作人口贫困问题得到部分缓解，但进程十分缓慢；国际社会应进一步改善工作条件，共享经济发展成果；未来数年，劳动者年龄结构进一步老龄化，劳动者平均年龄将从 40 岁以下（2017 年）逐步升至高于 41 岁（2030 年）；老龄化将降低生产率，削弱劳动力市场应对经济冲击的能力。

三、国际大宗商品

本周纽约原油期货价格累计上涨 2.0%。截至星期四，本周纽约原油期货累计涨幅 2.0%。星期一纽约原油期货上涨 0.74%，收于每桶 63.94 美元；星期二纽约原油期货上涨 0.83%，收于每桶 64.47 美元；星期三纽约原油期货上涨 2.19%，收于每桶 65.88 美元；星期四纽约原油期货下跌 0.99%，收于每桶 65.23 美元。

本周纽约黄金期货价格累计上涨 1.41%。截至星期四，本周纽约黄金期货价格累计涨幅 1.41%。星期一纽约黄金期货上涨 0.17%，收于每盎司 1333.4 美元；星期二纽约黄金期货上涨 0.57%，收于每盎司 1341 美元；星期三纽约黄金期货上涨 1.25%，收于每盎司 1357.8 美元；星期四纽约黄金期货下跌 0.41%，收于每盎司 1352.2 美元。

四、区域合作

中拉论坛第二届部长级会议成功召开。2018 年 1 月 22 日，中国和拉美、加勒比国家共同体论坛第二届部长级会议在智利首都圣地亚哥闭幕。会议通过了《圣地亚哥宣言》《中国与拉美和加勒比国家合作（优先领域）共同行动计划（2019—2021）》，并专门通过并发表了《“一带一路”特别声明》。双方就“一带一路”形成政治共识，擘画了共建“一带一路”的新蓝图，开启了中拉整体合作的新篇章。

TPP11 个成员国就新协定谈判达成协议。2018 年 1 月 23 日，除美国外，原 TPP11 个成员国就新协定 CPTPP 谈判达成协议，并预计于 3 月 8 日在智利举行签署仪式，最早有望在 2019 年生效。

第六轮更新北美自贸协定谈判在加拿大举行。2018 年 1 月 23 日，为期 6 天的第六轮更新北美自贸协定谈判在加拿大蒙特利尔举行。本轮谈判是协定能否取得突破的关键。更新北美自贸协定谈判定于 3 月底结束，以避免与墨西哥大选冲突。

斯里兰卡和新加坡签署自贸协定。2018 年 1 月 23 日，斯里兰卡和新加坡在科伦坡正式签署双边自贸协定。斯里兰卡总统办公室发表声明称，斯新自贸协定将惠及两国之间信息与通信技术、房地产、服务业、旅游业以及能源与物流业等多领域商贸往来。

五、全球宏观经济形势

IMF 发布最新《世界经济展望》报告。2018 年 1 月 22 日，IMF 发布最新《世界经济展望》报告预计，2018 年全球经济增速将达 3.9%，较 2017 年提高 0.2 个百分点；亚洲新兴和发展中经济体经济增速约 6.5%，与 2017 年增速基本持平，对全球经济增长的贡献率将超 50%；预计 2018 年和 2019 年，发达经济体经济增速分别为 2.3% 和 2.2%；拉丁美洲经济复苏将提至 1.9% 和 2.6%；美国经济增速预计为 2.7% 和 2.5%，但特朗普税改或将导致 2022 年以后美国经济增长放缓；预计欧元区经济增速分别为 2.2% 和 2.0%；英国 2018 年、2019 年经济增速均为 1.5%；中国为 6.6% 和 6.4%；认为印度经济将出现回升，预计 2017/2018 财年实现经济增长 6.7%，2018/2019 财年有望提高增速至 7.4%；东盟五国经济基本保持稳定；由于全球经济广泛增长，特别是受欧亚地区经济显著增长的影响，IMF 将 2017 年世界经济增速上调至 3.7%。

报告认为，近期影响全球经济增长的风险大致平衡，但在中期内仍偏于下行，主要表现为两大方面：一是资产估值过高和期限溢价严重收缩，大大提高了金融市场调整的可能性，从而可能抑制增长、挫伤信心。二是内向型政策的实施、地缘政治局势紧张以及一些国家的政治不确定性，都将带来全球经济下行风险。

报告强调，目前全球经济的周期性上升为深化改革提供了理想时机。所有经济体面临的共同工作重点包括：实施结构性改革、提高潜在产出，实现经济的包容性增长，加强多边合作。

第 5 周 （2018/01/27—2018/02/02）

2018 年 1 月 27 日—2 月 2 日，国际财经要情有：特朗普发表 2018 年国情咨文；美联储维持联邦基金利率不变；欧元区 2017 年经济增长创 10 年来最高；德国 2018 年 1 月份 CPI 同比增长 1.6%；英国 2017 年 GDP 增长 1.8%；世行发布《2018 国民财富变化》。

一、区域观察

1. 北美

特朗普发表 2018 年国情咨文。2018 年 1 月 30 日，美国总统特朗普在国会发表 2018 年国情咨文，回顾一年来的施政成果，呼吁两党携手合作，共同“建设一个安全、强大和骄傲的美国”。国情咨文在对外政策中提到中国一次，未涉及贸易逆差等经贸议题。

美联储维持联邦基金利率不变。2018 年 1 月 31 日，美联储发布货币政策会议决议，维持联邦基金利率 1.25%—1.5% 不变；认为通胀率将在 2018 年回升，并接近 2% 通胀目标；强调美联储将继续渐进地加息，美国经济将保持温和增长，就业市场将稳健增长。

加拿大 2017 年 12 月份 CPI 环比增长 0.2%。近日，加拿大统计局发布数据显示，经季调，加拿大 2017 年 12 月份 CPI 环比增长 0.2%；其中运输价格指数环比增长 0.6%；服装和鞋类指数环比增长 0.5%。

2. 拉美

巴西 2017 年失业率为 12.7%。2018 年 1 月 31 日，巴西地理统计局发布数据显示，2017 年巴西失业人口 1323 万人，失业率为 12.7%，均创 2012 年以来新高；2017 年第四季度就业人口 9210 万人，环比增长 0.9%，同比增长 2%。

委内瑞拉发布石油币白皮书。2018 年 1 月 31 日，委内瑞拉政府发布石油币白皮书，规定石油币发行参考价为 60 美元，币值随石油市场波动而变化；石油币发行量为 1 亿个，自 4 月份起在国内和国际的数字加密货币交易所进行二级市场交易；白皮书称，石油币的发行将促进委内瑞拉经济独立和金融开放，打破美国对委实施的金融封锁，推动构建公平的国际金融秩序以及新兴经济体之间的交流。

3. 欧洲

欧元区 2017 年经济增长创近 10 年来最高。2018 年 1 月 30 日，欧盟统计局发布数据显示，2017 年欧元区经济增长 2.5%，创 10 年来最高增速；季调后，2017 年第四季度 GDP 环比增长 0.6%，同比增长 2.7%。

德国 2018 年 1 月份 CPI 同比增长 1.6%。2018 年 1 月 30 日，德国联邦统计局发布数据显示，德国 2018 年 1 月份 CPI 初值同比增长 1.6%，环比下降 0.7%。其中，能源价格指数同比增长 0.9%；食品价格指数同比增长 3.1%；服务业价格指数同比增长 1.6%。

英央行行长卡尼在上议院出席年度听证会。2018 年 2 月 1 日，英国央行行长卡尼在英国上议院作证时表示，英国经济已克服金融危机的冲击，央行工作重点正转向降低通胀这一传统职责；预计薪资增速将很快超过通胀；未来三年可能再次加息；估计英国脱欧将导致企业投资降低 4 个百分点。

英国 2017 年 GDP 增长 1.8%。2018 年 1 月 27 日，英国国家统计局发布数据显示，英国 2017 年 GDP 增速为 1.8%，为 2012 年以来最低；2017 年第四季度 GDP 环比增长 0.5%，好于预期。

法国 2017 年第四季度 GDP 同比增长 2.4%。2018 年 1 月 30 日，法国统计局发布数据显示，2017 年第四季度经济环比增长 0.6%，同比增长 2.4%；2017 年全年经济增长 1.9%。其中，固定资本形成总额增长 3.7%，进口增长 4.3%，出口增长 3.5%。

瑞士 2017 年 12 月份贸易顺差 26.32 亿瑞郎。2018 年 1 月 30 日，瑞士联邦海关总署发布数据显示，2017 年 12 月份瑞士贸易顺差 26.32 亿瑞郎。

4. 亚太

日本 2017 年 12 月份零售销售额同比上升 3.6%。2018 年 1 月 30 日，日本经济产业省发布数据显示，2017 年 12 月份零售销售额同比上升 3.6%，环比上升 0.9%；批发销售额同比上升 6.8%，环比上升 1.9%。

韩国央行预计 2017 年第四季度 GDP 环比下降 0.2%。韩国央行发布数据显示，2017 年韩国 GDP 同比增长 3.1%，为 2014 年以来最高；2017 年韩国民生消费增长 2.6%，为 2011 年以来最高；建筑投资增长 7.5%，设备投资增长 14.6%，出口增长 2.0%，进口增长 7.2%，制造业增长 4.2%，建筑业增长 7.2%，服务业增长 2.1%。2017 年第四季度，韩国 GDP 环比下滑 0.2%，为 2008 年第四季度以来最低，第四季度出口环比下滑 5.4%，政府开支环比增长 0.5%，建筑业投资环比下滑 3.8%，私人消费环比增长 1%。

印度预计 2017/2018 财年 GDP 增长 6.75%。2018 年 1 月 29 日，印度财政部

发布数据预计，截至 2018 年 3 月份，印度 2017/2018 财年 GDP 增速将达 6.75%，2018/2019 财年 GDP 增速将达 7%—7.5%；认为 2018 年印度经济增长面临的主要风险来自高油价。

澳大利亚 2017 年第四季度 CPI 环比增长 0.6%。2018 年 1 月 31 日，澳大利亚国家统计局发布数据显示，澳大利亚第四季度 CPI 环比增长 0.6%，同比增长 1.9%。其中，汽车燃料价格环比增长 10.4%，烟草价格环比增长 8.5%，国内假日旅游住宿价格环比增长 6.3%，水果价格环比增长 9.3%。

澳大利亚政府将加大能源等领域的外国投资审查力度。2018 年 2 月 1 日，澳大利亚财长莫里森表示，将赋予澳大利亚外国投资审查委员会审查所有涉及资产出售交易的权限，以限制外国公司对澳大利亚输电网络的掌控；今后所有向外国买家出售配电和发电资产的申请，都将受到所有权方面的限制和其他条件的约束；在价值超过 1500 万澳元的优质农田出售交易中，澳大利亚本土农业企业将获得优先购买权。

二、国际组织

联合国环境署和世贸组织启动新对话机制。WTO 发文称，联合国环境署执行主任埃里克·索尔海姆与 WTO 总干事罗伯托·阿泽维多发表联合声明，宣布启动双方新对话机制，通过贸易创造更多机会，促进经济发展和环境保护；双方应构建涵盖消费者、企业、政府和社会组织的新型伙伴关系，以使贸易与可持续、包容的全球经济更协调。阿泽维多强调，这一倡议与 WTO 的创立理念相同，即贸易可成为改善人类福祉的有力工具，通过广泛汇集利益相关方，寻求有利经济发展和环境保护的贸易机会。

联合国与非盟将就更多领域开展合作。2018 年 1 月 28 日，第 30 届非洲联盟（非盟）首脑会议在埃塞俄比亚首都亚的斯亚贝巴非盟总部开幕；会议主题为“赢得反腐败斗争的胜利：一条非洲转型的可持续之路”。联合国秘书长古特雷斯与非盟委员会主席法基签署了《执行可持续发展 2063 年议程和 2030 年议程框架》协议，双方承诺就非洲发展和国际事务等领域加强合作。古特雷斯表示，2017 年已进入联合国与非盟合作的新时代，未来，双方将就更多领域开展合作。

亚行称将继续加强与法国的合作。2018 年 1 月 29 日，亚行行长中尾武彦会见法国国务部长等政要，就法国与亚行的合作，以及亚行开展气候行动、动员私有资源填补基础设施缺口、推动各国实现可持续发展目标等战略议题进行讨论。法国自 1970 年加入亚行以来，已认购超过 35 亿美元资本，联合融资超过 33 亿美元，为亚行特殊基金捐款超过 15 亿美元。中尾武彦表示，50 年来，法国已成为亚行的重要合作伙伴，有力推动了亚太地区乃至全球可持续发展。未来亚行将继续与法国政府、商界展开密切合作，寻求创新途径，改善亚太地区人民生活。

三、国际大宗商品

本周纽约原油期货价格累计上涨 0.7%。截至星期四，本周纽约原油期货累计涨幅 0.7%。星期一纽约原油期货下跌 1.09%，收于每桶 65.52 美元；星期二纽约原油期货下跌 2.33%，收于每桶 63.99 美元；星期三纽约原油期货上涨 1.22%，收于每桶 64.77 美元；星期四纽约原油期货上涨 1.87%，收于每桶 65.98 美元。

本周纽约黄金期货价格累计上涨 0.61%。截至星期四，本周纽约黄金期货价格累计涨幅 0.61%。星期一纽约黄金期货下跌 0.71%，收于每盎司 1343.7 美元；星期二纽约黄金期货下跌 0.14%，收于每盎司 1341.8 美元；星期三纽约黄金期货上涨 0.5%，收于每盎司 1348.5 美元；星期四纽约黄金期货上涨 0.25%，收于每盎司 1351.9 美元。

四、区域合作

第六轮更新北美自贸协定谈判结束。2018 年 1 月 29 日，北美自由贸易协定第六轮谈判在加拿大蒙特利尔结束；谈判在一些问题上取得进展，但在关键性议题上仍存较大分歧。加拿大外长克里斯蒂娅·弗里兰、墨西哥经济部长伊尔德方索·瓜哈尔多和美国贸易代表罗伯特·莱特希泽在新闻发布会上表示，谈判已向前迈进，但步伐依然缓慢；新一轮谈判将于 3 月底在墨西哥举行。

韩美修改自贸协定第二轮谈判在首尔举行。2018 年 1 月 31 日—2 月 1 日，韩美自贸协定第二轮谈判在首尔举行。韩美双方就第一轮协商时提出的关注事项进行具体讨论，进一步明确了争议点。韩国产业通商资源部表示，韩方主要强调了投资者、国家争端解决机制及贸易救济等问题。韩美修改自贸协定第三轮谈判将在美国举行，具体时间待进一步沟通决定。

五、全球宏观经济形势

世行发布《2018 国民财富变化》报告。2018 年 1 月 30 日，世行发布《2018 国民财富变化》报告。该报告采用财富指标监测国家经济和可持续发展情况，而非用传统的 GDP 等指标衡量。报告显示，过去 20 年，全球财富显著增加，按 2014 年不变美元市价估算，全球财富增长 66%；但约 20 个国家的人均财富出现下降或停滞，且不平等问题严重：OECD 高收入国家的人均财富是低收入国家的

52 倍；从财富构成来看，人力资本占全球财富的 2/3，是全球总体财富中的最大组成部分，自然资本占全球财富的 1/10，为低收入国家财富的最大组成部分；在低收入国家财富中，自然资本约占 50%；而在 OECD 国家中，自然资本占比仅 3%，但人均自然资本占比是低收入国家的 3 倍；过去 20 年，约 20 个总体财富以自然资本为主的低收入国家取得中等收入地位，主要由于这些国家采取了以自然资本收入投资基础设施等领域的发展模式，增强了人力资本。

第 6 周 （2018/02/03—2018/02/09）

2018 年 2 月 3—9 日，国际财经要情有：美国 2018 年 1 月份失业率维持 4.1% 不变；美国 2017 年贸易逆差创 9 年新高；巴西下调基准利率至 6.75%；欧盟委员会上调 2018 年经济增长预期至 2.3%；英国央行维持基准利率 0.5% 不变；日本 2017 年经常账户盈余创 2008 年以来最高；OECD 国家 2017 年通胀率为 2.3%。

一、区域观察

1. 北美

美国 2018 年 1 月份失业率维持 4.1% 不变。2018 年 2 月 3 日，美国劳工部发布数据显示，美国 1 月份失业率 4.1%，为 17 年来最低；1 月份非农新增就业人口 20 万人，劳动参与率 62.7%，连续四个月保持不变。

美国 2017 年贸易逆差创 9 年新高。2018 年 2 月 6 日，美国商务部发布数据显示，2017 年 12 月份美国贸易账户逆差 531 亿美元，为 2008 年 10 月份以来最高。其中，出口环比增长 1.75% 至 2034 亿美元，进口环比增长 2.48% 至 2565 亿美元；2017 年贸易账户逆差 5660 亿美元，创 2008 年以来新高；其中对华出口增长 12.8% 至 1304 亿美元，对华进口增长 9.3% 至 5056 亿美元。

加拿大 2017 年 12 月份商品贸易逆差 32 亿加元。2018 年 2 月 6 日，加拿大统计局发布数据显示，加拿大 2017 年 12 月份商品贸易逆差为 32 亿加元，环比增长 5 亿加元。其中，进口额环比增长 1.5%，出口额环比增长 0.6%。

2. 拉美

巴西下调基准利率至 6.75%。2018 年 2 月 7 日，巴西央行宣布下调基准利率 25 个基点至 6.75%，为 1986 年以来最低；设定 2018 年、2019 年通胀目标中值为 4.5%，上下浮动 1.5%；巴西央行称，降息将促进就业和带动投资，给经济增长带来积极影响。

3. 欧洲

欧盟委员会上调 2018 年经济增长预期至 2.3%。2018 年 2 月 7 日，欧委会发布经济预测报告称，欧元区和欧盟 2017 年经济增速均为 2.4%，创 10 年来最高；2018 年、2019 年经济增速分别为 2.3% 和 2.0%；欧元区 2017 年通胀率 1.5%，2018 年、2019 年分别为 1.5% 和 1.6%；短期看，欧元区和欧盟经济增长将超出预期水平；中期看，全球资产价格过高、英国“脱欧”、地缘政治紧张，以及贸易保护主义倾向等将继续对经济构成下行风险。

欧盟制定西巴尔干地区入欧“六大旗舰倡议”。2018 年 2 月 7 日，欧委会发布公告称，为促进西巴尔干地区国家转型并顺利入欧，欧盟制定“六大旗舰倡议”：一是推动法治进程；二是加强国土安全和移民事务合作；三是促进社会经济发展；四是将西巴尔干地区纳入欧盟能源联盟，促进交通和能源领域互联互通；五是实现数字化转型；六是改善邻国关系。

英国央行维持基准利率 0.5% 不变。2018 年 2 月 8 日，英国央行发布货币政策会议决议，维持基准利率 0.5% 不变，维持 4350 亿英镑资产购买规模和 100 亿英镑企业债购债规模不变；上调 2018 年经济增长预期 0.2 个百分点至 1.8%，上调 2019 年和 2020 年经济增长预期 0.1 个百分点至 1.8%；预计 2018 年通胀率为 2.28%，2019 年为 2.16%；2020 年为 2.11%，2020 年第四季度薪资增长 3.5%；称如果经济按预期增长，则 2018 年 11 月份前将收紧货币政策，预计 2018 年加息两次。

意大利 2017 年 12 月份失业率降至 10.8%。近日，意大利统计局发布数据显示，2017 年 12 月份意大利失业率环比下降 0.1% 至 10.8%，为 2012 年 8 月份以来最低；就业率环比下降 0.2 个百分点至 58%；失业总人数环比下降 1.7% 至 279.1 万人，15—24 岁的青年失业率环比下降 0.2 个百分点至 32.2%。

俄罗斯 2018 年 1 月份通胀率小幅回落至 2.2%。2018 年 2 月 8 日，俄罗斯联邦统计局发布数据显示，1 月份俄罗斯通胀率小幅回落至 2.2%，2017 年俄通胀率 2.5%，为 4 年来最低。

4. 亚太

日本 2017 年经常账户盈余创 2008 年以来最高。2018 年 2 月 8 日，日本财务省发布数据显示，2017 年经常账户盈余增长 7.5% 至 21.87 万亿日元，创 2008 年以来最高；贸易账户顺差缩减 10.8% 至 4.93 万亿日元，其中，出口总额增长 11.9% 至 77.19 万亿日元，进口总额增长 13.9% 至 72.26 万亿日元。

韩国受各国进口限制措施共计 196 项。2018 年 2 月 6 日，韩国贸易协会发布数据显示，截至 2 月 5 日，韩国受到的全球进口限制措施共计 196 项。其中，美国针对韩国的限制措施最多，达 40 项，主要包括 30 项反倾销调查，8 项补偿关税和 2 项保护措施；排名第二的是印度，达到 29 项，然后是中国和土耳其，各 14 项。

韩国外汇储备 3958 亿美元。2018 年 2 月 5 日，韩国央行发布数据显示，截至

1 月底，韩国官方外汇储备 3958 亿美元，环比增加 64.9 亿美元。其中，外币证券 3680.4 亿美元，环比增加 92.1 亿美元；外币存款 178.6 亿美元，环比下降 27.9 亿美元；黄金储备 47.9 亿美元，环比持平；IMF 储备头寸 16.3 亿美元，环比增加 0.1 亿美元；特别提款权 34.3 亿美元，环比增加 0.6 亿美元。

印度尼西亚 2017 年经济增长 5.07%。2018 年 2 月 5 日，印度尼西亚中央统计局发布数据显示，2017 年 GDP 增长 5.07%。其中，国内家庭消费增长 4.95%，固定资产投资增长 6.15%，出口增长 9.09%；2017 年第四季度 GDP 同比增长 5.19%；预计 2018 年经济增速将达 5.1%—5.5%。

澳大利亚 2017 年 12 月份贸易账户赤字 13.58 亿澳元。2018 年 2 月 6 日，澳大利亚国家统计局发布数据显示，季调后，澳大利亚 2017 年 12 月份商品及服务贸易账户赤字 13.58 亿澳元。其中，出口总额环比上升 2% 至 324.65 亿澳元，进口总额环比上升 6% 至 338.23 亿澳元。

澳大利亚 2017 年 12 月份零售销售环比下降 0.5%。2018 年 2 月 6 日，澳大利亚国家统计局发布数据显示，季调后，澳大利亚 2017 年 12 月份零售销售额环比下降 0.5%。其中，家庭用品零售额环比下降 0.6%；食品零售额环比上升 0.7%；个人用品零售额环比下降 0.1%。

5. 非洲

津巴布韦央行称已发行 2.9 亿美元债券货币。2018 年 2 月 7 日，津巴布韦央行发布声明称，自 2016 年 11 月份至今，其发行的与美元等值的债券货币总额为 2.9 亿美元；认为债券货币的流通改善了市场流动性，为经济触底反弹奠定了基础；表示将继续流通外币和债券货币，直至经济基本面恢复正常，才会考虑重新引入津巴布韦元。

二、国际组织

亚行称中国在中高收入阶段应继续扩大对外开放。2018 年 2 月 7 日，亚行发文称，经过 30 多年高速增长，中国已进入中高收入阶段，市场化的对外开放政策对拉动经济增长发挥了重要作用；中国在对外贸易、外商直接投资、海外直接投资和资本账户管理等方面不断发展，鼓励竞争，提高全球资源配置效率，促进产业升级和结构调整，缩小了中国与世界前沿国家的差距；未来中国应继续加强汇率制度调整及资本账户开放，在对外政策方面的着力点主要包括：保护知识产权、劳工权利和环境，鼓励现代服务业 FDI 发展，放宽对海外直接投资的限制，助力企业应对海外投资引发的市场失灵，执行更灵活的汇率制度和逐步开放资本账户。

WTO 称中国捐赠 100 万美元支持贸易便利化协定。近日，WTO 发文称，中国政府再次出资 100 万美元，助力发展中国家和最不发达国家实施 WTO 的贸易便利化协定（TFA），促使其所有成员国全面执行协定目标。中国常驻 WTO 代表、特命全权大使张向晨表示，此举表明中国坚定支持多边贸易体系，希望通过实施 TFA 使其他发展中国家和最不发达国家获益。TFA 基金将帮助发展中国家及最不发达国家评估其具体需求，确定合作伙伴，资助这些国家的能力建设活动。

三、国际大宗商品

本周纽约原油期货价格累计下跌 4.75%。截至星期四，本周纽约原油期货累计跌幅 4.75%。星期一纽约原油期货下跌 2.5%，收于每桶 63.43 美元；星期二纽约原油期货上涨 0.77%，收于每桶 63.92 美元；星期三纽约原油期货下跌 3.43%，收于每桶 61.73 美元；星期四纽约原油期货下跌 2.12%，收于每桶 60.42 美元。

本周纽约黄金期货价格累计上涨 0.61%。截至星期四，本周纽约黄金期货价格累计涨幅 0.61%。星期一纽约黄金期货上涨 0.54%，收于每盎司 1342.4 美元；星期二纽约黄金期货下跌 1.15%，收于每盎司 1326.9 美元；星期三纽约黄金期货下跌 0.47%，收于每盎司 1320.6 美元；星期四纽约黄金期货上涨 0.02%，收于每盎司 1320.8 美元。

四、区域合作

大湄公河次区域各国部长批准新环境战略。第五次大湄公河次区域环境部长会议举行，六国部长共同通过了《GMS 核心环境项目战略框架与行动计划（2018—2022）》。该计划的主要内容包括：涵盖污染防治和耐气候变化的农村基础设施投资等多个领域，总额超 5.4 亿美元的重点项目，以促进绿色投资、增强环境合作，帮助大湄公河次区域实现可持续增长；以项目准备和融资为主要手段，帮助 GMS 成员国填补绿色投资缺口；建立绿色技术平台，将其作为联结技术提供商与用户的市场，并重点关注废弃物管理、可再生能源、燃油效率、气候适应能力和灾害风险管理等问题。

意大利称将加强与东盟合作。2018 年 2 月 8 日，意大利外长安杰利诺·阿尔法诺拜访东盟秘书处并表示，东盟在促进地区和平、安全和繁荣等方面发挥了重要作用，意大利将分享经验和技术，促进双方在共同利益领域的合作，建立更紧密的伙伴关系，助力东盟发展。东盟秘书长林玉辉称，东盟作为全球发展最快的经济体之一，为贸易、投资和互联互通等领域的合作提供了巨大的机会，并表示非常欢迎与意大利开展合作，共享利益。

五、全球宏观经济形势

OECD 国家 2017 年通胀率为 2.3%。2018 年 2 月 6 日，OECD 发布数据显示，2017 年 OECD 国家年化通胀率为 2.3%，较 2016 年 1.1% 的水平大幅提高；G7 国家通胀率均上涨，其中美国 CPI 从 1.3% 升至 2.1%，英国从 0.7% 升至 2.7%，德国、意大利和法国 CPI 均实现较大幅度上升；新兴经济体通胀率普遍下降，中国 CPI 由 2016 年的 2.0% 降至 1.6%，巴西和俄罗斯分别降至 3.4% 和 3.7%；受能源价格增速放缓的影响，2017 年 12 月份 OECD 国家年化通胀率回落至 2.3%，剔除能源与食品价格，年化核心通胀率较 11 月小幅上升至 1.9%；日本年化通胀率升至 1.0%，加拿大、德国、英国、美国通胀率分别下降至 1.9%、1.7%、3.0% 和 2.1%；法国和意大利通胀率保持稳定。

第7周 （2018/02/10—2018/02/16）

2018 年 2 月 10—16 日，国际财经要情有：美联邦政府公布 2.5 万亿美元基建投资计划；特朗普签署预算协议和临时支出法案；美联邦政府公布 2019 财年预算案；美国 1 月份 CPI 环比上升 0.5%；德国 1 月份 CPI 终值同比增长 1.6%；联合国召开首届税收合作平台全球会议；中国—非盟第七次战略对话在京举行；OECD 国家 2017 年 12 月份失业率降至危机前水平。

一、区域观察

1. 北美

特朗普签署预算协议和临时支出法案。2018 年 2 月 10 日，美国总统特朗普签署为期两年的预算协议和临时支出法案。根据新签署生效的预算法案，美国军队和国内项目支出将在近两年提高 3000 亿美元，暂停政府债务上限至 2019 年 3 月份，儿童医疗保险计划将延长 4 年，并进一步拨付救灾款项 900 亿美元。

美联邦政府公布 2.5 万亿美元基建投资计划。2018 年 2 月 12 日，美国总统特朗普公布了 1.5 万亿美元的基建投资计划，旨在未来 10 年内彻底重建美国基础设施，增加就业岗位，推动美经济强劲增长；该计划是特朗普 2018 年的施政重点，其核心内容包括基础设施激励计划、基础设施融资计划、农村基础设施计划以及改革提案 4 个子计划，涉及基建融资来源多元化、简化基建项目审批流程等。

美联邦政府公布 2019 财年预算案。2018 年 2 月 13 日，美联邦政府公布 2019 财年预算案，总规模 4.4 万亿美元，预计截至 2027 年的 10 年里，财政收入将减少约 6% 即 2.7 万亿美元；预计 2019 财年财政收入 GDP 占比为 16.3%，财政赤字 9840 亿美元，GDP 占比上升 1.3% 至 4.7%；增支方面，提议未来 10 年增加投入 2000 亿美元基建资金，2019 年国防支出增加 9% 至 6861 亿美元；减支方面，计划大幅减少外交和环境支出，分别削减美国国务院和环保署预算 27% 和 34%，削减联邦医疗保险支出 2379 亿美元。

美国 2018 年 1 月份 CPI 环比上升 0.5%。2018 年 2 月 15 日，美国劳工部发布数据显示，1 月份 CPI 环比上升 0.5%，同比上升 2.1%，核心 CPI 环比上升 0.3%，同比上升 1.8%；由于通胀增长远超预期，美股指数期货由涨转跌，道指期货从最高点下跌约 450 点，国债收益率走高，基准 10 年期国债收益率上涨至 2.88%。

加拿大 2018 年 1 月份失业率 5.9%。2018 年 2 月 10 日，加拿大统计局发布数据显示，加拿大 1 月份失业率为 5.9%，环比上升 0.1 个百分点；就业人数环比下降 8.8 万人，同比上升 28.9 万人。

2. 拉美

巴西 2017 年对华出口额增长 14.3%至 475 亿美元。巴西工业外贸服务部发布数据显示，2017 年巴西对中国、美国、阿根廷、荷兰和日本的出口贸易总额为 1060 亿美元，占巴西出口货物总额的 49%。其中对美出口增长 16%至 268 亿美元，对华出口增长 14.3%至 475 亿美元。

3. 欧洲

欧委会发布《欧洲就业与社会发展季度报告》。2018 年 2 月 12 日，欧委会发布《欧洲就业与社会发展季度报告》显示，随着经济稳步增长，欧盟劳动力市场状况进一步改善，优于预期。就业方面，2017 年第三季度就业率同比上升 1.7%，就业人数逾 2.36 亿人，创历史新高，新增就业人数达 400 万人；但成员国之间就业状况差异犹存：瑞典就业率高达 82%，希腊仅为 58%。失业方面，欧盟失业率显著下降，已趋于危机前水平：2017 年 12 月份失业人口不足 1800 万人，为 2008 年 11 月份以来最低。劳动生产率方面，2017 年第三季度劳动生产率同比上升 0.8%。受工作收入上涨影响，欧盟家庭财务状况持续向好，家庭收入年增长率约为 1.5%。

欧元区 2017 年第四季度 GDP 初值环比上升 0.6%。2018 年 2 月 15 日，欧盟统计局发布数据显示，欧元区 19 国 2017 年第四季度 GDP 初值环比增长 0.6%，较第三季度增速下降 0.1%，主要由于消费增长疲软。

德国 2018 年 1 月份 CPI 终值同比增长 1.6%。2018 年 2 月 15 日，德国联邦统计局发布数据显示，德国 1 月份 CPI 终值同比增长 1.6%，环比下降 0.7%。

英国央行维持基准利率 0.5%不变。2018 年 2 月 16 日，英国央行召开货币政策会议，维持基准利率 0.5%不变，维持 4350 亿英镑资产购买规模和 100 亿英镑企业债购债规模不变；上调经济增长预期，预计通胀将保持在目标水平上方。

英国 2017 年第四季度贸易逆差增至 108 亿英镑。2018 年 2 月 10 日，英国国家统计局发布数据显示，英国 2017 年第四季度贸易逆差增至 108 亿英镑，环比增加 38 亿英镑。其中，商品贸易逆差环比增加 33 亿英镑，服务贸易顺差减少 5 亿英镑。

法国 2017 年 12 月份制造业产出环比上升 0.3%。2018 年 2 月 10 日，法国国家统计局发布数据显示，法国 2017 年 12 月份制造业产出环比上升 0.3%，工业产出环比上升 0.5%；2017 年第四季度制造业产出环比上升 2.5%，同比上升 4.9%；工业产出环比上升 2.2%，同比上升 4.2%；2017 年制造业产出上升 4.9%。

俄央行下调基准利率 25 个基点至 7.50%。2018 年 2 月 9 日，俄罗斯央行召开货币政策会议，下调基准利率 25 个基点至 7.50%；认为俄通胀率仍保持较低水平，短期通胀风险已降低；预计 2018 年通胀率突破 4% 的可能性较小；俄央行 2018 年将继续下调基准利率，或将适当从紧的货币政策调整为中性货币政策。

俄罗斯 2018 年 1 月份经常账户盈余 128 亿美元。2018 年 2 月 10 日，俄罗斯央行发布数据显示，1 月份经常账户盈余 128 亿美元，同比上升逾 1.5 倍；私人资本净流出 71 亿美元，同比上升 40 亿美元；国际外汇储备环比上升 117 亿美元。

4. 亚太

日本 2017 年第四季度经济环比增长 0.1%。2018 年 2 月 14 日，日本内阁府发布数据显示，去除物价因素，2017 年第四季度 GDP 环比增长 0.1%，同比增长 0.5%，连续 8 个季度增长，创 28 年来最长经济增长期；2017 年第三季度 GDP 修正值环比增长 0.6%，同比增长 2.2%；2017 年实际 GDP 增长 1.6%，名义 GDP 增长 1.4%。

日本 2017 年 12 月份工业产出终值环比增长 2.9%。2018 年 2 月 15 日，日本经济产业省发布数据显示，日本 2017 年 12 月份工业产出终值环比上升 2.9%，同比上升 4.4%；设备利用指数环比上升 2.84%。

菲律宾 2017 年贸易增长 9.9%。2018 年 2 月 10 日，菲律宾统计署发布数据显示，菲律宾 2017 年贸易增长 9.9%，进口增长 10.2%，出口增长 9.5%。

马来西亚 2017 年经济增长 5.9%。2018 年 2 月 14 日，马来西亚央行发布数据显示，2017 年马来西亚经济增长 5.9%，显著高于 2016 年的 4.2%；2017 年第四季度经济增长 5.9%，低于第三季度的 6.2%；认为私营部门是推动经济增长的主要动力，贸易和资本流动也为经济增长提供支撑；预计 2018 年经济继续向好。

澳大利亚 2018 年 1 月份失业率为 5.7%。2018 年 2 月 16 日，澳大利亚国家统计局发布数据显示，经季调，澳大利亚 1 月份失业率为 5.7%，环比下降 0.1 个百分点，同比下降 0.3 个百分点；就业人口环比增长 13500 人，其中，全职就业人口下降 44800 人，兼职就业人口增长 58300 人；劳动参与率 64.6%，环比下降 0.1 个百分点，同比下降 0.6 个百分点。

新西兰央行维持基准利率 1.75% 不变。2018 年 2 月 10 日，新西兰央行召开货币政策会议，维持基准利率 1.75% 不变；下调 2018 年第一季度经济增长预期至 0.8%，预计通胀率将于 2020 年第三季度达到 2% 目标值。

5. 非洲

南非新当选总统拉马福萨发表国情咨文。2018 年 2 月 16 日，南非新当选总统拉马福萨发表 2018 年国情咨文表示，杜绝腐败、加强基础设施建设、减少失业率等事项为南非新政府的首要执政目标，南非各界和各党派精诚合作对南非发展具有重要意义。

二、国际组织

联合国召开首届税收合作平台全球会议。2018 年 2 月 14—16 日，由 IMF、OECD、联合国和世界银行联合举办的首届税收合作平台全球会议在纽约联合国总部召开。中国国家税务总局局长王军在会上介绍了中国做法和经验，包括打造绿色税制、支持创新驱动、推动协调均衡、坚持开放包容、促进成果共享、优化营商环境等，并提出三点倡议：一是协调更多组织、国家和地区开展国际税收合作；二是共同制定公平合理、普遍适用的国际税收规则；三是借助税收合作平台促进可持续发展惠及更多国家和地区。“中国做法”得到与会代表的积极评价和响应。

OECD 称应进一步完善能源税收制度。2018 年 2 月 14 日，OECD 发布报告指出，各国应加强能源税收体系建设，控制温室气体和大气污染物排放；环境税对节约能源用量、提高能源效率、促进清洁能源转型的激励作用仍有待进一步发挥；虽然碳排放税覆盖率在 2015 年上升至 6%，但对气候变化总体影响甚微。OECD 秘书长古里亚表示，应对气候变化的成本将日益增加，提高资源利用率的政策亟须改良，并在能源价格中反映气候变化和大气污染成本。

国际清算银行和 IMF 致力于合作提高全球金融监管能力。2018 年 2 月 10 日，国际清算银行和 IMF 在巴塞尔召开会议，讨论如何加强全球金融监管机构的协调合作；双方表示，2018 年下半年将联合推出面向全球监管者的银行业监管线上课程，未来将更紧密合作，提高全球金融监管机构工作能力，推进后危机时代金融改革，应对金融形势新变化。

三、国际大宗商品

本周纽约原油期货价格累计上涨 3.99%。截至星期五，本周纽约原油期货累计涨幅 3.99%。星期一纽约原油期货上涨 0.17%，收于每桶 59.15 美元；星期二纽约原油期货下跌 0.57%，收于每桶 58.81 美元；星期三纽约原油期货上涨 3.08%，收于每桶 60.62 美元；星期四纽约原油期货上涨 1.09%，收于每桶 61.28 美元；星期五纽约原油期货上涨 0.38%，收于每桶 61.51 美元。

本周纽约黄金期货价格累计上涨 1.83%。截至星期五，本周纽约黄金期货价格累计涨幅 1.83%。星期一纽约黄金期货上涨 0.53%，收于每盎司 1325.1 美元；星期二纽约黄金期货上涨 0.48%，收于每盎司 1331.5 美元；星期三纽约黄金期货上涨 1.66%，收于每盎司 1353.6 美元；星期四纽约黄金期货上涨 0.2%，收于每盎司 1356.3 美元；星期五纽约黄金期货下跌 0.51%，收于每盎司 1349.4 美元。

四、区域合作

中国—非盟第七次战略对话在京举行。近日，中国外交部长王毅与非盟委员会主席法基在北京举行中国—非盟第七次战略对话。对话确定了 5 个重点合作领域：非盟能力建设、非洲基础设施建设、和平安全事业、公共卫生和疾病防治、旅游及航空网络建设。

大湄公河次区域部长会议通过新环境议程。近日，在泰国清迈举行的第五次大湄公河次区域（GMS）部长会上，来自柬埔寨、中国、老挝、缅甸、泰国和越南的部长们通过了“GMS 核心环境项目战略框架与行动计划（2018—2022）”，包括超过 5.4 亿美元的重点项目。这些项目旨在促进绿色投资、增强环境合作，从而促进大湄公河次区域实现可持续增长。

五、全球宏观经济形势

OECD 国家 2017 年 12 月份失业率降至危机前水平。2018 年 2 月 13 日，OECD 发布数据显示，2017 年 12 月份 OECD 国家整体失业率降至 5.5%，已经低于危机前（2008 年 4 月份）水平；就业情况好转主要由劳动力参与度提高推动，失业人口总数仍高于危机前规模。其中，欧元区 2017 年 12 月份失业率稳定在 8.7%，德国、法国和意大利失业率均下降 0.1%，分别为 3.6%、9.2% 和 10.8%。美国 2017 年 12 月份失业率环比持平于 4.1%；加拿大失业率下降 0.1 个百分点至 5.8%；日本失业率回升 0.1% 至 2.8%；韩国失业率微降至 3.6%；OECD 国家 2017 年 11 月份青年失业率（15 至 24 岁）下降 0.2% 至 11.7%；欧元区国家青年失业率下降至 17.9%；但西班牙、意大利青年失业率却高于 30%，法国青年失业率维持在 22.3%。

第 8 周（2018/02/17—2018/02/23）

2018 年 2 月 17—23 日，国际财经要情有：特朗普提交首份《总统经济报告》；欧元区 1 月份 CPI 终值同比上升 1.3%；英国 1 月份失业率为 2.3%；法国 1 月份 CPI 终值同比上升 1.3%；俄罗斯 2017 年经济增长 1.5%；日本 1 月份 CPI 同比上涨 1.4%；跨太平洋伙伴全面进展协定发布最终版本；WTO 称商品贸易将保持稳定增长；OECD 称发达国家面临债务上升的挑战。

一、区域观察

1. 北美

特朗普提交首份《总统经济报告》。2018 年 2 月 21 日，特朗普向国会递交首份《总统经济报告》指出，2017 年美国实际 GDP 增长 2.5%，失业率降至 4.1%，为 2000 年 12 月份以来最低，劳动生产率上涨 1.1%；预计 2018 年美国经济增长 3.1%，若本届政府政策如期实施，则 2018—2020 年实际 GDP 增速均有望超 3.0%。

美联邦政府启动美墨边境墙修筑工程。2018 年 2 月 21 日，美国海关和边境保护局宣布，正式启动美墨边境墙修建工程。特朗普政府为修建美墨边境隔离墙拟订的“十年计划”预计，至 2027 年 9 月份共加固或更换 651 千米现有隔离墙，增修 505 千米新隔离墙，隔离墙总长 1552 千米，接近美墨陆地边界长度的一半，耗资共计约 180 亿美元。

美联储发布货币政策会议纪要。2018 年 2 月 21 日，美联储发布 1 月份货币政策会议纪要称，美国 2017 年 12 月份劳动力市场持续强劲，经济活动稳健扩张，金融环境进一步宽松；尽管 12 月份通胀率仍低于 2%，但家庭和企业实际最终购买需求显著增长。预计美国未来经济前景更加乐观，通胀水平继续稳步上升；受工资上涨、美元汇率下跌等因素影响，中期通胀率将回归 2% 水平；渐进加息政策仍然适当。

2. 拉美

巴西 2017 年经济增长 1.04%。2018 年 2 月 19 日，巴西央行发布经济活动指数显示，2017 年巴西经济增长 1.04%；上调 2018 年经济增长预期 0.1% 至 2.8%，下调 2018 年通胀预期 0.03% 至 3.81%，预计 2018 年货币政策将维持基准利率 6.75% 不变。

委内瑞拉计划发行“石油黄金币”。2018 年 2 月 22 日，委内瑞拉总统尼古拉斯马杜罗表示，“石油币”在预售首日已获 7.35 亿美元订单，计划一周后推出“石油黄金币”，预计该新型加密货币受黄金支撑，将比“石油币”更受欢迎。对此，美国财政部表示，委内瑞拉加密货币可能违反制裁措施，将给美国投资者带来法律风险。

3. 欧洲

欧央行公布 2018 年 1 月份货币政策会议纪要。2018 年 2 月 23 日，欧央行公布 1 月份货币政策会议纪要显示，委员们一致认为当前调整前瞻性指引为时过早，在通胀低迷的情况下应保持耐心和韧性；欧央行将在 2018 年初重新评估前瞻性指引；委员们普遍对近期欧元的波动表示担忧。

欧元区 2018 年 1 月份 CPI 终值同比上升 1.3%。2018 年 2 月 23 日，欧盟统计局发布数据显示，欧元区 1 月份 CPI 终值同比上升 1.3%，环比下降 0.9%，核心 CPI 同比上升 1%，环比下降 1.7%。

德国 2017 年第四季度 GDP 终值环比增长 0.6%。2018 年 2 月 23 日，德国联邦统计局发布数据显示，季调后，2017 年第四季度 GDP 终值环比增长 0.6%，同比增长 2.3%。

英国 2017 年 GDP 增速修正值为 1.7%。2018 年 2 月 22 日，英国国家统计局发布数据显示，2017 年 GDP 增长 1.7%，为 2012 年以来最低；2017 年第四季度 GDP 修正值环比增长 0.4%，创 2012 年第二季度以来新低。

英国 2018 年 1 月份失业率为 2.3%。2018 年 2 月 21 日，英国国家统计局发布数据显示，1 月份失业率为 2.3%，低于 2017 年 12 月份的 2.4%；2017 年第四季度失业率环比上升 0.1% 至 4.4%，失业人口共计 147 万人。

法国 2018 年 1 月份 CPI 终值同比上升 1.3%。2018 年 2 月 22 日，法国国家统计局发布数据显示，1 月份 CPI 终值同比上升 1.3%，环比下降 0.1%；调和 CPI 同比上升 1.5%，环比下降 0.1%。

俄罗斯 2017 年经济增长 1.5%。2018 年 2 月 17 日，俄央行发布数据显示，2017 年俄经济增长 1.5%，已完全走出衰退。

4. 亚太

日本 2018 年 1 月份 CPI 同比上涨 1.4%。2018 年 2 月 23 日，日本总务省发布数据显示，1 月份 CPI 同比上涨 1.4%，环比上涨 0.1%；核心 CPI 同比上涨

0.9%，剔除生鲜和能源价格波动，核心 CPI 同比上涨 0.4%，均低于预期。

日本 2018 年 1 月份贸易逆差 9434 亿日元。2018 年 2 月 19 日，日本财务省发布数据显示，日本 1 月份贸易逆差 9434 亿日元，为 8 个月来首次出现贸易逆差。其中，出口总额同比增长 12.2% 至 6.0856 万亿日元，进口总额同比增长 7.9% 至 7.0290 万亿日元；日本对中国出口额同比增长 30.8% 至 1.16 万亿日元，对华贸易逆差降至 5786 亿日元；对欧盟贸易逆差 1008 亿日元，对美贸易顺差同比减少 12.3% 至 3496 亿日元。

韩国家庭信贷余额 2017 年第四季度同比增长 8.1%。2018 年 2 月 22 日，韩国央行发布数据显示，2017 年第四季度韩国家庭信贷余额同比增长 8.1% 至 1450 万亿韩元（约 85 万亿元人民币），创 2002 年以来最高。

新加坡发布 2018 年财政预算案。2018 年 2 月 20 日，新加坡财政部发布 2018 年财政预算案，预算总额增长 8.3% 至 800 亿新元。预算案提出多项扩税增收举措：即日上调 100 万新元以上的房地产印花税 1% 至 4%，上调烟草税 10%，计划 2019 年开征碳排放税，2020 年 1 月 1 日起征进口服务消费税，2021—2025 年视情上调消费税 2% 至 9%。新加坡财长王瑞杰表示，未来十年必须应对好三大转变，即全球经济中心转向亚洲、新科技的出现和人口老龄化。

澳大利亚联储发布货币政策会议纪要。2018 年 2 月 21 日，澳大利亚联储发布 2 月份货币政策会议纪要认为，低利率有利于降低失业率和推高通胀，预计通胀率将在 2020 年中期逐步升至 2.25%；澳元走强将拖累经济和通胀预期；2017 年 12 月份以来，全球经济和澳大利亚国内数据大体表现积极。

二、国际组织

OECD 称中小企业正从银行贷款转向替代性融资渠道。2018 年 2 月 21 日，OECD 发布报告指出，许多国家的中小企业正从银行贷款转向新型融资渠道获取资金；2016 年，得益于良好的信贷环境，各国中小企业破产率中位数降至 6.5%，支付违约率和坏账率持续保持低位；但同年新增中小企业银行贷款量萎缩 5.6%，小微企业、创新型企业获得银行贷款存在困难，因此转向风险投资、P2P、众筹等新型融资渠道进行，其中，中、美、英三国替代性融资规模尤高。OECD 指出，中小企业对提高生产率、促进创新和经济包容性发展具有重要意义，呼吁各国采取措施，保障中小企业从传统和新型融资渠道均能获得充分资金支持。

亚行称亚洲应进一步推动区域价值链发展。2018 年 2 月 19 日，亚洲开发银行发文称，全球价值链（GVCs）的发展是近几十年来国际贸易增长的基础；近年来，全球价值链一直保持缓慢的扩张态势，以跨境商品和服务占出口总额的比例来衡量，2011—2014 年间全球价值链参与率徘徊在 73.7%—74.1%，2015 年上升至 75.8%，2016 年升至 76.7%，这也是近期国际贸易恢复增长的原因之一；仅就亚洲地区而言，全球价值链和区域价值链参与率之间的差距很大，尽管亚洲在区域贸易一体化方面取得了快速发展，但整体水平仍相对较低，有较大的贸易增长潜力；未来亚洲可以通过达成大型贸易协议、推动更多贸易便利化举措以实现区域价值链的进一步发展。

三、国际大宗商品

本周纽约原油期货价格累计上涨 1.92%。截至星期五，本周纽约原油期货累计涨幅 1.92%。星期一纽约原油期货上涨 1.4%，收于每桶 62.37 美元；星期二纽约原油期货下跌 1.28%，收于每桶 61.57 美元；星期三纽约原油期货下跌 0.37%，收于每桶 61.34 美元；星期四纽约原油期货上涨 2.14%，收于每桶 62.65 美元；星期五纽约原油期货上涨 1.47%，收于每桶 63.57 美元。

本周纽约黄金期货价格累计下跌 1.36%。截至星期五，本周纽约黄金期货价格累计跌幅 1.36%。星期一纽约黄金期货下跌 0.04%，收于每盎司 1348.9 美元；星期二纽约黄金期货下跌 1.30%，收于每盎司 1331.4 美元；星期三纽约黄金期货下跌 0.36%，收于每盎司 1326.6 美元；星期四纽约黄金期货上涨 0.56%，收于每盎司 1334 美元；星期五纽约黄金期货下跌 0.26%，收于每盎司 1330.5 美元。

四、区域合作

跨太平洋伙伴全面进展协定发布最终版本。2018 年 2 月 21 日，跨太平洋伙伴全面进展协定（CPTPP）发布最终版本，美国退出 TPP 后剩下的 11 国将于 3 月 8 日在智利首都签署该协议。CPTPP 协定旨在为亚太地区高速增长的经济体消除贸易壁垒，11 个成员国占全球 GDP 总量逾 13%，经济规模共计 10 万亿美元。最终版协议中有超过 20 项条款被暂时搁置或修改，包括之前应美国要求加入的知识产权从严保护规则，特别是针对药品的知识产权。

韩国与中美洲五国签署自贸协定。2018 年 2 月 21 日，韩国产业通商资源部与哥斯达黎加、萨尔瓦多、洪都拉斯、尼加拉瓜和巴拿马 5 个中美洲国家正式签署韩—中美自贸协定。自贸协定生效后，中美洲 5 国将随即或分阶段取消所有项目超过 95% 以上的关税，韩国面向中美洲的出口有望大幅提升。

五、全球宏观经济形势

WTO 称商品贸易将保持稳定增长。WTO 发布世界贸易展望指标（WTOI）显示，最新 WTOI 指数为 102.3，略高于 2017 年 11 月份的 102.2（该指数以 100 为荣枯分界点），表明商品贸易呈平稳增长势头；在 WTOI 组成指数中，集装箱运输和航空货运分别为 104.3 和 103.2，均高于趋势水平，表明商品运输量强劲；出口订单为 102.8，创 2011 年以来最高水平，显示贸易持续复苏；汽车产品、农业原材料和电子元件贸易值分别为 101.0、100.8 和 94.1，数值偏弱，表明消费者信心减弱。

OECD 称发达国家面临债务上升的挑战。OECD 发布报告认为，发达国家面临债务上升的挑战，主要表现在以下四个方面：一是发达国家面临日益上升的政府债务，随着各国上调基准利率，这些债务将对其预算构成重大挑战；二是自金融危机以来，低利率的政策环境，虽帮助各发达国家维持了高水平的债务和预算赤字，但相对有利的主权融资环境并非金融市场的永久特征；三是是否可将财政措施作为刺激经济的有效手段，取决于各国预算，趁经济形势良好之际巩固好财政根基，对经济可持续发展非常重要；四是金融危机期间借入的债务，大部分将在未来几年到期，发达经济体需在未来 3 年对 40% 的存量债务进行再融资，这将加大各国债务压力。

第 9 周 （2018/02/24—2018/03/02）

2018 年 2 月 24 日—3 月 2 日，国际财经要情有：美联储主席鲍威尔出席国会听证会；美国 2017 年第四季度实际 GDP 修正值同比增长 2.5%；欧元区 1 月份失业率为 9 年来最低；欧元区 2 月份 CPI 同比增长 1.2%；德国 2017 年财政盈余创历史新高；韩国央行维持基准利率 1.5% 不变；WTO 成员国 TFA 实施率达 58.7%；G20 国家 2017 年第四季度国际商品贸易增长强劲；OECD 国家 2017 年实际 GDP 增长 2.5%。

一、区域观察

1. 北美

美联储主席鲍威尔出席国会听证会。2018 年 2 月 27 日，美联储新任主席鲍威尔在众议院金融服务委员会听证会上作证时表示，将继续致力于实现美国充分就业和价格稳定，渐进式加息仍是实现美联储就业和通胀目标的最佳途径，具体货币政策路径取决于未来宏观经济形势变化。

美国 2017 年第四季度实际 GDP 修正值同比增长 2.5%。美国商务部 2018 年 2 月 28 日发布数据显示，2017 年第四季度实际 GDP 修正值同比增长 2.5%，符合预期；第四季度个人消费支出修正值环比增长 3.8%，核心个人消费支出环比增长 1.9%。

加拿大 2018 年 1 月份 CPI 同比增长 1.7%。2018 年 2 月 24 日，加拿大统计局发布数据显示，季调后，加拿大 1 月份 CPI 同比增长 1.7%，环比增长 0.5%；剔除食品和能源后的核心 CPI 环比增长 0.2%。

2. 拉美

巴西 2017 年 11 月—2018 年 1 月失业率 12.2%。2018 年 2 月 28 日，巴西地理统计局发布数据显示，2017 年 11 月—2018 年 1 月，巴西失业率为 12.2%，失业总人口 1270 万人；就业人口 9170 万人，同比增长 2.1%。

3. 欧洲

欧元区 2018 年 1 月份失业率为 9 年来最低。欧盟统计局 2018 年 3 月 1 日发布数据显示，欧元区 1 月份失业率为 8.6%，较 2017 年同期下降 10 个百分点，为 9 年来最低；欧盟 28 国失业率 7.3%，环比持平，为 2008 年 10 月份以来最低。

欧元区 2018 年 2 月份 CPI 同比增长 1.2%。2018 年 2 月 28 日，欧盟统计局发布数据显示，欧元区 2 月份 CPI 同比增长 1.2%，核心 CPI 同比增长 1%。

欧元区 2018 年 1 月份 HICP 同比增长 1.3%。2018 年 2 月 24 日，欧盟统计局发布数据显示，欧元区 1 月份调和消费者物价指数 HICP 同比增长 1.3%，环比下降 0.9%；欧盟 1 月份 HICP 同比增长 1.6%，环比下降 0.7%。

德国 2017 年财政盈余创历史新高。2018 年 2 月 24 日，德国联邦统计局发布数据显示，2017 年德国各级政府财政盈余 366 亿欧元，为两德统一以来最高。其中，各级政府财政总收入 14746 亿欧元，总支出 14380 亿欧元，盈余 GDP 占比 1.1%，连续 4 年实现财政盈余。

德国 2018 年 2 月份 CPI 环比增长 0.5%。2018 年 2 月 27 日，德国联邦统计局发布数据显示，德国 2 月份 CPI 环比增长 0.5%，同比增长 1.4%；2 月份调和 CPI 环比增长 0.5%，同比增长 1.2%。

德国 2018 年 2 月份失业率维持历史低位。2018 年 2 月 28 日，德国联邦劳工局发布数据显示，2 月份失业率 5.4%，环比持平，维持历史低位；失业人口减少 2.2 万人，就业市场保持良好势头。

英国 2018 年 2 月份房价环比下跌 0.3%。2018 年 3 月 1 日，英国抵押贷款机构 Nationwide 发布数据显示，英国 2 月份房价环比下跌 0.3%，为 6 个月来首次下跌，同比上涨 2.2%，增幅远低于 1 月份的 3.2%。

法国 2017 年经济增长 2%。2018 年 2 月 28 日，法国国家统计局发布数据显示，2017 年第四季度 GDP 环比增长 0.6%，同比增长 2.4%；季调后，2017 年法国 GDP 增速为 2%，创 2011 年以来新高；企业和家庭投资分别增长 4.4% 和 5.4%，出口增长 3.3%；预计 2018 年第一季度和第二季度经济增速分别为 0.5% 和 0.4%。

意大利 2017 年财政赤字 GDP 占比 1.9%。2018 年 3 月 1 日，意大利国家统计局发布数据显示，2017 年财政赤字 GDP 占比 1.9%，较 2016 年下降 0.6 个百分点；2017 年实际 GDP 增长 1.5%，债务 GDP 占比 131.5%。

4. 亚太

日本央行行长黑田东彦重申将维持宽松货币政策。2018 年 2 月 26 日，日本央行行长黑田东彦在国会讲话中表示，宽松货币政策已明显提高日本经济增速，但薪资和通胀仍较疲软，因此将继续维持宽松货币政策。公众的通缩预期是导致薪资和物价疲软的主要原因。

日本 2018 年 1 月份零售销售环比下降 1.8%。2018 年 2 月 28 日，日本经济产业省发布数据显示，1 月份零售销售环比下降 1.8%，同比上升 1.6%。

韩国央行维持基准利率1.5%不变。2018 年 2 月 27 日，韩国央行召开货币政策会议，维持基准利率1.5%不变，称韩国经济持续稳步增长，加息步伐慢于美联储不会导致韩国出现大规模资金外流。

印度2017年第四季度GDP同比增长7.2%。2018 年 3 月 1 日，印度中央统计局发布数据显示，2017 年第四季度 GDP 同比增长 7.2%，创一年半以来新高；2017 年经济增长 6.6%；分析认为，政府支出增加和制造业、服务业增长是印度经济增速提高的主要动力。

澳大利亚2018年1月份企业贷款环比下降0.1%。2018 年 2 月 28 日，澳大利亚央行发布数据显示，经季调，澳大利亚 1 月份贷款总额环比上升 0.3%，同比上升 4.9%。其中，住房贷款环比上升 0.5%，同比上升 6.2%；个人贷款环比上升 0.1%，同比下降 0.9%；企业贷款环比下降 0.1%，同比上升 3.4%。

5. 非洲

南非预计2018年经济增长1.5%。近日，南非财政部发布报告认为，受益于强劲的农业增长和不断提高的商品价格，预计 2017 年南非经济增长 1%，2018 年增长 1.5%，2020 年增速加快至 2.1%；南非财政部长马卢西·吉加巴表示，计划 2018 年上调增值税税率至 15%，从而增加财政收入 360 亿兰特。这是南非 25 年来首次上调增值税。

二、国际组织

WTO成员国TFA实施率达58.7%。贸易便利化协定（TFA）正式实施满一年。WTO 总干事阿泽维多表示，TFA 作为 21 世纪最大的贸易便利化举措之一，大幅降低了贸易成本，发展中国家和最不发达国家获益最大；预计全面实施 TFA 可降低成员国平均贸易成本 14.3%，减少货物进口时间 1 天半，减少货物出口时间近两天，分别较目前水平降低 47% 和 91%；TFA 允许发展中国家和最不发达国家根据自身能力制定落实时间表，目前 WTO 成员国的 TFA 实施率已达 58.7%，其中发达国家成员实施率为 100%，发展中国家实施率为 56.4%，最不发达国家实施率为 1.7%。

联合国贸发会议：亚投行拥有更强的基础设施投融资能力。2018 年 2 月 26 日，联合国贸发会议经济学家丹尼尔·普恩表示，相比传统多边开发机构，亚投行拥有更强的基础设施投融资能力，为发展中国家基建融资提供了创新的融资模式；传统多边开发机构通常采取过于谨慎的贷款政策，限制了其资产负债率和放款能力；亚投行支持相关项目可通过两种方式——一般渠道和特别渠道，在限定的杠杆率内，亚投行可获得更强的投融资能力；发达经济体主导的传统多边开发机构正面临诸多挑战，如不加以改善，其在国际发展领域的领导地位将受到更大挑战。

国际能源署称全球石油贸易领域正发生根本变革。国际能源署发布报告指出，中美在全球石油贸易领域的地位已发生重大变化，可再生能源和电力在全球能源消费领域的地位正不断上升；美国的页岩气革命、中东和亚洲地区不断催生的新需求和投资趋势正在重铸全球石油贸易的传统模式，对全球能源安全产生影响。国际能源署预计，美国原油净进口量将继续下降，从当前的约 700 万桶/日降至 2040 年的不及 300 万桶/日，同期净出口量将从 200 万桶/日增至近 400 万桶/日；截至 2020 年，美原油贸易平衡将推至新高度，但 2040 年前美国仍是原油出口大国和主要进口国。

三、国际大宗商品

本周纽约原油期货价格累计下跌 4.16%。截至星期四，本周纽约原油期货累计跌幅 4.16%。星期一纽约原油期货上涨 0.68%，收于每桶 64 美元；星期二纽约原油期货下跌 1.81%，收于每桶 62.84 美元；星期三纽约原油期货下跌 2.05%，收于每桶 61.55 美元；星期四纽约原油期货下跌 0.34%，收于每桶 61.34 美元。

本周纽约黄金期货价格累计下跌 1.26%。截至星期四，本周纽约黄金期货价格累计跌幅 1.26%。星期一纽约黄金期货上涨 0.33%，收于每盎司 1334.9 美元；星期二纽约黄金期货下跌 1.18%，收于每盎司 1319.2 美元；星期三纽约黄金期货上涨 0.02%，收于每盎司 1319.4 美元；星期四纽约黄金期货下跌 0.1%，收于每盎司 1318.1 美元。

四、区域合作

RCEP 第 21 轮谈判在印度尼西亚日惹举行。《区域全面经济伙伴关系协定》（RCEP）第 21 轮谈判在印度尼西亚日惹举行。按照 2017 年 11 月首次 RCEP 领导人会议的指示，各方继续就货物、服务、投资和部分规则领域议题展开深入磋商，谈判取得积极进展。2018 年 3 月 3 日，RCEP 部长级会议将于新加坡举行。

五、全球宏观经济形势

G20 国家 2017 年第四季度国际商品贸易增长强劲。2018 年 2 月 28 日，OECD 发布最新数据显示，经季调，G20 国家 2017 年第四季度国际商品贸易连续 7 个月增长，其中出口增长 2.7%，进口增长 3%；欧盟整体进出口增速分别为 2.4% 和 2.9%，法国、德国、英国和意大利均实现不同程度的上涨；美国进口增长 5.7%，增速显著，出口增长 3.6%；加拿大、墨西哥进口分别上涨 1.6% 和 3.5%，出口分别增长 3.1% 和 4.3%；俄罗斯出口增长 12.1%；阿根廷、南非进口分别增长 7.8% 和 4.2%，出口分别增长 6.6% 和 5.3%；中国进出口增速则相对缓慢，进口增长 2.6%，出口增长 4.4%。

OECD 国家 2017 年实际 GDP 增长 2.5%。OECD 发布数据显示，OECD 国家 2017 年第四季度实际 GDP 环比增速下降 0.1% 至 0.6%。G7 国家中，美国实际 GDP 增速环比下降 0.2 个百分点至 0.6%，日本下降 0.5% 至 0.1%，英、法两国 GDP 分别小幅升至 0.5% 和 0.6%。新兴经济体中，中国 GDP 环比增速下降 0.2% 至 1.6%。第四季度 OECD 国家实际 GDP 增速同比增长 2.6%，2017 年 OECD 国家实际 GDP 增长 2.5%，好于 2016 年的 1.8%。

第 10 周 （2018/03/03—2018/03/09）

2018 年 3 月 3—9 日，国际财经要情有：特朗普签署对进口钢铁和铝征收关税的行政令；美联储发布褐皮书显示美国通胀略有回升；美国 1 月份贸易逆差创 10 年来新高；欧央行维持三大主要利率不变；日本 2017 年第四季度实际 GDP 同比增长 1.6%；NAFTA 第七轮谈判结束；CPTPP 签署仪式将在智利首都圣地亚哥举行；OECD 国家 1 月份年化通胀率降至 2.2%。

一、区域观察

1. 北美

特朗普签署对进口钢铁和铝征收关税的行政令。2018 年 3 月 8 日，美国总统特朗普签署行政令，对进口钢和铝分别征收 25% 和 10% 的关税。特朗普表示，该关税令将于 15 天内生效，考虑到更新 NAFTA 的谈判仍在进行中，推迟对加拿大和墨西哥征收该关税，同时也对其他国家与美谈判修订或撤销该关税持开放态度。

美联储发布褐皮书显示美国通胀略有回升。2018 年 3 月 7 日，美联储发布《全国经济形势调查报告》显示，1—2 月份美国经济继续温和扩张，就业市场进一步收紧，建筑业、制造业和信息技术行业面临劳工短缺，企业薪资和福利小幅上涨，通胀略有回升。

美国 2018 年 1 月份贸易逆差创 10 年来新高。2018 年 3 月 7 日，美国商务部发布数据显示，美国 1 月份贸易逆差 566 亿美元，创 2008 年 10 月份以来新高。其中，出口环比下滑 1.3% 至 2009 亿美元，进口环比持平于 2575 亿美元；商品贸易逆差 765 亿美元，服务贸易顺差 199 亿美元。从国别来看，对中国贸易逆差 360 亿美元，为 2015 年 9 月份以来最高；对墨西哥贸易逆差环比减少 54 亿美元至 41 亿美元。

美国 2018 年 1 月份制造业新订单环比下降 1.4%。2018 年 3 月 6 日，美国商务部发布数据显示，美国 1 月份制造业新订单金额为 4917 亿美元，环比下降 1.4%。

加拿大央行维持基准利率 1.25%不变。2018 年 3 月 7 日，加拿大央行召开货币政策会议，宣布维持基准利率 1.25%不变；认为通胀已接近 2%目标值，但贸易形势不确定性增大，未来可能继续实施宽松货币政策。

2. 拉美

巴西 2017 年经济增长 1%。巴西国家统计局发布数据显示，2017 年巴西经济增长 1%，结束此前连续两年的衰退；2017 年第四季度 GDP 环比增长 0.1%，连续 4 个季度环比增长，同比增长 2.1%；农牧业是 2017 年经济增长的主要动力，增速为 13%，创 1996 年以来最大增幅。巴西财长恩里克·梅雷莱斯认为，巴西经济增长势头将继续巩固，2018 年经济增速有望达到 3%。

3. 欧洲

欧央行维持三大主要利率不变。2018 年 3 月 8 日，欧央行召开货币政策会议宣布，维持主要再融资利率 0%、隔夜贷款利率 0.25%、隔夜存款利率 -0.4%不变，维持每月 300 亿欧元购债规模至少至 9 月份，如有必要将延续更长时间；在 QE 结束后仍将在很长一段时间内进行到期债券再投资；预计欧元区 2018 年 GDP 增速为 2.4%，2019 年为 1.9%，2020 年为 1.7%；认为欧元区经济强势复苏，但 2 月份通胀率为 1.2%，远低于 2%目标值，仍有必要采取宽松货币政策。

欧元区 2017 年经济增长 2.3%。2018 年 3 月 7 日，欧盟统计局发布修正数据显示，欧元区 2017 年 GDP 增长 2.3%，2017 年第四季度 GDP 环比增长 0.6%，同比增长 2.7%。

欧元区 2018 年 1 月份零售销售环比下降 0.1%。2018 年 3 月 5 日，欧盟统计局发布数据显示，经季调，欧元区和欧盟 1 月份零售销售均环比下降 0.1%；1 月份零售销售指数分别同比增长 2.3%和 2.7%。

德国 2018 年 1 月份零售销售初值环比下降 0.7%。2018 年 3 月 3 日，德国联邦统计局发布数据显示，经季调，德国 1 月份零售销售初值环比下降 0.7%，同比上升 2.3%。

法国 2018 年 1 月份经常账户赤字 16 亿欧元。2018 年 3 月 7 日，法国国家统计局发布数据显示，经季调，1 月份经常账户赤字 16 亿欧元，2017 年 12 月份经常账户赤字 9 亿欧元。

意大利第四季度 GDP 终值环比上升 0.3%。2018 年 3 月 3 日，意大利国家统计局发布数据显示，经季调，意大利第四季度 GDP 终值环比上升 0.3%，同比上升 1.6%。其中，固定资本形成总额环比上升 1.7%，最终消费支出环比上升 0.1%，进口环比上升 1%，出口环比上升 2%。

澳大利亚央行维持基准利率不变。2018 年 3 月 6 日，澳大利亚央行召开货币政策会议，维持基准利率 1.5%不变，符合预期。

澳大利亚 2017 年第四季度 GDP 同比增长 2.4%。2018 年 3 月 7 日，澳大利亚统计局发布数据显示，2017 年第四季度澳大利亚 GDP 同比增长 2.4%，环比增长 0.4%。

澳大利亚 2018 年 1 月份营建许可环比上升 17.1%。2018 年 3 月 5 日，澳大利亚统计局发布数据显示，经季调，澳大利亚 1 月份营建许可环比上升 17.1%，同比上升 12%。其中，私人部门住宅营建许可环比下降 1.1%，同比上升 6%；非住宅私人建筑营建许可环比上升 42.2%，同比上升 18.1%。

4. 亚太

日本 2017 年第四季度实际 GDP 同比增长 1.6%。2018 年 3 月 8 日，日本内阁府发布数据显示，经季调，日本 2017 年第四季度 GDP 同比增长 1.6%，环比增长 0.4%，连续 8 个季度增长，创 30 年来最长经济连涨记录。

日本 2018 年 1 月份失业率 2.4%。2018 年 3 月 3 日，日本总务省发布数据显示，经季调，日本 1 月份失业率 2.4%，环比下降 0.3 个百分点；就业人数同比增长 1.4% 至 6562 万人，失业人数同比下降 15.3% 至 159 万人。

李柱烈连任韩国央行行长。2018 年 3 月 2 日，韩国总统文在寅任命韩国央行现任行长李柱烈连任下届央行行长，这是韩国央行行长时隔 40 年来首次获得连任。

新加坡 2017 年经济增长 3.5%。2018 年 3 月 3 日，新加坡贸工部发布数据显示，2017 年新加坡经济增长 3.5%，高于前值 1.5 个百分点，创 3 年来新高；其中，制造业增长 10.5%，建筑业萎缩 8.1%；2017 年第四季度 GDP 同比增长 3.1%，环比增长 2.8%。

菲律宾 2018 年 2 月份 CPI 同比增长 3.9%。2018 年 3 月 6 日，菲律宾统计局发布数据显示，2 月份 CPI 同比增长 3.9%，创 2014 年 9 月份以来最高；环比增长 0.8%。

5. 非洲

南非 2017 年第四季度 GDP 同比增长 3.1%。2018 年 3 月 7 日，南非统计局发布数据显示，2017 年第四季度南非 GDP 同比增长 3.1%，上修 2017 年第三季度 GDP 增速 0.3 个百分点至 2.3%。

二、国际组织

亚行称未来 3 年投资 50 亿美元加强南亚区域合作。2018 年 3 月 5—6 日，亚行主办的南亚次区域经济合作组织（SASEC）成员国高官会在新加坡举行。会议审议了南亚区域交通运输、贸易便利化和能源项目的进展情况，更新并改进了 SASEC 运营计划。自 2001 年 SASEC 机制成立以来，亚行对南亚区域合作提供的贷款与援助累计总额为 62 亿美元。亚行预计，2018—2020 年将为 26 个南亚区域合作项目提供 50 亿美元贷款，促进南亚经济发展。

WTO 强调包容性、透明度和灵活性至关重要。WTO 总干事阿泽维多表示，坚持包容性、透明度和灵活性对推动谈判进程和完善 WTO 组织运作方式有重大意义。他指出，在以协商一致为基础的决策过程中，灵活性是必不可少的；首先要重视规则并视其为共同利益，其次要随时准备妥协并寻求共识，同时坚持公开透明极其重要。阿泽维多强调，从长远看，建立公开透明的开放机制非常必要，应确保每个世贸组织成员均获得建设性的参与机会；所有成员应积极考虑如何创造性地改善 WTO 的组织和运作方式，确保各成员国利益，推动全球贸易和经济增长。

三、国际大宗商品

本周纽约原油期货价格累计下跌 3.64%。截至星期四，本周纽约原油期货累计跌幅 3.64%。星期一纽约原油期货上涨 1.89%，收于每桶 62.61 美元；星期二纽约原油期货下跌 0.4%，收于每桶 62.36 美元；星期三纽约原油期货下跌 1.62%，收于每桶 61.35 美元；星期四纽约原油期货下跌 1.66%，收于每桶 60.33 美元。

本周纽约黄金期货价格累计上涨 0.12%。截至星期四，本周纽约黄金期货价格累计涨幅 0.12%。星期一纽约黄金期货下跌 0.21%，收于每盎司 1320.9 美元；星期二纽约黄金期货上涨 1.12%，收于每盎司 1335.7 美元；星期三纽约黄金期货下跌 0.7%，收于每盎司 1326.3 美元；星期四纽约黄金期货下跌 0.27%，收于每盎司 1322.5 美元。

四、区域合作

NAFTA 第七轮谈判结束。2018 年 3 月 5 日，NAFTA 第七轮谈判宣告结束，美国贸易代表罗伯特·莱特希泽发表讲话称，美加墨三方已完成“良好监管实践”“卫生与植物检疫”等章节的谈判，并同意新增“能源”章节；完成化学药品和特殊食品配方附录编写；电信和贸易技术壁垒部分的谈判取得进展；但谈判整体进展不及预期，谈判需完成约 30 个章节，目前仅完成 6 个。

CPTPP 签署仪式在智利首都圣地亚哥举行。2018 年 3 月 8 日，由日本主导的《跨太平洋伙伴全面进展协定》（CPTPP）签署仪式在智利首都圣地亚哥举行。CPTPP 保留了 TPP 超过 95% 的内容，且只需 11 个缔约国中的任意 6 国完成国内批准程序后即可生效。预计该协定最快将于 2018 年底或 2019 年上半年全面生效。

五、全球宏观经济形势

OECD 国家 2018 年 1 月份年化通胀率降至 2.2%。2018 年 3 月 6 日，OECD 发布最新数据显示，OECD 国家 2018 年 1 月份年化通胀率降至 2.2%，较前值下降 0.1 个百分点。其中，能源价格同比增长 4.7%，食品价格增速稳定在 2.2%；剔除食品和能源价格，核心通胀率年化增速 1.8%，较前值小幅下降。

发达经济体中，加拿大、德国年化通胀率分别降至 1.7% 和 1.6%，美国升至 2.1%，日本升至 1.4%，法国小幅升至 1.3%，欧元区降至 1.3%。剔除食品和能源价格，1 月份年化通胀率为 1.0%，比上月上涨 0.1 个百分点。预计 2 月份欧元区整体通胀率将降至 1.2%，剔除食品和能源后的核心通胀率则维持在 1.0%。

1 月份，G20 整体年化通胀率稳定在 2.7%。新兴经济体中，中国、印度尼西亚、俄罗斯和南非的年化通胀率均有所下降，分别从 1.8%、3.6%、2.5% 和 4.5% 降至 1.5%、3.3%、2.2% 和 4.3%，巴西则稳定在 2.9%。

第 11 周（2018/03/10—2018/03/16）

2018 年 3 月 10—16 日，国际财经要情有：美国参议院通过放松银行监管法案；美国 2 月份失业率为 4.1%；英国财政大臣哈蒙德作 2018 年春季财政报告；日本 1 月份经常账户盈余 6074 亿日元；世行称技术进步或将加剧欧盟内部经济分化；OECD 发布《中期经济展望报告》。

一、区域观察

1. 北美

美国参议院通过放松银行监管法案。2018 年 3 月 14 日，美国参议院通过放松银行监管法案，并递交众议院表决。根据该法案，资产规模 2500 亿美元以下的银行不再参加美联储每年举行的压力测试，资产规模 100 亿美元以下的银行不必再遵守《多德·弗兰克法》中“不得从事自营交易”的“沃尔克规则”。

美国 2018 年 2 月份失业率为 4.1%。2018 年 3 月 10 日，美国劳工部发布数据显示，美国 2 月份失业率为 4.1%，新增非农就业人口 31.3 万人，新增就业主要集中在建筑、零售、咨询、制造、金融和采矿等行业。

美国 2018 年 2 月份 CPI 环比上升 0.2%。2018 年 3 月 13 日，美国劳工部发布数据显示，经季调，美国 2 月份 CPI 环比上升 0.2%；其中，食品价格环比持平，能源价格环比上升 0.1%；剔除食品和能源的核心 CPI 环比上升 0.2%。

美国 2018 年 2 月份核心 PPI 同比增幅创三年半新高。2018 年 3 月 14 日，美国劳工部发布数据显示，经季调，2 月份 PPI 环比上升 0.2%，同比上升 2.8%；剔除食品、能源和贸易的核心 PPI 环比上涨 0.4%，与 1 月份持平；同比上涨 2.7%，创 2014 年 8 月份以来最高。

美国 2018 年 2 月份零售销售环比下降 0.1%。2018 年 3 月 14 日，美国商务部发布数据显示，2 月份零售销售环比下降 0.1%，核心零售销售环比上涨 0.2%，均不及预期。

2. 拉美

巴西 2018 年 2 月份通胀率 0.32%。2018 年 3 月 10 日，巴西国家统计局发布数据显示，2 月份通胀率 0.32%，为 2000 年以来同期最低水平；年化通胀率 2.84%，为 1999 年以来最低。

3. 欧洲

欧元区 2018 年 1 月份工业产出环比下降 1%。2018 年 3 月 14 日，欧盟统计局发布数据显示，欧元区 1 月份工业产出环比下降 1%，同比增长 2.7%。

德国 2018 年 1 月份贸易顺差 213 亿欧元。2018 年 3 月 10 日，德国联邦统计局发布数据显示，经季调，德国 1 月份贸易顺差 213 亿欧元，出口额环比下降 0.5% 至 1110 亿欧元，进口额环比下降 0.5% 至 897 亿欧元。

德国 2018 年 2 月份 CPI 终值环比增长 0.5%。2018 年 3 月 14 日，德国联邦统计局发布数据显示，2 月份 CPI 终值环比上升 0.5%，同比上升 1.4%；其中，能源价格同比上升 0.1%，食品价格同比上升 1.1%，服务业价格同比上升 1.6%。

德国 2018 年 1 月份工业产出环比下降 0.1%。2018 年 3 月 10 日，德国联邦统计局发布数据显示，经季调，德国 1 月份工业产出环比下降 0.1%。其中，消费品产出环比上升 2.0%，能源产出环比下降 3.3%。

英国财政大臣哈蒙德作 2018 年春季财政报告。2018 年 3 月 14 日，英国财政大臣哈蒙德在国会作 2018 年春季财政报告表示，英国国家债务连续 17 年上涨后首次下降，但尚未达到安全水平；预计 2018/2019 财年公共债务 GDP 占比将为 85.6%，国债发行规模将削减 10.6% 至 1029 亿英镑；预计 2017/2018 财年赤字率为 2.2%，2018/2019 财年将降至 1.8%，2019/2020 财年至 1.6%；2021/2022 财年降至 1.3%；计划未来 6 年减少借款额共计 156 亿英镑；预计 2018 年底通胀率将由当前的 3% 降至 2% 目标水平，上调 2018 年经济增速 0.1 个百分点至 1.5%。

英国 2018 年 1 月份工业产出环比增长 1.3%。2018 年 3 月 10 日，英国国家统计局发布数据显示，经季调，英国 1 月份工业产出环比增长 1.3%，同比增长 1.6%。其中，制造业产出环比增长 0.1%，同比增长 2.7%。

法国 2018 年 2 月份 CPI 环比持平。2018 年 3 月 15 日，法国国家统计局发布数据显示，2 月份 CPI 环比持平，停止连续 3 个月的下跌；同比上升 1.2%；调和 CPI 环比持平，同比上升 1.3%。

法国 2018 年 1 月份工业产出环比下降 2.0%。2018 年 3 月 10 日，法国国家统计局发布数据显示，法国 1 月份工业产出环比下降 2.0%，制造业产出环比下降 1.1%，建筑业产出环比下降 7.6%。

法国央行预计 2018 年 GDP 增速为 1.9%。2018 年 3 月 15 日，法国央行发布报告预计，法国 2018—2020 年 GDP 增速分别为 1.9%、1.7%，和 1.6%；HICP 通胀年率分别为 1.6%、1.4% 和 1.8%；预计 2018 年失业率为 8.9%，2020 年为 7.9%，2018—2020 年年均新增就业人数 18.6 万—20 万人。

意大利 2017 年第四季度失业率 11%。2018 年 3 月 13 日，意大利国家统计局发布数据显示，意大利 2017 年第四季度失业率 11%，较前值下降 0.2 个百分点。

意大利 2018 年 1 月份零售销售环比下降 0.5%。2018 年 3 月 14 日，意大利国家统计局发布数据显示，1 月份零售销售环比下降 0.5%，同比下降 0.8%。

4. 亚太

日本央行维持货币政策不变。2018 年 3 月 10 日，日本央行召开货币政策会议，维持政策利率 -0.1% 不变，维持 10 年期国债收益率目标 0% 不变，均符合预期。

日本 2018 年 1 月份经常账户盈余 6074 亿日元。日本财务省发布数据显示，日本 1 月份经常账户盈余 6074 亿日元。其中，货物与服务贸易账户赤字 8348 亿日元，同比下降 21.7%；初次收入账户盈余 15515 亿日元，同比上升 22.1%；二次收入账户赤字 1094 亿日元，同比下降 0.2%。

日本 2018 年 2 月份 M2 存量同比增长 3.3%。2018 年 3 月 10 日，日本央行发布数据显示，日本 2 月份 M1 存量为 734 万亿日元，同比增长 6.4%；M2 存量为 987 万亿日元，同比增长 3.3%；M3 存量为 1316 万亿日元，同比增长 2.8%。

印度 2018 年 2 月份 CPI 降至 4.44%。2018 年 3 月 12 日，印度中央统计局发布数据显示，2 月份 CPI 降至 4.44%，为近 4 个月最低，仍高于 4% 的通胀目标；印度央行预计，4—9 月份通胀率将升至 5.1%—5.6%。

澳大利亚 2018 年 1 月份贸易账户盈余 10.55 亿澳元。2018 年 3 月 8 日，澳大利亚国家统计局发布数据显示，经季调，澳大利亚 1 月份贸易账户盈余 10.55 亿澳元。其中，出口总额环比上升 4% 至 339.24 亿澳元，进口总额环比下降 2% 至 328.69 亿澳元。

新西兰 2017 年第四季度 GDP 同比增长 2.9%。2018 年 3 月 15 日，新西兰联储发布数据显示，2017 年第四季度 GDP 同比增长 2.9%，环比增长 0.6%，均不及预期。

5. 非洲

南非 2018 年 1 月份制造业产量同比增长 2.5%。2018 年 3 月 13 日，南非统计局发布数据显示，1 月份制造业产量同比增长 2.5%。其中，食品饮料增长 2.5%，基础钢铁、有色金属和机械增长 0.8%，汽车及零部件、运输设备增长 0.3%。

二、国际组织

世行称技术进步或将加剧欧盟内部经济分化。世行发布报告称，技术进步正惠及富裕地区的高收入者和高科技企业，这加剧了落后地区非熟练工人的困境；由于失业率和贫困风险上升，技术进步或将加剧欧盟内部经济分化；过去 15 年，欧盟手工业岗位减少 15% 以上，而创意和分析类工作岗位却增加 15% 以上，且这种趋势正加速发展；此外，欧洲中部和南部许多国家繁冗的规章制度遏制了企业发展，影响了就业机会和外国直接投资。报告建议，政策制定者应重点考虑促进工人技能提高，以应对迅速变化的劳动力市场，改善落后国家和地区民众的生活水平；应加强教育和培训，缩小技能差距，重新设计教育制度，出台政策促进教育和就业公平，并改善营商环境，为企业松绑。

东盟成立可持续基础设施开发领导机构。2018 年 3 月 14 日，东盟“可持续基础设施建设领导机构”（LIB－SI）宣布成立，该机构将在《东盟互联互通总体规划 2025》框架下牵头推动域内可持续基础设施开发工作。成立会上，各国代表讨论了发展可持续基础设施工作规划，和未来实施过程中可能遇到的问题，并与东盟互联互通合作委员会（ACCC）就合作前景和潜在项目意向进行沟通。东盟秘书长林玉辉强调，通过合作提高地区基础设施开发能力，将有利于东盟互联互通愿景的实现。

金融稳定理事会发布《稳健薪酬原则与标准补充指引》。2018 年 3 月 15 日，金融稳定理事会发布《稳健薪酬原则与标准补充指引》最终版。该指引作为稳健薪酬管理体系的组成部分，为公司和监管部门规避不当行为及风险提供了参考框架。指引就建设更好的稳健薪酬体系提出八项补充建议，涉及薪酬与不当行为的风险治理、风险匹配和风险监管三个方面，体现了金融机构对审慎风险管理与行为标准的高度重视。

三、国际大宗商品

本周纽约原油期货价格累计下跌 1.42%。截至星期四，本周纽约原油期货累计跌幅 1.42%。星期一纽约原油期货下跌 1.26%，收于每桶 61.34 美元；星期二纽约原油期货下跌 0.77%，收于每桶 60.87 美元；星期三纽约原油期货上涨 0.2%，收于每桶 60.99 美元；星期四纽约原油期货上涨 0.41%，收于每桶 61.24 美元。

本周纽约黄金期货价格累计下跌 0.55%。截至星期四，本周纽约黄金期货价格累计跌幅 0.55%。星期一纽约黄金期货下跌 0.04%，收于每盎司 1323.5 美元；星期二纽约黄金期货上涨 0.25%，收于每盎司 1326.8 美元；星期三纽约黄金期货下跌 0.14%，收于每盎司 1325 美元；星期四纽约黄金期货下跌 0.66%，收于每盎司 1316.2 美元。

四、区域合作

《亚太贸易协定》常委会和相关工作组会议在泰国举行。《亚太贸易协定》第

52 次常委会和服务贸易、投资、贸易便利化、原产地等相关工作组会议在泰国举行。会议重点讨论落实《协定》第四届部长级理事会发布的《部长宣言》等相关内容，并同意于 2018 年 7 月 1 日实施第四轮关税减让谈判成果文件《亚太贸易协定第二修正案》，各方还就启动《协定》第五轮关税减让谈判，以及推进服务贸易、投资、贸易便利化和原产地等谈判进行了深入磋商。

五、全球宏观经济形势

OECD 发布《中期经济展望报告》。2018 年 3 月 12 日，OECD 发布《中期经济展望报告》，上调 2018 年美国增长预期 0.4 个百分点至 2.9%，预计 2019 年美国经济增长 2.8%；预计 2018 年欧元区经济增速将下降 0.2 个百分点至 2.3%，2019 年进一步降至 2.1%；英国经济增速将下降 0.4 个百分点至 1.3%，2019 年降至 1.1%；日本经济增速将下降 0.2 个百分点至 1.5%，2019 年降至 1.1%；中国经济增速将下降 0.2 个百分点至 6.7%，但仍较 2017 年 11 月份预测值上调 0.1 个百分点，2019 年进一步降至 6.4%；印度经济增速有望上升 0.6 个百分点至 7.2%，2019 年进一步升至 7.5%；预计 G20 国家 2018 年整体经济增速有望升至 4.1%。

第 12 周（2018/03/17—2018/03/23）

2018 年 3 月 17—23 日，国际财经要情有：特朗普签署对华贸易备忘录；美联储上调联邦基金利率 25 个基点；欧元区 2 月份 CPI 终值同比增长 1.1%；欧元区 1 月份贸易账户顺差 33 亿欧元；英国央行维持基准利率 0.5% 不变；G20 财长和央行行长会议在布宜诺斯艾利斯举行；韩美自贸协定修改谈判第三轮协商在美进行；2017 年全球贸易总额达 6 年来最高。

一、区域观察

1. 北美

特朗普签署对华贸易备忘录。2018 年 3 月 23 日，特朗普签署对华贸易备忘录，宣布将对从中国进口的航空、高铁、新能源汽车和高科技产品等商品征收高额关税，所涉及商品总额达 600 亿美元；并限制中国企业在美投资并购等。

美联储上调联邦基金利率 25 个基点。2018 年 3 月 22 日，美联储召开货币政策会议，宣布上调联邦基金利率 25 个基点至 1.5%—1.75%；预计 2019—2020 年加息速度将进一步加快，认为美国经济温和增长，劳动力市场强劲，加息过慢将带来经济风险。

美宣布暂免对欧盟及其他六国征收钢铝关税。2018 年 3 月 23 日，美国贸易代表莱特希泽在国会众议院筹款委员会作证时表示，美国将暂免对欧盟以及阿根廷、澳大利亚、巴西、加拿大、墨西哥和韩国征收钢铝关税。

美国 2018 年 2 月份工业产出环比增长 1.1%。2018 年 3 月 17 日，美联储发布数据显示，2 月份工业产出环比增长 1.1%，创 4 个月最大增幅；制造业产出环比增长 1.2%，设备使用率为 78.1%。

2. 拉美

巴西下调基准利率至 6.5%。2018 年 3 月 21 日，巴西央行召开货币政策会议，下调基准利率 25 个基点至 6.5%，再创历史新低；预计 2018 年通胀率

3.63%，2019 年通胀率 4.2%。

3. 欧洲

欧元区 2018 年 2 月份 CPI 终值同比增长 1.1%。2018 年 3 月 16 日，欧盟统计局发布数据显示，欧元区 2 月份 CPI 终值同比增长 1.1%，环比增长 0.2%；核心 CPI 同比增长 1%。其中，能源价格同比增长 2.1%，服务业同比增长 1.3%，食品酒水烟草同比增长 1%。

欧元区 2018 年 1 月份贸易账户顺差 33 亿欧元。2018 年 3 月 19 日，欧盟统计局发布数据显示，欧元区 1 月份贸易账户顺差 33 亿欧元。其中，出口额为 1786 亿欧元，同比增长 9.1%；进口额为 1754 亿欧元，同比增长 6.3%；欧元区域内货物贸易额为 1598 亿欧元，同比增长 8.8%。

英国央行维持基准利率 0.5%不变。2018 年 3 月 22 日，英国央行召开货币政策会议，维持基准利率 0.5%和购债规模 4350 亿英镑不变；称加息是渐进的，将在 5 月份再次对经济形势进行全面评估。

英国 2018 年 2 月份 CPI 同比上升 2.7%。2018 年 3 月 20 日，英国国家统计局发布数据显示，英国 2 月份 CPI 同比上升 2.7%，CPIH 同比上升 2.5%。

英国 2018 年 2 月份 PPI 同比上升 2.6%。2018 年 3 月 20 日，英国国家统计局发布数据显示，英国 2 月份 PPI 同比上升 2.6%，工业生产者购进价格同比上升 3.4%。

德国 2018 年 2 月份 PPI 同比上升 1.8%。2018 年 3 月 20 日，德国联邦统计局发布数据显示，德国 2 月份 PPI 同比上升 1.8%，环比下降 0.1%。其中，中间品价格同比上升 2.8%；能源价格同比上升 1.8%；非耐用消费品和耐用消费品价格均同比上升 1.4%；资本品价格同比上升 1.1%。

意大利 2018 年 1 月份贸易逆差 0.87 亿欧元。2018 年 3 月 20 日，意大利国家统计局发布数据显示，经季调，意大利 1 月份贸易逆差为 0.87 亿欧元。其中，出口额环比下降 2.5%，同比上升 9.5%；进口额环比下降 4.4%，同比上升 7.8%。

4. 亚太

日本央行公布 2018 年 3 月份货币政策会议纪要。2018 年 3 月 19 日，日本央行公布 3 月份货币政策会议纪要称，尚不考虑货币政策正常化，将继续实施 QE 政策直至通胀率达到2%目标值；如果日元升值、日股下跌的情况进一步持续，将出台措施限制资本开支。

日本央行国债持有规模创历史新高。2018 年 3 月 19 日，日本央行发布数据显示，截至 2017 年 12 月底，日本央行持有的国债规模同比增长 6.8%至 449 万亿日元，创历史新高；持有量占国债总量的 41.1%，创历史新高。

日本 2018 年 2 月份贸易账户顺差 34 亿日元。2018 年 3 月 19 日，日本财务省发布数据显示，2 月份贸易账户顺差同比下降 99.6%至 34 亿日元。其中，出口额同比增长 1.8% 至 6.4630 万亿日元，连续 15 个月增长；进口额同比增长 16.5% 至 6.4596 万亿日元；受国际油价上涨影响，液化天然气进口额大幅增长 18.8%，石油制品进口额大幅增长 36.2%。

澳洲联储公布 2018 年 3 月份货币政策会议纪要。2018 年 3 月 20 日，澳洲联储公布 3 月份货币政策会议纪要认为，澳大利亚当前的低利率政策有利于降低失业率和提升通胀，预计 2018 年澳大利亚 GDP 增速将超过潜在增速，CPI 将略高于 2% 目标值。

新西兰联储维持官方现金利率 1.75% 不变。2018 年 3 月 22 日，新西兰联储召开货币政策会议宣布，维持官方现金利率 1.75% 不变直至 2019 年底；认为劳动力市场紧俏，房价通胀温和，CPI 近期走软；称未来一段时期内仍将维持宽松货币政策。

5. 非洲

埃及政府公布 2018/2019 财年预算案。2018 年 3 月 21 日，埃及政府公布 2018/2019 财年预算案，总额 1.412 万亿埃镑，设定经济增长目标为 5.8%，赤字率目标为 8.4%；预算案增加投资支出 300 亿埃镑至 1000 亿埃镑，旨在支持国家项目开发，增强教育、医疗、基建等公共服务。

二、国际组织

G20 财长和央行行长会议在阿根廷举行。2018 年 3 月 19—20 日，G20 财长和央行行长会议在阿根廷举行。会议主要讨论了当前全球经济形势、未来工作、基础设施、金融部门发展、国际金融架构、反恐怖融资以及国际税收挑战等议题，并发表了联合公报。会议认为，全球经济形势继续改善，投资和贸易加快复苏，但下行风险持续存在，中期内促进经济持续、包容增长仍面临挑战。会议强调了进一步就全球贸易进行对话和采取行动的必要性，称各方正在开展工作，增强贸易对经济的贡献。虚拟货币首次成为会议议题。

阿泽维多呼吁共同维护多边贸易体系。2018 年 3 月 20 日，WTO 非正式部长级会议在新德里举行。会上，WTO 总干事阿泽维多阐述了 WTO 面临的挑战和机遇，呼吁世贸组织成员提供更有力的政治支持，巩固多边贸易体制。阿泽维多还对 WTO 上诉机构新成员提名僵局表示担忧，称争端解决机制关系到整个贸易体系的运转，希望各成员国通力合作，积极寻找潜在解决方案。

亚行称东亚地区经济前景向好。亚行发布最新《亚洲债券监测报告》指出，几乎所有东亚新兴市场的 10 年期政府债券收益率均有所上升，展现良好的全球与地区经济前景，以及通胀提高的强烈信号；新兴东亚地区的本地货币（LCY）债券市场在 2017 年第四季度继续扩张，但环比增速有所放缓。作为东亚新兴地区最大的 LCY 债券市场，中国仍然是 LCY 债券的主要发行者。但在政府去杠杆、降风险的政策下，中国 LCY 债券发行量环比增长率也呈现出下降态势。报告指出，地区经济面临发达经济体货币政策正常化和逆全球化趋势增强两大风险。

非盟举行第十届首脑特别峰会。2018 年 3 月 21 日，非盟举行第十届首脑特别峰会。非盟委员会主席穆萨·法基指出，国际竞争愈发激烈，非洲经济一体化是实现泛非主义愿景和非洲大陆一体化的必要措施。法基强调，非盟成员国和整个非洲大陆都将受益于自贸区建立，并呼吁所有成员国批准签署自贸协议，加入非洲单一航空运输市场和非洲护照协定。非盟主席卡加梅发表讲话称，非洲大陆自由贸易区建设同非洲农民、工人和企业家利害攸关。创建非洲单一市场既有利于非洲繁荣发展，也将惠及非洲的全球贸易伙伴。非盟将增进团结，更好地在国际舞台上维护非洲正当权益。

三、国际大宗商品

本周纽约原油期货价格累计上涨 3.02%。截至星期四，本周纽约原油期货累计涨幅 3.02%。星期一纽约原油期货下跌 0.18%，收于每桶 62.22 美元；星期二纽约原油期货上涨 2.44%，收于每桶 63.74 美元；星期三纽约原油期货上涨 2.75%，收于每桶 65.49 美元；星期四纽约原油期货下跌 1.95%，收于每桶 64.21 美元。

本周纽约黄金期货价格累计上涨 1.14%。截至星期四，本周纽约黄金期货价格累计涨幅 1.14%。星期一纽约黄金期货上涨 0.21%，收于每盎司 1316.7 美元；星期二纽约黄金期货下跌 0.44%，收于每盎司 1310.9 美元；星期三纽约黄金期货上涨 1.65%，收于每盎司 1332.5 美元；星期四纽约黄金期货下跌 0.27%，收于每盎司 1328.9 美元。

四、区域合作

韩美自贸协定修改谈判第三轮协商在美进行。韩美 FTA 修改谈判第三轮协商在美国华盛顿举行。韩国产业通商资源部通商交涉室长俞明希和美国贸易代表办公室助理贸易代表迈克尔·比曼分别率团出席会议。双方就韩国豁免钢铁关税问题展开谈判；此外，韩国提出“投资者—国家争端解决机制”方面的问题，美国投资者可以依据该条款要求韩国政府进行损失赔偿。

东盟—澳大利亚特别峰会在悉尼举行。近日，东盟成员国和澳大利亚政府首脑共同出席东盟—澳大利亚特别峰会。各方就区域市场动态、技术进步和增进东盟和澳大利亚间经济联系交换了意见。澳大利亚总理特恩布尔表示，推动区域经济发展方案需要重视工商业实际反馈，应注重在多个领域分享经验和专业技能，建议投入 3000 万澳元推动可持续智能城市建设。

五、全球宏观经济形势

2017 年全球贸易总额达 6 年来最高。世行发表声明指出，贸易是经济增长的重要动力，可以有效创造就业，减少贫困并带来发展机会。在经历长期低迷后，2017 年全球贸易总额增长 4.3%，达到 6 年来最高值。贸易为很多国家 GDP 增长做出重大贡献，虽然并非所有人都从贸易发展和全球化中受益，但贸易绝不是零和博弈。世行呼吁各国政府继续开展经贸领域交流合作，共同解决贸易争端。同时，需要正视贸易和科技发展趋势并采取相应措施，帮助更多人从贸易发展和技术变革中受益。

G20 国家 2017 年第四季度 GDP 增速保持稳定。OECD 公布最新数据显示，2017 年第四季度 G20 国家 GDP 增速为 1.0%，与前两个季度持平。其中，美国、日本、中国、德国和澳大利亚经济增长放缓，GDP 环比增速分别降至 0.6%、0.4%、1.6%、0.6% 和 0.4%；英国、意大利经济环比增速则分别从 0.4% 和 0.3% 增至 0.5% 和 0.4%；加拿大、印度和印度尼西亚经济增速环比持平。2017 年全年，G20 国家 GDP 增速上升 0.6 个百分点至 3.8%。

第13周（2018/03/24—2018/03/30）

2018 年 3 月 24—30 日，国际财经要情有：美国 2017 年第四季度 GDP 增速上调至 2.9%；欧元区 1 月份经常账户盈余 376 亿欧元；德国 3 月份失业率降至 5.3%；法国 2017 年财政赤字率降至 2.6%；俄央行下调基准利率 0.25 个百分点至 7.25%；日本国会通过 2018 财年预算案；世行提出中国金融业面临三大挑战；美韩就修订 FTA 达成协议；IMF 发布低收入发展中国家宏观经济形势评估结果。

一、区域观察

1. 北美

美国 2017 年第四季度 GDP 增速上调至 2.9%。2018 年 3 月 28 日，美国商务部发布数据显示，2017 年第四季度美国实际 GDP 同比增长 2.9%。其中，个人消费同比增长 4%，好于此前预期，是第四季度 GDP 增速上调的主要原因；2017 年全年经济增长 2.3%。

美国 2018 年 2 月份新屋销售环比下跌 0.6%。2018 年 3 月 24 日，美国商务部发布数据显示，2 月份新屋销售 61.8 万户，环比下降 0.6%，连续 3 个月下滑。其中，中西部和西部地区下滑幅度最大，分别为 3.7% 和 17.6%。

加拿大 2018 年 2 月份 CPI 环比上升 0.2%。2018 年 3 月 24 日，加拿大统计局发布数据显示，经季调，加拿大 2 月份 CPI 环比上升 0.2%，同比上升 2.2%；其中，服装和鞋类价格环比下降 0.2%，食品价格环比持平。

2. 拉美

巴西央行上调 2018 年经济增长预期。2018 年 3 月 26 日，巴西央行发布经济数据报告，上调 2018 年经济增长预期至 2.89%，维持 2019 年增长预期 3% 不变；下调 2018 年通胀预期至 3.57%，下调 2019 年通胀预期至 4.1%，均低于 4.5% 的通胀目标中值。

3. 欧洲

欧元区 2018 年 1 月份经常账户盈余 376 亿欧元。2018 年 3 月 23 日，欧央行发布数据显示，经季调，欧元区 1 月份经常账户盈余 376 亿欧元。其中，货物账户盈余 271 亿欧元；服务账户盈余 96 亿欧元；初次收入账户盈余 107 亿欧元；二次收入账户赤字 98 亿欧元。

德国 2018 年 3 月份失业率降至 5.3%。2018 年 3 月 29 日，德国联邦劳工局发布数据显示，3 月份失业率降至 5.3%，创历史新低；经季调，失业人口减少 1.9 万人；预计 2018 年全年失业率降下降 0.4 个百分点至 5.3%。

英国 2018 年 2 月份零售销售环比上升 0.8%。2018 年 3 月 23 日，英国国家统计局发布数据显示，英国 2 月份零售销售环比上升 0.8%，同比上升 1.5%。

法国 2017 年第四季度 GDP 终值环比上升 0.7%。2018 年 3 月 26 日，法国国家统计局发布数据显示，经季调，法国第四季度 GDP 终值环比上升 0.7%，同比上升 2.0%。其中，家庭消费支出环比上升 0.2%；固定资本形成总额环比上升 1.1%；出口环比上升 2.5%；进口环比上升 0.3%；2017 年 GDP 增长 1.8%。

法国 2017 年财政赤字率降至 2.6%。2018 年 3 月 26 日，法国国家统计局发布数据显示，法国 2017 年公共财政赤字为 593 亿欧元，赤字率降至 2.6%。其中，支出 GDP 占比为 56.5%，环比持平；收入 GDP 占比为 53.9%，环比上升 0.7 个百分点；2017 年公共债务 GDP 占比为 97.0%，同比上升 0.4 个百分点。

俄央行下调基准利率 0.25 个百分点至 7.25%。2018 年 3 月 24 日，俄罗斯央行召开货币政策会议，下调基准利率 0.25 个百分点至 7.25%，为 2018 年第二次下调基准利率；预计 2018 年通胀率为 3%—4%，2018—2020 年 GDP 增速为 1.5%—2%。

4. 亚太

日本国会通过 2018 财年预算案。2018 年 3 月 28 日，日本国会参议院通过 2018 财年预算案，总额 97.7128 万亿日元（约合人民币 55.8 万亿元），创历史新高。其中，社会保障支出为 32.9832 万亿日元，占支出总额的 1/3 多，创历史新高；防卫支出 5.1911 万亿日元，为历史最高；预计 2018 年税收收入 59.079 万亿日元，新发国债总额减少 6776 亿日元至 33.6922 万亿日元。

日本核心 CPI 连续 14 个月走高。2018 年 3 月 24 日，日本总务省发布数据显示，受汽油等能源价格上涨影响，日本 2 月份核心 CPI（仅剔除食品）同比上升 1%，连续 14 个月走高，创 2014 年 8 月份以来最大升幅；CPI 同比上升 1.5%，主要由于生鲜价格大涨；汽油价格同比上涨 10.9%，煤油价格同比上涨 12.8%，电价上涨 5.8%。

韩国 2017 年 GDP 增长 3.1%。2018 年 3 月 28 日，韩国央行发布数据显示，韩国 2017 年实际 GDP 增长 3.1%，人均国民收入 2.9745 万美元；2017 年名义 GDP 增长 5.4% 至 1730 亿韩元（约合人民币 10 亿元），增幅为 2010 年以来最高；人均可支配收入增长 6.8% 至 1.6573 万美元，总储蓄率同比上升 0.2 个百分点至

36.3%；总投资率 31.2%，创 2011 年以来最高。

韩国 2017 年半导体出口创历史新高。2018 年 3 月 24 日，韩国关税厅发布数据显示，韩国 2017 年半导体出口总额 997.1 亿美元，同比增长 60.2%，创历史新高。其中，对中国出口增长 62.4% 至 323.5 亿美元，对越南出口增长 102.5% 至 92.6 亿美元。2018 年 1—2 月份出口额同比增长 47.3% 至 190.1 亿美元。

越南 2018 年第一季度 GDP 增长 7.38%。2018 年 3 月 29 日，越南统计总局发布数据显示，第一季度 GDP 同比增长 7.38%，为 10 年来最高。

澳大利亚 2018 年 2 月份失业率为 5.6%。2018 年 3 月 23 日，澳大利亚国家统计局发布数据显示，经季调，澳大利亚 2 月份失业率为 5.6%，环比上升 0.1%，同比下降 0.3%；劳动参与率为 65.7%，环比上升 0.1%，同比上升 1.0%；就业人数为 1248 万人，同比上升 3.5%；失业人数为 73 万人，同比下降 1.9%。

新西兰 2018 年 2 月份贸易账户顺差 2.17 亿纽元。2018 年 3 月 26 日，新西兰国家统计局发布数据显示，经季调，新西兰 2 月份贸易账户顺差 2.17 亿纽元。其中，出口额同比上升 11.1% 至 44.6 亿纽元，进口同比上升 4.6% 至 42.44 亿纽元。

5. 非洲

南非央行下调基准利率 25 个基点至 6.5%。2018 年 3 月 28 日，南非央行召开货币政策会议，下调基准利率 25 个基点至 6.5%，认为全球经济回暖有利于国内经济发展，企业和消费者信心提升，通胀率处于合理区间，尽管失业率仍处高位，但总体风险可控。

二、国际组织

世行提出中国金融业面临三大挑战。2018 年 3 月 25 日，世行首席执行官格奥尔基耶娃在中国发展高层论坛上发表讲话指出，与 1978 年前实行的社会主义单一银行体系相比，当前中国的金融业已焕然一新，更接近市场经济需求，更加多元化，融入世界的程度也更高。同时，中国金融业发展也面临三大挑战：**一是维护金融稳定**。全球金融危机爆发以来，中国金融部门支持政府的经济刺激方案，在增长与就业方面取得了良好成效，但风险也随之上升。当前中国经济增长速度超过预期，就业增长创纪录，外部环境也在改善，正是进一步化解金融风险的良好时机。**二是推进金融部门改革，支持高质量增长**。"十九大"提出中国经济将寻求高质量的增长、生产率和创新驱动型增长、包容性增长和更加绿色的增长。这需要发挥市场在资源配置中的作用，金融部门更应如此。完善的资本市场、更加平衡的金融架构以及普惠金融和绿色金融的发展同样非常重要。**三是管理好国际化进程**。近年来，中国在国际舞台上发挥出与自身经济实力相匹配的巨大作用，中国对外投资遍布全球。这些投资对于接受国是巨大的发展机遇，但也需要考虑接受国的债务可持续性。世界银行和国际货币基金组织目前正在制定新的债务可持续性框架并将于 2018 年 7 月 1 日生效，世行愿与中国就此探讨相关合作。

欧投行称进一步促进对拉美投资。欧投行与中美洲经济一体化银行（CABEI）签署谅解备忘录，共同构建新型合作伙伴框架。该框架旨在共同为中美洲和加勒比地区基础设施建设提供融资，重点为应对气候变化提供资金。同日，欧投行还与西班牙融资发展公司达成合作协议，以多种金融工具加强在欧盟以外地区特别是拉美地区的联合融资。此外，欧投行将借鉴其他区域性和当地金融机构经验，创造更多投资机会，并为新项目开发提供必要资金支持。欧投行长期致力于加大对拉丁美洲投资，1993 年开展业务以来，欧投行已累计为当地提供 78 亿欧元资金。

非开行呼吁扩大非洲科技创新投资。2018 年 3 月 26 日，非洲开发银行（AFDB）行长阿德西纳在 2018 非洲 CEO 论坛上发表讲话指出，非洲需要扩大科技创新投资以提升数字化竞争力。阿德西纳表示，非洲应紧跟第四次工业革命浪潮，建设数字基础设施，加大对高新产业的投资力度，打造高新科技产业集群，创造未来工厂、技术与就业岗位。阿德西纳强调，投资建设数字基础设施对发展至关重要。此外，非洲还应加强青年高新技术技能培训，降低青年融资门槛以促进创新。阿德西纳同时呼吁政府与私人部门加大数字基础设施投资，为非洲数字化革命保驾护航。

三、国际大宗商品

本周纽约原油期货价格累计下跌 1.26%。截至星期四，本周纽约原油期货累计跌幅 1.26%。星期一纽约原油期货下跌 0.38%，收于每桶 65.49 美元；星期二纽约原油期货下跌 1.27%，收于每桶 64.66 美元；星期三纽约原油期货上涨 0.02%，收于每桶 64.67 美元；星期四纽约原油期货上涨 0.37%，收于每桶 64.91 美元。

本周纽约黄金期货价格累计下跌 1.72%。截至星期四，本周纽约黄金期货价格累计跌幅 1.72%。星期一纽约黄金期货上涨 0.48%，收于每盎司 1359.4 美元；星期二纽约黄金期货下跌 0.65%，收于每盎司 1350.5 美元；星期三纽约黄金期货下跌 1.58%，收于每盎司 1329.1 美元；星期四纽约黄金期货上涨 0.04%，收于每盎司 1329.6 美元。

四、区域合作

美韩就修订 FTA 达成协议。2018 年 3 月 28 日，美国贸易代表办公室发布声明表示，美韩就双边 FTA 一般性条款修订原则达成协议。该协议主要解决两国在投资、关税、汽车贸易和贸易救济领域的相关问题，美国同意对韩豁免钢铝进口关税。协议将于 2018 年 5 月 1 日正式生效。

大湄公河次区域经济合作第六次领导人会议举行。2018 年 3 月 29—31 日，大湄公河次区域经济合作（GMS）第六次领导人会议在越南首都河内举行。来自中国、柬埔寨、老挝、缅甸、泰国、越南的领导人，亚洲开发银行、世界银行、亚洲基础设施投资银行等机构代表将出席会议及相关活动。会议以“发挥 25 年合作成效，建设可持续、一体化和繁荣的 GMS”为主题，将举行领导人非正式会议、全体会议、高官会、工商峰会等活动，预计通过《2018—2022 河内行动计划》和《2022 区域投资框架》等文件。

印度尼西亚呼吁东盟团结一致，推动 RCEP 谈判尽早达成协议。第 49 届东盟经济部长会议第二轮高官会议在印度尼西亚举行。会上，印度尼西亚呼吁东盟各国团结一致，致力于在《区域全面经济伙伴关系协定》（RCEP）谈判中发挥主导作用，推动谈判早日达成协议。

五、全球宏观经济形势

IMF 发布低收入发展中国家宏观经济形势评估结果。2018 年 3 月 26 日，IMF 发布低收入发展中国家宏观经济形势评估结果。IMF 指出，2017 年低收入发展中国家经济增长形势向好，发展前景改善，但财政失衡及债务负担状况较为严峻：低收入发展中国家 2017 年财政赤字规模比 2010—2014 年的平均赤字规模扩大了 70%；截至 2018 年 1 月，高债务风险国家数量由 2013 年的 13 个上升至 24 个。IMF 认为，低收入发展中国家面临三大宏观经济挑战，即实现财政可持续、加大发展性支出与维持财政体系稳定。低收入发展中国家需积极组织财政收入，提高公共投资效率，加强财政监管，控制公共债务，更多依靠国内资源满足发展性融资需求。IMF 呼吁多边机构合力帮助低收入发展中国家提高债务管理能力，在债务议题上加强合作，进一步扩大债务数据覆盖面，提高债务透明度。IMF 未来将构建低收入发展中国家债务问题解决框架，强化债务风险应对并提出具体行动计划。

第 14 周（2018/03/31—2018/04/06）

2018 年 3 月 31 日—4 月 6 日，国际财经要情有：美国发布《2018 年度国别贸易壁垒评估报告》；美国 3 月份 ISM 制造业 PMI 环比下降 1.5 个百分点；日本企业信心指数两年来首降；南非 2017 年经济增长超预期；美国希望加速商定新版北美自贸协定；OECD 国家 2018 年 2 月份通胀率稳定在 2.2%。

一、区域观察

1. 北美

美国发布《2018 年度国别贸易壁垒评估报告》。2018 年 3 月 31 日，美国贸易代表办公室发布《2018 年度国别贸易壁垒评估报告》，评估 2018 年美国对外贸易与投资壁垒状况，涵盖 64 个国家、地区和经济体。报告指出，2017 年中国对美主要贸易壁垒为强制技术转让、产能过剩和网络安全等。

美国公布对华征税清单。2018 年 4 月 3 日，美国贸易代表办公室公布对华拟加征关税的商品清单，价值 500 亿美元。商品清单涉及航天、信息与通信科技、机器人以及机械等行业，包括约 1300 个独立关税项目。

美国 2018 年 3 月份 ISM 制造业 PMI 环比下降 1.5 个百分点。2018 年 4 月 2 日，美国供应管理协会（ISM）发布数据显示，美 3 月份 ISM 制造业 PMI 为 59.3%，环比下降 1.5 个百分点。其中，新订单指数为 61.9%，环比下降 2.3 个百分点；产出指数为 61%，环比下降 1 个百分点；就业指数为 57.3%，环比下降 2.4 个百分点。

美国 2018 年 3 月末 API 原油库存环比减少 328 万桶。美国石油学会（API）公布数据显示，2018 年 3 月末，美国 API 原油库存环比减少 328 万桶，汽油库存环比增加 112.3 万桶，精炼油库存环比增加 220 万桶。

加拿大 2018 年 3 月份制造业 PMI 为 55.7。2018 年 4 月 2 日，市场调查机构 Markit 数据显示，经季调，加拿大 3 月份制造业 PMI 为 55.7，环比上升 0.1 个点，连续 25 个月高于荣枯线。其中，成本通胀指数创 2014 年 4 月以来最高。

2. 拉美

巴西央行小幅下调今年经济增长预期。2018 年 4 月 2 日，巴西央行下调 2018 年经济增长预期至 2.84%，2019 年则保持在 3%。巴西央行将 2018 年通胀率从 3.57% 下调至 3.54%，2019 年通胀率从 4.1% 下调至 4.08%。

巴西第一季度汽车产销量齐增。2018 年 4 月 5 日，巴西汽车制造商协会发布数据显示，巴西第一季度汽车产量为 69.97 万辆，同比增长 14.6%；汽车销量为 54.55 万辆，同比增长 15.6%；汽车出口量为 18.02 万辆，同比增长 3.3%，第一季度汽车产销量和出口量均出现增长，行业回暖迹象明显。

3. 欧洲

欧元区 2018 年 3 月份 CPI 年率初值增长 1.4%。2018 年 4 月 4 日，欧盟统计局公布数据显示，欧元区 3 月份未经季调的 CPI 年率初值增长 1.4%，核心 CPI 年率初值增长 1%。

英国 2018 年 3 月份制造业 PMI 稳定增长。2018 年 4 月 3 日，市场调查机构 Markit 数据显示，英国 3 月份制造业 PMI 数据为 55.1，较 2 月份 55.0 微升，继续保持稳定增长态势。

英国 2018 年 3 月份服务业 PMI 增长放缓。2018 年 4 月 5 日，市场调查机构 Markit 公布数据显示，英国 3 月份服务业 PMI 指数为 51.7，低于 2 月份的 54.5。

德国 2018 年 2 月份实际零售销售额同比上升 1.3%。2018 年 4 月 3 日，德国联邦统计局发布数据显示，经季调，德国 2 月份实际零售销售额同比上升 1.3%，环比下降 0.7%。

德国 2018 年 2 月份工业产出环比下降 1.6%。2018 年 4 月 6 日，德国联邦经济和能源部公布数据显示，经季调，德国 2 月份工业产出环比下降 1.6%；剔除能源和建筑业，2 月份德国工业产出环比下降 2.0%。

法国 2017 年外资项目数增长 16%。2018 年 4 月 3 日，法国商务投资署发布报告显示，2017 年外企在法投资项目达 1298 个，较 2016 年增长 16%，其中新增投资项目达 412 个。2017 年，美国为法国第一大外资来源地，投资项目为 230 个，增长 26%；中国为第九大外资来源地，投资项目为 65 个，增长 27%。

4. 亚太

日本企业信心指数两年来首降。2018 年 4 月 2 日，日本央行发布报告显示，日本第一季度企业信心指数两年来首降。3 月份大型制造业景气指数下降 2 个点至 24，低于市场预期；大型非制造业景气指数下降 2 个点至 23，为 6 个季度以来首次下降。

日本 2018 年 3 月份制造业 PMI 终值为 53.1。2018 年 4 月 2 日，市场调查机构 Markit 数据显示，日本 3 月份制造业 PMI 终值为 53.1，环比下降 1 个点，连续

19 个月处于扩张态势。

韩国宣布将中止对美部分产品实施关税减让。2018 年 4 月 6 日，韩国产业通商资源部发表声明称，韩方将对自美国进口的部分商品征税，回应美方对韩国洗衣机、光伏电池及组件征收保障性关税的做法。声明指出，美方做法违反 WTO 相关规定，要求美国在双边磋商中对韩国企业的损失给予对等赔偿，就此双方未能达成共识。

澳大利亚央行基准利率维持在 1.5%。2018 年 4 月 3 日，澳大利亚央行公布 2018 年基准利率将维持在 1.5%。2017 年，澳大利亚就业市场强劲，失业率有所下降，但仍在 5.5% 左右。通胀持续低迷，CPI 和潜在通胀率略低于 2%。澳元汇率保持稳定。央行预计，澳大利亚 2018 年经济增速将上升，非采矿业投资和公共基础设施投资增加等都将推动经济增长。

澳大利亚 2018 年 2 月份零售销售额增长 0.6%。2018 年 4 月 4 日，澳大利亚统计局公布数据显示，经季调，澳大利亚 2 月份零售销售额同比增长 0.6%，环比增长 0.4%，在线零售占比有所上升。

澳大利亚 2018 年 2 月份贸易顺差为 8.25 亿澳元。2018 年 4 月 5 日，澳大利亚统计局公布数据显示，经季调，澳大利亚 2 月份贸易顺差为 8.25 亿澳元，环比减少 1.27 亿澳元。其中，出口额增加 200 万澳元至 342.29 亿澳元。

印度 2018 年 3 月份制造业 PMI 环比下降 1.1 个点。2018 年 4 月 4 日，市场调查机构 Markit 公布数据显示，印度 3 月份制造业采购经理人指数（PMI）为 51.0，环比下降 1.1 个点，为 5 个月以来的低点。

印度央行 2018 年基准利率维持在 6%。2018 年 4 月 5 日，印度央行宣布将 2018 年基准利率维持在 6%，符合市场预期。

5. 非洲

南非 2017 年经济增长超预期。2018 年 4 月 4 日，南非统计局发布数据显示，2017 年第四季度南非 GDP 总值为 12100 亿兰特，环比增长 3.1%；全年为 46500 亿兰特，同比增长 1.3%，高于 1% 的增长预期。其中，金融业总体增长 1.9%，农林渔业增长 17.7%，采矿和采石业增长 4.6%。

二、国际组织

博鳌亚洲论坛 2018 年年会将在海南博鳌举行。2018 年 4 月 8—12 日，博鳌亚洲论坛 2018 年年会将在海南博鳌举行，此次年会主题为“开放创新的亚洲，繁荣发展的世界”。围绕这一主题，年会设置了“全球化与一带一路”“开放的亚洲”“创新”和“改革再出发”四大板块，届时将开展 60 多场正式讨论，在立足亚洲的基础上，彰显广阔的国际视野。中国国家主席习近平应邀出席博鳌亚洲论坛

2018 年年会开幕式并发表重要主旨演讲。

IEA 称管网建设对美国原油出口至关重要。国际能源署（IEA）发文指出，受页岩油产量大幅增长推动，预计 2023 年美国原油日产量将增加 370 万桶，占全球产能增长过半，成为世界最大原油产出国。西得克萨斯将成为支撑美国原油产量快速增长的关键地区，但 2017 年当地可用管道运力出现下降，新管线建设成为原油持续增产的关键。此外，地区存储能力和出口设施不足也是制约美国扩大原油出口的瓶颈。国际能源署预计，未来新增投资将逐步消除管网建设滞后对美国原油出口的限制，2020 年美国原油日出口能力将从 2017 年的 190 万桶跃升至 470 万桶。

三、国际大宗商品

本周纽约原油期货价格累计下跌 4.39%。截至星期五，本周纽约原油期货累计跌幅 4.39%。星期一纽约原油期货下跌 3.17%，收于每桶 62.85 美元；星期二纽约原油期货上涨 1.15%，收于每桶 63.57 美元；星期三纽约原油期货下跌 0.02%，收于每桶 63.56 美元；星期四纽约原油期货上涨 0.27%，收于每桶 63.73 美元；星期五纽约原油期货下跌 2.62%，收于每桶 62.06 美元。

本周纽约黄金期货价格累计上涨 0.58%。截至星期五，本周纽约黄金期货价格累计涨幅 0.58%。星期一纽约黄金期货上涨 1.19%，收于每盎司 1345.4 美元；星期二纽约黄金期货下跌 0.66%，收于每盎司 1336.5 美元；星期三纽约黄金期货上涨 0.04%，收于每盎司 1337 美元；星期四纽约黄金期货下跌 0.53%，收于每盎司 1329.9 美元；星期五纽约黄金期货上涨 0.56%，收于每盎司 1337.3 美元。

四、区域合作

大湄公河次区域经济合作第六次领导人会议在越南举行。2018 年 3 月 31 日，大湄公河次区域经济合作（GMS）第六次领导人会议在越南首都河内举行，此次会议主题为“发挥 25 年合作成效，建设可持续、一体化和繁荣的 GMS”。会议通过了共同宣言、《2018—2022 河内行动计划》和《2022 区域投资框架》三项成果文件，其中《2022 区域投资框架》规定了未来 5 年间的优先项目清单，包含 227 个投资和技术援助项目，总金额约 660 亿美元。

中国和老挝将正式建立知识产权双边合作关系。2018 年 4 月 2 日，中国与老挝一致同意将正式建立中老知识产权双边合作关系，并签署首份知识产权领域合作谅解备忘录。备忘录确认，老挝将认可中国的发明专利审查结果。

美国希望加速商定新版北美自贸协定。2018 年 4 月 3 日，美国总统特朗普指出，希望4月中旬商定修订后的北美自由贸易协定（NAFTA）。加墨代表希望下周在美国开启 NAFTA 第八轮磋商，通过小范围多轮磋商实现突破。

五、全球宏观经济形势

OECD 国家 2018 年 2 月份通胀率稳定在 2.2%。2018 年 4 月 6 日，OECD 公布最新数据显示，2018 年 2 月，OECD 国家通胀率稳定在 2.2%，其中，能源价格为 5.6%，比 1 月份上涨 0.9 个百分点。从主要经济体看，美国、加拿大和日本通胀率实现小幅上涨，分别从 2.1%、1.7% 和 1.4% 升至 2.2%、2.2% 和 1.5%；英国、意大利、德国和法国通胀率则下降，从 3%、0.9%、1.6% 和 1.3% 降至 2.7%、0.5%、1.4% 和 1.2%。欧元区通胀率放缓至 1.1%。欧盟统计局预测，3 月份通胀率将升至 1.4%。G20 国家整体通胀率上升，至 2.9%，其中，中国从 1.5% 升至 2.9%，俄罗斯稳定在 2.2%，印度和巴西则小幅下降，分别从 5.1%、2.9% 降至 4.7%、2.8%。

第 15 周（2018/04/07—2018/04/13）

2018 年 4 月 7—13 日，国际财经要情有：美国 3 月份失业率为 4.1%，美国 3 月份 CPI 环比下降 0.1%，欧元区 2 月份失业率 8.5%，德国 2 月份贸易账户顺差 184 亿欧元，日本 2 月份经常账户盈余 20760 亿日元，印度 2017/2018 财年预算赤字 GDP 占比降至 3.2%，世行称 2017 年全球贸易总额增长 4.3%，中奥就共建“一带一路”签署联合声明，OECD 国家经济增长保持稳定。

一、区域观察

1. 北美

美联储公布 2018 年 3 月份货币政策会议纪要。2018 年 4 月 11 日，美联储公布 3 月份货币政策会议纪要认为，美国经济前景向好，通胀将进一步回升，美联储加息节奏可能加快；美联邦政府贸易政策不确定性及贸易摩擦将给美国经济带来下行风险。

美国 2018 年 3 月份失业率为 4.1%。2018 年 4 月 7 日，美国劳工部发布数据显示，美国 3 月份失业率为 4.1%，为 17 年来最低水平。新增非农就业人口 10.3 万，主要新增就业岗位为制造、采矿和伐木业。

美国 2018 年 3 月份 CPI 环比下降 0.1%。2018 年 4 月 11 日，美国劳工部发布数据显示，3 月份 CPI 环比下降 0.1%，为 10 个月来首次下降；同比上涨 2.4%；核心 CPI 环比上涨 0.2%，同比上涨 2.1%。

美国 2018 年 3 月份 PPI 环比上升 0.3%。2018 年 4 月 10 日，美国劳工部发布数据显示，经季调后，美国 3 月份 PPI 环比上升 0.3%，同比上升 3%，创 5 个月来新高；核心 PPI 环比上升 0.3%，同比上升 2.7%。

美国 2018 年 2 月份批发销售环比增长 1%。2018 年 4 月 10 日，美国商业统计局发布数据显示，经季调，美国 2 月份批发销售额为 4959 亿美元，环比增长 1%，同比增长 6.8%；批发库存额为 6256 亿美元，环比增长 1%，同比增长 5.5%。

加拿大 2018 年 3 月份失业率为 5.8%。2018 年 4 月 7 日，加拿大统计局发布数据显示，加拿大 3 月份失业率为 5.8%，就业人数环比增加 3.2 万人；同比增加 2.96 万人。其中，全职就业人数同比增加 3.35 万人。

2. 拉美

巴西 2018 年 3 月份 CPI 环比增长 0.09%。2018 年 4 月 10 日，巴西国家地理统计局发布数据显示，3 月份 CPI 环比增长 0.09%，同比增长 2.68%，低于巴西央行的通胀目标中值 4.5%。

3. 欧洲

欧央行公布 2018 年 3 月份货币政策会议纪要。2018 年 4 月 13 日，欧央行公布 3 月份货币政策会议纪要认为，经济发展仍需货币政策支持，购债结束后仍将在很长一段时间内实施宽松货币政策；通胀正逐渐向目标靠拢；将谨慎对待欧元波动和金融市场状况。

欧元区 2018 年 2 月份失业率为 8.5%。欧盟统计局发布数据显示，经季调，欧元区 2 月份失业率环比下降 0.1 个百分点至 8.5%，为 2008 年 12 月份以来最低；同比下降 1 个百分点。

德国 2018 年 2 月份贸易账户顺差 184 亿欧元。2018 年 4 月 9 日，德国联邦统计局发布数据显示，德国 2 月份贸易账户顺差 184 亿欧元。其中，出口额同比上升 2.4% 至 1047 亿欧元，进口额同比上升 4.7% 至 863 亿欧元。

德国 2018 年 2 月份工业产出环比下降 1.6%。2018 年 4 月 7 日，德国联邦统计局发布数据显示，经季调，德国 2 月份工业产出环比下降 1.6%，同比上升 2.6%。其中，资本品产出环比下降 3.1%；消费品产出环比下降 1.5%。

英国 2018 年 2 月份贸易账户赤字 104 亿英镑。2018 年 4 月 11 日，英国国家统计局发布数据显示，英国 2 月份贸易账户赤字 104 亿英镑。其中，出口额为 274 亿英镑，环比下降 6.8%，同比上升 0.8%；进口额为 378 亿英镑，环比下降 13%，同比下降 1.7%。

英国 2018 年 2 月份工业产出环比增长 0.1%。2018 年 4 月 11 日，英国国家统计局发布数据显示，经季调，英国 2 月份工业产出环比增长 0.1%，同比增长 2.2%。其中，制造业产出环比下降 0.2%，为 2017 年 3 月份以来首次下降，同比增长 2.5%。

法国 2018 年 2 月份制造业产出环比下降 0.6%。2018 年 4 月 10 日，法国国家统计局发布数据显示，法国 2 月份制造业产出环比下降 0.6%，同比上升 3.3%；2 月份工业产出环比上升 1.2%，同比上升 3.0%。

法国 2018 年 3 月份 CPI 环比增长 1%。2018 年 4 月 12 日，法国国家统计局发布数据显示，3 月份 CPI 环比增长 1%，同比增长 1.6%；调和 CPI 环比增长 1.1%，同比增长 1.7%。

意大利 2018 年 2 月份零售销售环比上升 0.4%。2018 年 4 月 11 日，意大利国家统计局发布数据显示，意大利 2 月份零售销售环比上升 0.4%，同比下降 0.6%。

4. 亚太

日本 2018 年 2 月份经常账户盈余 20760 亿日元。2018 年 4 月 9 日，日本财务省发布数据显示，日本 2 月份经常账户盈余初值为 20760 亿日元，同比下降 28.7%。其中，货物账户盈余 1887 亿日元，同比下降 82.5%；服务账户盈余 1227 亿日元，同比上升 1902.3%；初次收入账户盈余 19481 亿日元，同比下降 2.7%；二次收入账户赤字 1835 亿日元，同比上升 4.7%。

日本 2018 年 3 月份消费者信心指数环比持平。2018 年 4 月 9 日，日本内阁府发布数据显示，经季调，日本 3 月份消费者信心指数为 44.3，环比持平。其中，总体生活指数环比下降 0.1；收入增长指数环比下降 0.5；就业指数环比上升 0.2；耐用消费品购买意愿指数环比上升 0.1。

韩国央行维持基准利率 1.5%不变。2018 年 4 月 13 日，韩国央行召开货币政策会议，维持基准利率 1.5%不变，符合预期。

韩国 2018 年 3 月份本土汽车销量同比下滑 1.5%。2018 年 4 月 13 日，韩国产业通商资源部发布数据显示，3 月份本土汽车国内销量同比下滑 1.5%，产量同比下滑 10.7%，出口同比下滑 10.3%。

印度 2017/2018 财年预算赤字 GDP 占比降至 3.2%。2018 年 4 月 10 日，印度财政部发布报告显示，印度 2017/2018 财年预算赤字 GDP 占比下降 0.3 个百分点至 3.2%，直接税收收入增加至 9.95 万亿卢比。其中，公司税和个人所得税收入分别同比增长 17% 和 19%。

5. 非洲

南非 2017/2018 财年税收收入增长 6.3%。南非财政部发布报告显示，南非 2017/2018 财年税收收入增长 6.3%，至 1.2166 万亿兰特。

二、国际组织

OECD 称 2017 年全球官方发展援助资金保持稳定。2018 年 4 月 9 日，OECD 发布报告称，2017 年官方发展援助资金小幅下降 0.6% 至 1466 亿美元；官方实际发展援助额环比增长 1.1%。由于欧洲难民人数减少，援助国用于收容难民的资金下降 13.6% 至 142 亿美元；最不发达国家的实际双边援助额增长 4% 至 260 亿美元。2017 年 OECD 成员国的发展援助资金 GDP 占比为 0.31%，低于前值 0.32%，未达到联合国高于 0.7% 的要求。OECD 秘书长古里亚表示，资金更多流向最需要帮助的国家令人鼓舞，但许多成员国仍未完成 0.7% 的目标。

联合国秘书长呼吁推进更加公平的全球化进程。2018 年 4 月 10 日，联合国秘书长古特雷斯在海南博鳌亚洲论坛发表讲话，呼吁推进更加公平的全球化进程，避免孤立主义、保护主义和排外主义，实现和平与可持续发展。联合国将继续致力于在《2030 年可持续发展议程》的指引下，为世界共同繁荣及可持续发展做出贡献。古特雷斯认为，全球化的正面效应不言而喻，其趋势不可逆转，但系统性的不平等问题日益凸显；呼吁各国重视气候变化带来的威胁，高度赞赏中国在《巴黎协定》签订前后发挥的领导作用以及大力发展可再生能源的宏伟目标。

世行称 2017 年全球贸易总额增长 4.3%。近日，世行发布报告指出，2017 年全球贸易总额增长 4.3%，创 6 年来最高水平。贸易是消除贫困的关键，开放的贸易可提供低价商品和服务惠及低收入家庭，并通过全球价值链提振相关经济体增长速度，促进创新和生产率提高，在国别和全球范围内减少贫困。世行一贯支持开放、可预测且基于规则的多边贸易体制，帮助成员国融入世界经济体系，共享多边贸易体制红利。为进一步巩固世界贸易体系，世行将与各国政府合作消除贸易壁垒，提升互联互通和贸易便利化水平，持续为消除贫困、实现共同繁荣做出贡献。

三、国际大宗商品

本周纽约原油期货价格累计上涨 8.18%。截至星期四，本周纽约原油期货累计涨幅 8.18%。星期一纽约原油期货上涨 2.16%，收于每桶 63.29 美元；星期二纽约原油期货上涨 3.62%，收于每桶 65.58 美元；星期三纽约原油期货上涨 1.59%，收于每桶 66.62 美元；星期四纽约原油期货上涨 0.6%，收于每桶 67.02 美元。

本周纽约黄金期货价格累计上涨 0.01%。截至星期四，本周纽约黄金期货价格累计涨幅 0.01%。星期一纽约黄金期货上涨 0.17%，收于每盎司 1339.6 美元；星期二纽约黄金期货上涨 0.26%，收于每盎司 1343.1 美元；星期三纽约黄金期货上涨 1.02%，收于每盎司 1356.8 美元；星期四纽约黄金期货下跌 1.42%，收于每盎司 1337.5 美元。

四、区域合作

第 21 届东盟财长和央行行长会议在新加坡闭幕。第 21 届东盟财长和央行行长会议在新加坡闭幕。会上，东盟十国财长和央行行长重申《东盟经济共同体蓝图 2025》及其战略目标，强调东盟将加快基础设施的发展，承诺实施适当的货币、金融政策和宏观审慎的监管政策，以保障该区域的宏观经济和金融稳定。各国在联合声明中表示，2017 年东盟经济增长 5.2%，这一趋势有望在 2018 年延续；各国仍需警惕风险，并继续致力于推动国际贸易和投资。

中奥就共建“一带一路”签署联合声明。2018 年 4 月 8 日，奥地利总统范德贝伦访华期间，中奥双方签署了《中华人民共和国国家发展和改革委员会与奥地利共和国联邦交通、创新与技术部关于未来就共建“一带一路”倡议开展合作的联合声明》。双方将在共建“一带一路”倡议框架下加强基础设施、创新和技术领域的合作。

五、全球宏观经济形势

联合国称全球食品价格指数连续两个月上涨。联合国粮农组织表示，2018 年 3 月份全球食品价格指数均值为 172.8，环比增长 1.1%，连续两个月上涨。其中，谷物和乳制品价格环比上涨 2.7% 和 3.3%，肉类价格环比持平；全球谷物产量创历史新高，约 26.46 亿吨，环比增加 3300 万吨；此外，小麦和玉米价格上涨；预计 2018 年世界玉米和小麦产量将继续下降。

OECD 国家经济增长保持稳定。2018 年 4 月 10 日，OECD 发布 2018 年 2 月份综合领先指数显示，OECD 国家整体领先指数连续 5 个月高于 100，表明 OECD 国家整体经济增长保持稳定。其中，欧元区经济增速有放缓迹象，德国、法国和意大利较为突出；英国综合领先指数连续 5 个月低于 100，经济下行压力较大；美国、日本及加拿大经济增长势头稳健；主要新兴经济体中，中国工业部门有望保持稳定增长，1—2 月份综合领先指数持稳于 98.9；印度、巴西和俄罗斯经济迎来强劲增长，巴西 2 月份综合领先指数同比增长 3.57%，增幅最大。

第 16 周（2018/04/14—2018/04/20）

2018 年 4 月 14—20 日，国际财经要情有：美联储发布新一期“褐皮书”；三大评级机构完成巴西 2018 年主权信用评级；德国及欧元区 4 月份经济信心指数大幅下行；澳大利亚联储公布 4 月份货币政策会议纪要；联合国称重视短期投资或阻碍发展目标实现；中日经济高层对话时隔 8 年再次举行；IMF 发布《全球经济展望》。

一、区域观察

1. 北美

美联储发布新一期“褐皮书”。2018 年 4 月 18 日，美联储发布《美国经济形势调查报告》（简称“褐皮书”）显示，2018 年 3 月至 4 月初美国经济继续保持温和增长，但包括制造业、农业和运输业在内的一些行业对特朗普政府的关税措施表示担忧。美联储所有辖区物价均有所上涨，其中关税抬高钢铁成本导致钢铁价格急剧上升。此外，建筑工程、信息技术、医疗保健和运输等行业面临用工短缺，工资仍有上涨压力，就业市场持续收紧。

美国 2018 年 3 月份工业产出环比增长 0.5%。2018 年 4 月 17 日，美联储发布数据显示，经季调，美国 3 月份工业产出指数为 107.2，环比增长 0.5%，同比增长 4.3%。其中，制造业产出指数为 104.2，环比增长 0.1%，同比增长 3.0%；采矿产出指数为 118.2，环比增长 1.0%，同比增长 10.8%；设备使用率为 78.0%，环比增长 0.3%，同比增长 1.0%。

美国 2018 年 3 月份零售和餐饮服务销售额初值环比增长 0.6%。2018 年 4 月 16 日，美国商务部发布数据显示，经季调，美国 3 月份零售和餐饮服务销售额初值为 4946 亿美元，环比增长 0.6%，同比增长 4.5%。此外，美国 2018 年第一季度总销售额同比增长 4.1%。

美国 2018 年 2 月份国际资本净流入 447 亿美元。2018 年 4 月 16 日，美国财政部发布数据显示，美国 2 月份国际资本购买长期债券、短期债券和银行净流入总额为 447 亿美元。其中，私人资本净流入 269 亿美元，政府资本净流入 178 亿美元。

美国 2018 年 2 月末商业存货环比上升 0.6%。2018 年 4 月 16 日，美国商务部发布数据显示，经季调，美国 2 月末商业存货为 1.929 万亿美元，环比上升 0.6%，同比上升 4.0%；商业销售额为 1.430 万亿美元，环比上升 0.4%，同比上升 5.8%。

加拿大维持基准利率 1.25% 不变。2018 年 4 月 18 日，加拿大央行表示将维持基准利率 1.25% 不变，未来将对利率调整保持谨慎。加央行指出，加拿大第一季度 GDP 不及预期，下半年或将反弹，预计 2018 年 GDP 增速为 2%，2019 年增速为 2.1%，2020 年增速为 1.8%。

2. 拉美

三大评级机构完成巴西 2018 年主权信用评级。标普、惠誉和穆迪三大评级机构完成巴西 2018 年主权信用评级。2018 年 1 月，标普将巴西的信用评级从 BB 下调至 BB-；惠誉在 2 月采取相同举措；穆迪宣布维持对巴西 Ba2 的评级。三大评级机构普遍认为，巴西在大选后面临的政策不确定性可能影响养老金改革，巴西财政赤字情况或进一步恶化。

3. 欧洲

欧元区 2018 年 3 月份年化通胀率为 1.3%。2018 年 4 月 18 日，欧盟统计局发布数据显示，欧元区 3 月份年化通胀率为 1.3%，环比上升 0.2 个百分点，同比下降 0.2 个百分点。欧盟 3 月份年化通胀率为 1.5%，环比上升 0.1 个百分点，同比下降 0.1 个百分点。

欧元区 2018 年 2 月份国际货物贸易顺差初值 189 亿欧元。2018 年 4 月 13 日，欧盟统计局发布数据显示，欧元区 2 月份国际货物贸易顺差初值 189 亿欧元。其中，出口额为 1775 亿欧元，同比增长 3.0%；进口额为 1586 亿欧元，同比增长 1.5%；欧元区内部货物贸易额为 1537 亿欧元，同比增长 3.9%。

德国及欧元区 2018 年 4 月份经济信心指数大幅下行。2018 年 4 月 17 日，欧洲经济研究中心公布经济形势预测报告显示，德国 4 月经济信心指数为 -8.2 点，比上月下降 13.3 点，远低于该指数 23.6 点的长期平均值；欧元区未来经济增长相关指数为 1.9 点，比上月下降 11.5 点。国际贸易摩擦和叙利亚局势紧张或将导致欧元区未来经济信心继续下降，2018 年第一季度德国的生产、出口和零售显著下降也将带来负面影响。

德国 2018 年 3 月份 CPI 同比增长 1.6%。2018 年 4 月 13 日，德国联邦统计局发布数据显示，德国 3 月份 CPI 同比增长 1.6%，环比增长 0.4%。其中，能源价格同比增长 0.5%，环比下降 0.6%；食品价格同比增长 2.9%，环比增长 0.2%；服务价格同比增长 1.8%，环比增长 0.4%。

英国失业人数同比下降 13.6 万。2018 年 4 月 17 日，英国国家统计局发布数据显示，2017 年 12 月—2018 年 2 月，英国就业人数为 3226 万人，环比上升 5.5 万人，同比上升 42.7 万人；失业人数为 142 万人，环比下降 1.6 万人，同比下降 13.6 万人。

英国 2018 年 3 月份 CPI 同比增长 2.5%。2018 年 4 月 18 日，英国国家统计局发布数据显示，英国 3 月份 CPI 环比上升 0.1%，同比上升 2.5%，增幅创一年新低。其中包括住房成本在内的 CPIH 同比上升 2.3%。

英国 ILO 失业率降至 4.2%。2018 年 4 月 17 日，英国国家统计局公布数据显示，2017 年 12 月—2018 年 2 月，英国 ILO 失业率为 4.2%，比 4.3% 的预期值低 0.1 个百分点；ILO 就业人数增加 5.5 万，与预期相符；平均工资年率增长 2.8%，不及预期的 3%。

意大利 2018 年 2 月份贸易顺差 31 亿欧元。2018 年 4 月 17 日，意大利国家统计局发布数据显示，经季调，意大利 2 月份贸易顺差 31 亿欧元。其中，出口额环比下降 0.6%，同比上升 3.9%；进口额环比下降 0.6%，同比上升 0.5%。

4. 亚太

日本 2018 年 3 月份货物贸易顺差初值同比增长 32.1%。2018 年 4 月 18 日，日本财务省发布数据显示，日本 3 月份货物贸易顺差初值为 7973 亿日元，同比增长 32.1%。其中，出口总额为 73819 亿日元，同比增长 2.1%；进口总额为 65845 亿日元，同比下降 0.6%。

日本 2018 年 2 月份工业产出指数终值环比持平。2018 年 4 月 17 日，日本经济产业省发布数据显示，经季调，日本 2 月份工业产出指数终值为 102.1，环比持平；交货指数为 99.7，环比下降 0.2%；存货指数为 109.9，环比上升 0.5%；存货比率指数为 114.0，环比增长 0.3%；设备利用指数为 101.2，环比增长 1.3%。

日本 2017 财年贸易顺差同比下降 38.2%。2018 年 4 月 18 日，日本财务省发布数据显示，2017 财年日本贸易顺差 2.46 万亿日元，同比减少 38.2%。其中，进口额为 76.77 万亿日元，同比增长 13.6%；出口额为 79.22 万亿日元，同比增长 10.8%。

印度 2018 年 2 月份工业生产指数同比增长 7.1%。2018 年 4 月 13 日，印度统计局公布数据显示，印度 2018 年 2 月份工业生产指数（IIP）指数为 127.7，同比增长 7.1%。2018 年前两个月印度工业生产指数一直运行在 7% 以上，工厂产出仍保持强劲。

印度 2018 年 3 月份批发价格指数降至 2.47%。2018 年 4 月 17 日，印度政府公布数据显示，印度 3 月份批发价格指数（WPI）小幅回落至 2.47%，环比下降 0.4%，同比下降 51.7%。

澳大利亚联储公布 2018 年 4 月份货币政策会议纪要。2018 年 4 月 17 日，澳大利亚联储公布 4 月货币政策会议纪要，短期内不会对货币政策做出调整，会议决定将主要利率固定在 1.5%。预计 2018 年澳大利亚经济增速将超过其潜在水平，通胀率将高于目标区间的低值。澳联储仍需维持低利率以提振经济，同时避免廉价资金引发资产泡沫。此外，中美贸易摩擦的不确定性将持续影响澳大利亚的对外贸易，报告提出应警惕全球贸易摩擦升级风险。

5. 非洲

南非 2018 年 2 月份制造业产出增速降至 0.6%。南非统计局发布数据显示，南非 2 月制造业产出增速为 0.6%，同比下降 73.9%，大幅低于上期预测值 2.6%。其中，纸和印刷品、石油产品、钢铁产品、服装纺织品以及鞋类产品降幅较为明显。

二、国际组织

联合国称重视短期投资或阻碍发展目标实现。2018 年 4 月 13 日，联合国发布《发展融资：进展与展望》报告显示，当前全球经济温和复苏，促进可持续发展的投资势头正在增强。但由于大部分投资者仅关注短期回报，忽视基础设施等领域的长期投资，全球约 8 亿最贫穷人口的发展前景依然严峻。报告指出，实现全球发展目标需要金融体系的全面转型，而不能仅依赖投资者履行更多社会责任。目前的投融资体系侧重短期利润的实现，而过度关注短期投资将不利于实现长期发展目标，或将导致基础设施建设滞后、就业培训减少等后果。与此同时，小企业和妇女仍被排斥在金融体系之外。

IMF 称“一带一路”倡议面临项目管理与债务风险两大挑战。国际货币基金组织（IMF）总裁拉加德在中国——国际货币基金组织（CICDC）联合能力建设中心启动仪式发表讲话称，“一带一路”倡议具有巨大潜力，但面临项目管理和债务风险两大挑战。拉加德表示，“一带一路”的基础设施项目有助于实现包容性增长，吸引更多外国直接投资并创造更多就业机会，但需警惕项目失败和资金使用不当，防范可能出现的债务风险与财政困难。为应对上述风险，“一带一路”应确保决策透明与信息通畅，利用数字工具营造开放公平的投资环境，建立争端解决机制，并使项目符合当地环境标准。拉加德表示，IMF 愿与中国保持密切合作，就以上方面提供政策建议与指导，CICDC 将在未来为包括中国在内的各成员国官员开展一系列相关培训。

IEA 称 2017 年全球能源需求与碳排放双增长。2018 年 4 月 17 日，国际能源署（IEA）发布《能源转型前景：能源效率的作用》报告指出，2017 年全球能源需求增长 2.1%，比 2016 年同期增长两倍。与此同时，全球能源相关碳排放 3 年来首次增长，能源效率改善速度显著下降至 1.7%，前景不容乐观。IEA 认为，能源需求侧需要逐步改变投资重点，至 2050 年每年投资 1.7 万亿美元，其中大部分用于改善能源效率和交通电气化。供给侧需要将投资重新分配到可再生能源与其他低碳技术领域，如核能领域，以及碳捕获、利用和储存。报告指出，提高能源效率对实现可负担、快速、普惠的能源转型至关重要。IEA 建议各国政府采取战略措施提高能效，辅以合理的能效政策，并关注其落实与执行。

三、国际大宗商品

本周纽约原油期货价格累计上涨 1.28%。截至星期四，本周纽约原油期货累计涨幅 1.28%。星期一纽约原油期货下跌 1.44%，收于每桶 66.33 美元；星期二纽约原油期货上涨 0.5%，收于每桶 66.66 美元；星期三纽约原油期货上涨 3.15%，收于每桶 68.76 美元；星期四纽约原油期货下跌 0.87%，收于每桶 68.16 美元。

本周纽约黄金期货价格累计下跌 0.04%。截至星期四，本周纽约黄金期货价格累计跌幅 0.04%。星期一纽约黄金期货上涨 0.02%，收于每盎司 1348.9 美元；星期二纽约黄金期货上涨 0.12%，收于每盎司 1350.5 美元；星期三纽约黄金期货上涨 0.14%，收于每盎司 1352.4 美元；星期四纽约黄金期货下跌 0.33%，收于每盎司 1348 美元。

四、区域合作

44 个非洲国家签署建立非洲大陆自由贸易区协议。44 个非洲国家共同签署建立非洲大陆自由贸易区协议（ZLEC），标志着非盟在一体化进程中迈出重要一步。该协议将在 180 天内由各签约国批准后正式生效。自贸区 GDP 将达 2.5 万亿美元，覆盖 12 亿人口，经济规模接近英国。

中日经济高层对话时隔 8 年再次举行。2018 年 4 月 16 日，第四次中日经济高层对话在日本东京举行，重点聚焦中日经贸合作和“一带一路”倡议等议题。该对话机制时隔 8 年后重启，在中日关系改善的大背景下，双方指出愿加快推进中日韩自贸区谈判，促进东亚地区贸易投资自由化和便利化，与其他成员共同推进《区域全面经济伙伴关系协定》（RCEP）谈判，支持多边贸易体制。

五、全球宏观经济形势

IMF 发布半年度《全球财政监测报告》。2018 年 4 月 18 日，IMF 发布半年度《全球财政监测报告》指出，当前全球政府债务水平仍处高位，各国应利用全球经济向好的窗口期改善财政状况，削减债务水平。报告指出，2016 年全球债务总额创 164 万亿美元新高，相当于全球 GDP 的 225%，比 10 年前增长 12%，其中公共债务占比达 37%。目前发达经济体公共债务占 GDP 平均比重达 105%，为第二次世界大战后最高水平；新兴经济体公共债务占 GDP 平均比重接近 50%；低收入国家债务占 GDP 平均比重在 2017 年超过 40%，偿债成本迅速上升，利息负担占税收收入的比重已近 20%。未来 3—5 年，除美国外所有发达经济体公共债务占 GDP 比重都将出现下降。美国宽松财政政策将使总赤字在 3 年内超过 1 万亿美元，高于 GDP 的 5%；政府债务在 2023 年预计将达 GDP 的 117%。IMF 建议美国以降低政府债务水平为目标重新调整其财政政策。

IMF 发布《全球经济展望》。2018 年 4 月 17 日，IMF 发布《全球经济展望》报告指出，2018 年全球经济增速有望至 3.9%，将继续延续全球广泛且强劲的经济增长态势。其中，美国经济增速升至 2.9%，比 2017 年提升 0.6%；中国将达 6.6%，比 2017 年下降 0.3%；欧元区将达 2.4%，比 2017 年提升 0.1%；新兴市场和发展中经济体经济增速将达 4.9%，比 2017 年提升 0.1 个百分点。此外，大宗商品出口国的增长表现持续改善。

OECD 经济体就业率在 2017 年第四季度升至 68%。2018 年 4 月 16 日，OECD 发布就业数据显示，2017 年第四季度 OECD 经济体就业率升至 68%，提高 0.2 个百分点，就业人数达 5.63 亿人。G7 就业率升至 70.9%，其中美国、英国、加拿大和日本就业率均上涨，分别升至 70.3%、74.4%、73.9% 和 75.7%。欧盟 2017 年第四季度就业率升至 68%，提高 0.2 个百分点。欧元区就业率同样实现上升，至 66.8%，提高 0.3 个百分点。

第 17 周（2018/04/21—2018/04/27）

2018 年 4 月 21—27 日，国际财经要情有：白宫经济顾问委员会预计 2018 年美经济增速将超 3%；欧央行维持三大主要利率不变；欧元区 2017 年预算赤字 GDP 占比降至 0.9%；德国 4 月份失业率持平于 5.3%；英国第一季度 GDP 环比增长 0.1%；法国第一季度 GDP 环比增长 0.3%；日本 3 月份 CPI 同比增长 1.1%；韩国第一季度实际 GDP 初值环比增长 1.1%；APEC 称推进自由贸易有助于实现包容性增长；亚投行与非开行签署合作备忘录；墨西哥与欧盟更新自贸协定；世行发布半年度《大宗商品市场展望》。

一、区域观察

1. 北美

白宫经济顾问委员会预计 2018 年美经济增速将超 3%。2018 年 4 月 28 日，美国白宫经济顾问委员会发布报告认为，2018 年美国 GDP 增速有望超 3%，预计 2018 年资本支出将加速，非居住类营建支出将放缓。

美国第一季度实际 GDP 环比增长 2.3%。2018 年 4 月 28 日，美国商务部发布数据显示，第一季度实际 GDP 初值环比增长 2.3%，高于预测值 0.3 个百分点。

美国 2018 年 3 月份耐用品订单环比增长 2.6%。2018 年 4 月 26 日，美国商务部发布数据显示，3 月份耐用品订单环比增长 2.6%，远超预期；扣除飞机的非国防资本耐用品订单环比下降 0.1%，跌幅创一年来最高；商用飞机订单环比上涨 44.5%，为拉动订单量整体上行的主要动力。

美国 2018 年 3 月份新屋销售环比增长 4%。2018 年 4 月 25 日，美国商务部发布数据显示，3 月份新屋销售 69.4 万户，环比增长 4%，为 4 个月来新高。

美国 2018 年 4 月 20 日当周原油库存环比增长 140 万桶。4 月 25 日，美国能源信息署发布数据显示，美国 4 月 20 日当周原油库存为 10.95 亿桶，环比增长 140 万桶；汽油库存为 2.37 亿桶，环比增长 80 万桶。

2. 拉美

巴西 2018 年 3 月份新增工作岗位 5.6 万个。2018 年 4 月 21 日，巴西劳工部发布数据显示，3 月份巴西新增工作岗位 5.6 万个，增幅为 5 年以来最高；2017 年巴西失业率为 12.7%，创 2012 年以来最高水平。

5. 欧洲

欧央行维持三大主要利率不变。2018 年 4 月 26 日，欧央行召开货币政策会议，维持主要再融资利率 0%，隔夜贷款利率 0.25%，隔夜存款利率 -0.4% 不变，均符合预期。央行预测，经济将继续保持稳健，未来 1 年通胀水平将保持在 1.5% 左右，潜在通胀率逐步上升。

欧元区 2017 年预算赤字 GDP 占比降至 0.9%。2018 年 4 月 24 日，欧盟统计局发布数据显示，2017 年欧元区预算赤字 GDP 占比下降 0.6 个百分点至 0.9%，债务 GDP 占比下降 2.3 个百分点至 86.7%。

德国 2018 年 4 月份失业率持平于 5.3%。2018 年 4 月 27 日，德国联邦劳工局发布数据显示，德国 4 月份失业率 5.3%，保持历史低位；失业人口减少 7000 人，劳动市场发展势头良好；预计 2018 年全年德国失业率将下降 0.4 个百分点至 5.3%。

德国 2018 年 3 月份 PPI 同比增长 1.9%。德国联邦统计局公布数据显示，德国 3 月份 PPI 同比增长 1.9%，环比增长 0.1%。其中，能源价格同比增长 2.4%。

英国第一季度 GDP 环比增长 0.1%。2018 年 4 月 27 日，英国国家统计局发布数据显示，英国第一季度 GDP 环比增长 0.1%，远低于 2012 年以来的 2.2% 平均值；其中，建筑业环比下降 3.3%，制造业环比增长 0.2%。

法国第一季度 GDP 环比增长 0.3%。2018 年 4 月 27 日，法国国家统计局发布数据显示，第一季度 GDP 环比增长 0.3%，创 2016 年第三季度以来最低。其中，消费者支出环比增长 0.2%，企业投资环比增长 0.5%，出口小幅下滑 0.1%。

法国 2018 年 4 月份 CPI 环比增长 0.1%。2018 年 4 月 27 日，法国国家统计局发布数据显示，4 月份 CPI 同比增长 1.6%，环比增长 0.1%；调和 CPI 同比增长 1.8%，环比增长 0.1%。

6. 亚太

日本 2018 年 3 月份 CPI 同比增长 1.1%。日本总务省发布数据显示，3 月份 CPI 同比增长 1.1%，环比下降 0.4%。其中，食品价格指数同比增长 1.9%，环比下降 1.4%；服务价格指数同比增长 0.2%，环比增长 0.1%。

日本 2018 年 2 月份全产业活动指数环比增长 0.4%。2018 年 4 月 25 日，日本经济产业省发布数据显示，经季调，2 月份全产业活动指数环比增长 0.4%。其中，建筑业活动指数环比下降 0.3%，工业生产指数环比增长 2.0%，第三产业活动指数环比持平。

韩国第一季度实际 GDP 初值环比增长 1.1%。2018 年 4 月 26 日，韩国企划财政部发布数据显示，韩国第一季度实际 GDP 初值环比增长 1.1%，同比增长 2.8%。其中，消费支出环比增长 1%，同比增长 4%；制造业环比增长 1.9%，同比增长 3%。

澳大利亚第一季度 CPI 环比上升 0.4%。2018 年 4 月 24 日，澳大利亚国家统计局发布数据显示，澳大利亚第一季度 CPI 环比上升 0.4%，同比上升 1.9%。其中，食品和非酒精饮料价格环比上升 0.5%，住房价格环比上升 0.7%。

澳大利亚 2018 年 3 月份失业率为 5.6%。澳大利亚国家统计局发布数据显示，经季调，澳大利亚 3 月份失业率为 5.6%，环比下降 0.1 个百分点；就业率为 65.7%，环比上升 0.1 个百分点，同比上升 3.1 个百分点。

5. 非洲

肯尼亚 2017 年 GDP 增长 4.9%。2018 年 4 月 25 日，肯尼亚国家统计局发布数据显示，受政治不确定性和恶劣天气等因素影响，2017 年肯尼亚 GDP 增长 4.9%，增速创 5 年来新低；2017 年农业增长 1.6%，制造业增长 0.2%；通胀提高 1.7 个百分点至 8%。

三、国际组织

APEC 称推进自由贸易有助于实现包容性增长。APEC 工商咨询理事会主席 David Toua 指出，APEC 应积极拥抱自由贸易，促进包容性增长。长期以来，亚太地区的经济增长动力来源于区域经济一体化及对外贸易合作，经济繁荣离不开以规则为基础的 WTO 多边贸易体制。在贸易保护主义甚嚣尘上的情况下，APEC 应充分尊重多边贸易体制，努力减少并消除贸易和投资壁垒，鼓励跨境投资，减少对全球价值链中发挥重要作用的小型经济体的伤害，实现接纳技术变革、惠及中小型企业的包容性增长。同时，APEC 将牢牢把握贸易自由化带来的机遇，重视贸易及经济增长红利在各经济体中的公平分配，倡导各国政府和企业恢复社会对贸易和投资在改善生活水平、创造就业等方面的信心。

亚投行与非开行签署合作备忘录。亚洲基础设施投资银行（AIIB）和非洲开发银行（AfDB）在 2018 年世行——IMF 春季年会期间签署加强经济可持续发展合作的谅解备忘录。两大机构可在能源、电力、交通及通信等领域进行项目开发、联合融资、知识和人员交流等方面的合作。亚投行副行长冯·阿姆斯贝格表示，备忘录反映了两机构促进经济可持续发展的共同愿景与强大伙伴关系，有利于提升合作有效性。非开行高级副总裁查理斯强调，非开行可通过伙伴关系调动外部资源以实现电力、粮食、工业化、一体化和改善民生五大发展重点，与亚投行等新机构的合作还将提升发展中经济体的全球话语权。

IMF 就应对发展中国家债务问题提出建议。2018 年 4 月 23 日，IMF 副总裁张涛在联合国经社理事会（ECOSOC）发展筹资论坛开幕致辞中表示，新兴市场和发展中国家未来发展面临多方面挑战，其中公共债务问题尤为突出。张涛指出，今后 5 年，大约 30% 的新兴市场和发展中国家将在人均收入增长方面落后于发达经济体，发展中国家公共债务风险加剧，大宗商品出口国形势较为严峻。IMF 建议借贷双方及时采取政策措施：借款国需加强公共投资管理能力，注重项目的实际回报率，加强国内税收动员；贷款国应评估新贷款对借款国债务状况的影响，提高债务透明度。大宗商品出口国应注重经济结构多元化，发展金融部门以支持投资与普惠金融；营造对私人投资、贸易以及企业有利的政策环境；培育人力资本，支持女性创业者。

三、国际大宗商品

本周纽约原油期货价格累计下跌 1.38%。截至星期五，本周纽约原油期货累计跌幅 1.38%。星期一纽约原油期货上涨 1.26%，收于每桶 68.92 美元；星期二纽约原油期货下跌 1.74%，收于每桶 67.72 美元；星期三纽约原油期货持平，收于每桶 67.72 美元；星期四纽约原油期货上涨 0.65%，收于每桶 68.16 美元；星期五纽约原油期货下跌 0.28%，收于每桶 67.97 美元。

本周纽约黄金期货价格累计下跌 1.0%。截至星期五，本周纽约黄金期货价格累计跌幅 1.0%。星期一纽约黄金期货下跌 0.82%，收于每盎司 1326.6 美元；星期二纽约黄金期货上涨 0.42%，收于每盎司 1332.2 美元；星期三纽约黄金期货下跌 0.59%，收于每盎司 1324.4 美元；星期四纽约黄金期货下跌 0.5%，收于每盎司 1317.8 美元；星期五纽约黄金期货上涨 0.48%，收于每盎司 1324.1 美元。

四、区域合作

美洲开发银行积极推进中美洲电力市场发展。美洲开发银行（IDB）举行域内主要经济体能源部长和电力监管部门高官会。会议旨在增强中美洲电力集成系统基础设施建设，推动区域能源体系整合。会上，中美洲各国肯定了“区域电力市场（MER）”计划在执行方面取得的进展，并同意延长该计划到 2019—2021 年。会议指出，区域电力市场指导委员会（CDMER）将继续制定“区域电力市场框架协议第三议定书”并在 2019 年提交各国审批。会议还讨论了扩大区域电力传输能力的前景，指导委员会将协调各机构，完成建立中美洲电力集成系统中第二条输电线路的可行性研究，确定加强区域电力基础设施和相关项目建设的具体方案。

墨西哥与欧盟更新自贸协定。墨西哥和欧盟达成原则性协议，宣布将对墨欧自贸协定进行更新升级，双方将继续就协议细节进行磋商。新协议提出，墨西哥橙汁、金枪鱼、蜂蜜等农副产品进入欧盟将被免除关税，欧盟也会增加对墨西哥奶制品、猪肉和巧克力等商品出口。新协议旨在向全世界传递墨西哥和欧盟保持市场开放的政治立场。

五、全球宏观经济形势

世行发布半年度《大宗商品市场展望》。2018 年 4 月 24 日，世行发布半年度《大宗商品市场展望》报告指出，半数以上的大宗商品价格将在 2018 年出现较大幅度上涨。全球经济增长加速和需求上升是推动大宗商品价格上涨的主要原因。额外关税或贸易制裁措施可能在短期内影响大宗商品价格，但中期影响有限。世行预计，能源类大宗商品价格 2018 年上涨 20%，比 2017 年 10 月份预测值高出 16 个百分点。其中，国际油价预计在未来两年保持每桶 65 美元左右，比 2017 年每桶均价上涨 12 美元。主要产油国延续限产、全球石油需求持续旺盛、部分产油国地缘政治风险上升等因素将对国际油价形成支撑。非能源类大宗商品价格预计上涨 4% 左右。

第18周（2018/04/28—2018/05/04）

2018年4月28日—5月4日，国际财经要情有：美国公布《2018特别301报告》；美国4月份ISM非制造业指数降至4个月以来最低；巴西第一季度失业率13.1%；英国4月份制造业PMI跌至近一年半最低；印度4月份制造业PMI升至51.6；南非3月份贸易盈余94.7万亿兰特；亚行第51届年会在菲律宾举行；非盟呼吁各国加快实施国家农业投资计划；WTO称2017年全球贸易增长强劲。

一、区域观察

1. 北美

美国公布《2018特别301报告》。美国贸易代表办公室发布《2018特别301报告》，36个国家被列入重点观察名单和观察名单，其中重点观察名单国家12个，观察名单国家24个。报告指出，中国连续14年位列重点观察名单，存在强制技术转让、窃取贸易机密、网络盗版猖獗和生产假冒产品等诸多侵权行为。

美联储维持政策利率不变。2018年5月3日，美联储发布政策声明指出，联邦基金利率目标区间维持在1.5%—1.75%，未来将保持宽松的货币政策倾向，符合市场预期。

美国2018年4月份ISM非制造业指数降至4个月以来最低。2018年5月1日，美国商务部发布数据显示，4月份ISM非制造业指数为56.8，连续99个月处于荣枯线50上方，但降至4个月以来最低水平。

美国2018年3月份个人收入环比增长0.3%。2018年4月30日，美国商务部发布数据显示，美国3月份个人收入增加478亿美元，环比增长0.3%；个人可支配收入增加398亿美元，环比增长0.3%；个人消费支出增加617亿美元，环比增长0.4%。剔除食品和能源，PCE物价指数环比增长0.2%。

美国2018年4月份消费者信心指数环比下降2.6%。美国密歇根大学发布数据显示，美国4月份消费者信心指数终值为98.8，环比下降2.6%，同比上升

1.9%；经济现状指数为 114.9，环比下降 5.2%，同比上升 2.0%；消费者预期指数为 88.4，环比下降 0.5%，同比上升 1.6%。

2. 拉美

巴西政府未就进口钢铝关税与美国达成一致。2018 年 5 月 2 日，巴西外交部和工业、外贸和服务部发表联合声明称，巴西政府致力于永久豁免进口钢铝关税，上周美国单方面通知巴西停止谈判是美国的单边行为，巴西将在多双边范围内采取一切必要行动维护自身权利。巴西铝业倾向于选择 10% 的进口关税，钢铁行业倾向于限制进口配额。

巴西第一季度失业率 13.1%。巴西国家地理统计局发布数据显示，巴西 2018 年第一季度失业率为 13.1%，环比增长 1.3 个百分点，同比减少 0.6 个百分点。

3. 欧洲

欧元区 2018 年 4 月份经济景气指数环比持平。欧盟委员会发布数据显示，欧元区 4 月份经济景气指数为 112.7，环比持平；欧盟经济景气指数为 112.3，环比下降 0.3 个点。

英国 2018 年 4 月份制造业 PMI 跌至近一年半最低。2018 年 5 月 1 日，英国统计局公布数据显示，英国 4 月份 Markit 制造业 PMI 降至 53.9，创 2016 年 11 月以来最低水平，低于预期值 54.8 和前值 55.1。

法国第一季度经济增速放缓至 0.3%。法国全国统计和经济研究所发布初步统计数据显示，受企业投资及出口放缓的影响，法国 2018 年第一季度经济增速为 0.3%，创 2016 年第三季度以来最小增幅。其中，制造业生产环比下降 1.1%，家庭消费支出环比增长 0.2%，企业投资环比增长 0.5%，一季度出口环比下降 0.1%。

德国 2018 年 4 月份失业率保持历史低位。德国联邦劳工局公布月度就业报告显示，经季调，4 月份德国失业率为 5.3%，与上月持平，4 月份岗位空缺为 78.4 万个。

4. 亚太

日本央行维持宽松货币政策。日本央行指出，未来将维持宽松的货币政策，短期利率和长期利率分别控制在 -0.1% 和 0% 左右，央行预测 2018 年物价增速将从 1.4% 下调至 1.3%，2019 年和 2020 年升至 1.8%，保持温和扩张趋势。

日本 2018 年 3 月份工业产出指数初值环比增长 1.2%。日本经济产业省发布数据显示，经季调，日本 3 月份工业产出指数初值为 103.9，环比增长 1.2%；交货指数为 100.1，环比下降 0.2%；存货指数为 113.7，环比增长 3.5%；存货比率指数为 117.7，环比增长 3.2%。

日本 2018 年 3 月份失业率为 2.5%。日本总务省发布数据显示，经季调后，日本3月份失业率为2.5%，环比持平。就业人数为6620万，同比增长187万，其中雇用者人数为5872万人，同比增长144万人，连续63个月增长。完全失业人数为173万人，同比减少15万人，连续94个月减少。

澳联储决议维持现金利率1.5%不变。2018年5月1日，澳联储公布利率决议，将维持现金利率1.5%，已连续20个月保持利率水平不变。澳联储预测，未来经济增速将达3%。

印度2018年4月份制造业PMI升至51.6。印度统计局公布数据显示，印度4月份制造业PMI为51.6，环比增长1.2%，与上月相比有所改善。印度制造业PMI已连续9个月高于50。

5. 非洲

南非3月份贸易盈余94.7万亿兰特。2018年4月30日，南非税务署统计数据显示，继连续两个月贸易逆差后，南非3月贸易实现盈余，总计94.7亿兰特，略低于去年同期水平。

二、国际组织

亚行第51届年会在菲律宾举行。2018年5月3—6日，亚行在菲律宾首都马尼拉举行理事会第51届年会，主题为“联结人与经济，实现包容性发展”。会议将探讨影响亚洲及太平洋地区发展的全球和区域性问题，还将讨论如何落实亚行“2030年战略”，以实现亚太地区包容、有韧性和可持续的繁荣发展。年会期间将举办各种研讨会和相关活动，包括：（1）研究新技术和全球化对就业的影响及各国应对之策；（2）通过妇女创业和经济赋权解决亚太地区的性别差距；（3）动员私营部门资源以满足亚洲巨大的基础设施需求；（4）应用新的金融技术；（5）投资社区主导的气候变化和灾害解决方案；（6）通过区域合作促进包容性增长。东道国活动将包括：（1）海上丝绸之路及未来发展；（2）维护国际经济秩序；（3）实现包容性发展的金融技术。

世行称将继续支持中等收入国家气候友好型发展。世行撰文指出，世行支持气候友好型发展，致力于在推动国家层面气候行动上发挥关键作用。世行通过2016—2020气候变化行动计划推进国家层面气候行动，承诺2020年增加气候融资比例至28%以保障资金支持力度，同时与多个国际组织建立合作伙伴关系共同应对气候变化。因中等收入国家面临人口增长、能源需求增加、温室气体排放量上升等问题，其气候行动至关重要。世行致力于帮助中等收入国家兑现《巴黎协议》承诺，走低碳绿色发展之路，目前在国家层面取得显著成果。以中国为例，十年来世行帮助中国引入市场机制提高能效，建设良好政策环境以扩大能效投资，推动高质量、低成本可再生能源技术发展。与中国政府、全球环境基金会共同建立的中国可再生能源规模化项目取得积极进展。

联合国敦促各国政府关注长期投资。联合国常务副秘书长阿米纳在经社理事会组织召开的发展筹资论坛开幕式上发表讲话称，联合国将支持成员国通过构建伙伴关系、加大创新融资、发挥资源禀赋、加强能力建设等方式实现可持续发展，其中摒弃短期思维，注重长期投资至关重要。为实现长期投资，阿米纳呼吁各国重视国内资源要素流动，加强可持续发展战略的政府间合作，为长期投资创造良好政策环境。她同时敦促国际社会扩大投资规模，为急需援助的国家提供支持。经社事务副秘书长刘振民表示，为实现可持续发展目标，建立鼓励长期投资的监管规则与政策框架是公共部门的责任。同时，多边机构在提供资金和动员私人和公共部门投资方面发挥着不可或缺的作用。

三、国际大宗商品

本周纽约原油期货价格累计下跌 0.25%。截至星期四，本周纽约原油期货累计跌幅 0.25%。星期一纽约原油期货上涨 0.69%，收于每桶 68.57 美元；星期二纽约原油期货下跌 1.56%，收于每桶 67.5 美元；星期三纽约原油期货下跌 0.37%，收于每桶 67.25 美元；星期四纽约原油期货上涨 1.01%，收于每桶 67.93 美元。

本周纽约黄金期货价格累计下跌 1.35%。截至星期四，本周纽约黄金期货价格累计跌幅 1.35%。星期一纽约黄金期货下跌 0.32%，收于每盎司 1319.2 美元；星期二纽约黄金期货下跌 1.11%，收于每盎司 1304.6 美元；星期三纽约黄金期货上涨 0.17%，收于每盎司 1306.8 美元；星期四纽约黄金期货下跌 0.09%，收于每盎司 1305.6 美元。

四、区域合作

非盟呼吁各国加快实施国家农业投资计划。非盟举行第 14 届非洲农业综合发展计划（CAADP）伙伴关系会议，敦促各成员国加快实施国家农业投资计划（NAIPs），以实现“马拉博宣言”，促进非洲农业增长和转型的目标。非洲农业综合发展计划旨在加大对农业企业和农产品价值链的投资，改善国家和地区农业市场，改进非洲集体粮食安全和自然资源管理，推动非洲大陆农业革命。国家农业投资计划要求各国将至少 10% 的预算资金用于农业，并确保每年农业增长率达到 6%。为推动落实“马拉博宣言”，非盟启动了两年期审查报告机制，通过 43 项指标评估各国“马拉博宣言”七项承诺的进展。非盟农村经济和农业委员萨科（Sacko）表示，首期审查报告显示非洲大陆无法在 2025 年之前无法如期实现“马拉博宣言”，各国应积极动员资金投入国家农业投资计划确定的优先领域，加强系统性的执行和协调能力建设，争取按期实现“马拉博宣言”的目标。

五、全球宏观经济形势

WTO 称 2017 年全球贸易增长强劲。WTO 发布报告指出，2017 年全球贸易增长强劲，商品贸易总量增长 4.7%，远超上期预测值 3.6%，为 2011 年来的最高水平。2017 年全球实际 GDP 增速从 2.3% 升至 3.0%，受益于周期性因素，发达经济体的出口总额和进口总额分别增长 3.5% 和 3.1%，而发展中国家的出口总额增长 5.7%，进口总额增长 7.2%。从数量上看，全球商品出口总额为 17.2 万亿美元，比 2016 年增长 11%。WTO 预测 2018 年全球商品贸易增速为 4.4%，与 2017 年基本持平，2019 年增速将保持在 4% 左右。

ILO 称全球非正规就业人口占就业总人口 61% 以上。2018 年 4 月 30 日，国际劳工组织（ILO）发布报告指出，全球目前有 20 亿劳动者属非正规就业，占全球就业总人口的比重超过 61%。非正规就业比例存在地区、性别、部门和城乡差异：全球 93% 的非正规就业来自新兴市场和发展中国家，非洲地区比例最高，达 85.5%；全球 63% 的男性与 58.1% 的女性从事非正规就业；农业非正规就业水平约占 90% 以上，是比例最高的部门；农村地区居民非正规就业可能是城市居民的两倍。报告称，教育水平是影响就业情况的关键因素，非正规就业对可持续发展目标的实现构成挑战。国际劳工组织强调，需要促进工人和经济单元向正规经济模式转型，防止正规工作岗位出现非正规化趋势。

第 19 周（2018/05/05—2018/05/11）

2018 年 5 月 5—11 日，国际财经要情有：美国 4 月份联邦财政盈余预计达 2180 亿美元；美国 4 月份失业率为 3.9%；巴西 3 月份工业生产环比小幅下降；法国 3 月份工业产出环比下降 0.4%；印度 4 月份服务业 PMI 指数升至 51.4；南非 2017 年汽车行业贸易赤字增幅超过 30%；亚行进一步推进 CAREC - BRI 合作；第 21 届东盟与中日韩财长和央行行长会议在菲律宾马尼拉举行；IMF 称亚洲经济增长势头强劲。

一、区域观察

1. 北美

美国 2018 年 4 月份联邦财政盈余预计达 2180 亿美元。2018 年 5 月 8 日，美国国会预算办公室（CBO）发布《4 月份预算报告》，预测 4 月份联邦财政盈余将达 2180 亿美元，比 2017 年年同期增长 350 亿美元。其中，财政收入预计达 5150 亿美元，财政支出达 2970 亿美元。美财政部公布数据显示，2018 年 3 月联邦政府实际财政赤字为 2090 亿美元，比 CBO 预测值高 20 亿美元。

美国 2018 年 4 月份失业率为 3.9%。美国劳工部发布数据显示，美国 4 月份失业率为 3.9%，创近 18 年来最低水平。其中，新增非农就业人口 16.4 万，集中在制造、采矿、伐木和建筑等行业。

美国截至 2018 年 5 月 4 日当周 EIA 原油库存减少 219.7 万桶。5 月 9 日，美国能源信息署发布数据显示，美国截至 5 月 4 日当周 EIA 原油库存减少 219.7 万桶至 4.338 亿桶，汽油库存减少 217.4 万桶。

EIA 上修今明两年美国产量预期。2018 年 5 月 8 日，美国能源信息署发布月度能源报告显示，2018 年和 2019 年美国原油产量预期均被上修。其中，2018 年美国原油产量预期上调 0.3% 至 1072 万桶/日，2019 年预期则被上调 3.6% 至 1186 万桶/日。

2. 拉美

巴西 2018 年 3 月份工业生产环比小幅下降。巴西地理统计局发布数据显示，

2018 年 3 月份巴西工业生产环比下降 0.1%，同比增长 1.3%。

3. 欧洲

法国 2018 年 3 月份工业产出环比下降 0.4%。2018 年 5 月 9 日，法国国家统计局发布数据显示，法国 3 月份工业产出环比下降 0.4%。其中，制造业产出环比上升 0.1%，建筑业产出环比下降 2.7%。法国 3 月份工业产出同比上升 1.8%，低于预期值 2.8%。

德国 2018 年 3 月份制造业新订单初值环比下降 0.9%。2018 年 5 月 7 日，德国联邦统计局发布数据显示，经季调，德国 3 月份制造业新订单初值环比下降 0.9%，同比上升 3.1%。

瑞士 2018 年 4 月份 CPI 环比上升 0.2%。2018 年 5 月 7 日，瑞士联邦统计局发布数据显示，瑞士 4 月份 CPI 达 101.7，环比上升 0.2%，同比上升 0.8%。

意大利人口预计将呈持续下降趋势。近日，意大利国家统计局发布报告表示，未来十年意大利人口将呈持续下降趋势。报告预计 2045 年意大利人口为 5900 万人，比 2017 年减少 160 万人；2065 年意大利人口为 5410 万人，比 2017 年减少 650 万人。

意大利 2018 年 3 月份零售销售环比下降 0.2%。2018 年 5 月 9 日，意大利国家统计局发布数据显示，意大利 3 月份零售销售环比下降 0.2%，同比上升 2.9%。

4. 亚太

日本央行维持政策利率 -0.1%不变。2018 年 5 月 7 日，日本央行发布 3 月份货币政策会议纪要指出，日本经济温和扩张，其中出口不断增长，私人消费温和上升，企业融资成本降低，固定资产投资和工业产出持续上升，住房投资疲软，公共投资平稳，通胀预期基本不变，基于此，日央行将政策利率维持在 -0.1%不变。

澳大利亚 2018 年 3 月份商品及服务贸易账户盈余 15.27 亿澳元。澳大利亚国家统计局发布数据显示，经季调，澳大利亚 2018 年 3 月份商品及服务贸易账户盈余 15.27 亿澳元，环比增长 13%。其中，商品及服务出口总额为 348.40 亿澳元，环比增长 1%；商品及服务进口总额为 333.14 亿澳元，环比增长 1%。

澳大利亚 2018 年 3 月份零售业销售额环比不变。2018 年 5 月 8 日，澳大利亚统计局公布数据显示，经季调，澳大利亚 3 月份零售业销售量与上月持平。其中，食品零售业销售额环比增长 0.7%，但其他行业均出现下跌。

印度 2018 年 4 月份服务业 PMI 指数升至 51.4。Markit 数据显示，印度 4 月份服务业采购经理人指数升至 51.4，环比上升 2.2%。印度 4 月份制造业采购经理人指数为 51.6，连续 9 个月高于 50。由于制造业和服务业改善，印度综合 PMI 从 3 月份的 50.8 升至 4 月份的 51.9，为近 3 个月以来最高水平。

新西兰联储维持利率 1.75% 不变。2018 年 5 月 10 日，新西兰联储表示，新西兰通胀率目前仍低于目标区间中点，为实现长期可持续就业并保持稳定通胀，新联储决定维持利率 1.75% 不变。

5. 非洲

南非 2017 年汽车行业贸易赤字增幅超过 30%。2018 年 5 月 7 日，南非统计数据显示，2017 年南非汽车行业贸易赤字由 2016 年的 329 亿兰特升至 435 亿兰特，增幅超过 30%。2017 年，南非汽车产量外销占比达 60%，出口国家多达 149 个。

四、国际组织

欧洲复兴开发银行第 27 届理事会年会在约旦举行。2018 年 5 月 9—10 日，欧洲复兴开发银行（EBRD）第 27 届理事会年会及相关活动在约旦召开，主题为“为经济注入活力”。会议将总结 2017 年 EBRD 的运作情况，讨论 EBRD 下一年的业务重点，还将探讨诸如应对全球性挑战、支持地区经济增长、应对气候变化，以及加强中东地区投资与商业环境建设等问题。2017 年，欧洲复兴开发银行在推进地区经济转型方面取得巨大成功，贷款总额达到创纪录的 97 亿欧元。欧洲复兴开发银行行长查克拉巴蒂表示，欧洲复兴开发银行有足够的资本实力每年新增 30 亿欧元贷款，近期主要评级机构也再次确认了欧洲复兴开发银行的 3A 评级。查克拉巴蒂表示，欧洲复兴开发银行可以发挥更大作用帮助国际社会应对全球共同挑战，特别是在实现可持续发展目标（SDGs）方面。

亚行进一步推进 CAREC - BRI 合作。亚行在第 51 次年会期间举行中亚区域经济合作高级别会议，讨论了区域合作的新机遇以及 CAREC - BRI 合作潜力。会议指出，中亚区域经济合作组织（CAREC）成员国可以利用包括“一带一路”倡议（BRI）在内的区域和国际发展新倡议，加强区域基础设施建设，促进贸易并减少贫困。与会者一致认为，CAREC 成员国可以从中亚地区有利的经济合作环境中受益。与会者同意进一步展开讨论，确定具体的投资项目，深化该地区的经济合作。亚行副行长张文才表示，中亚区域经济合作组织和 BRI 都致力于推动互联互通，共享繁荣。CAREC 和 BRI 在地域上的交集为进一步加强相关国家经贸联系、改善区域基础设施、创造就业和经济增长提供了机遇。

联合国称 2018 年 4 月全球食品价格指数保持平稳。联合国粮农组织发布《谷物供需简报》显示，2018 年 4 月份全球食品价格指数均值为 173.5，大体保持平稳，较 3 月份有小幅上扬，同比增长 2.7%。其中，谷物和乳制品价格继续保持近期以来的上扬趋势，而糖类价格则持续走低。谷物价格指数连续 4 个月出现上涨，4 月份上涨 1.7%，比 2017 年同期价格高 14.5%。粮农组织预测，全球谷物产量和储备量目前已达到或接近历史最高水平。2018 年全球谷物产量预计将下降至

26.07 亿吨，比 2017 年近历史最高水平下降约 1.6%，下降主要原因是玉米产量预计将出现下跌，玉米价格随之走高。小麦价格保持坚挺，产量预计将下降；水稻价格预计将出现上涨，可能创新高。

三、国际大宗商品

本周纽约原油期货价格累计上涨 2.31%。截至星期四，本周纽约原油期货累计涨幅 2.31%。星期一纽约原油期货上涨 0.3%，收于每桶 70 美元；星期二纽约原油期货上涨 0.03%，收于每桶 70.02 美元；星期三纽约原油期货上涨 1.74%，收于每桶 71.24 美元；星期四纽约原油期货上涨 0.22%，收于每桶 71.4 美元。

本周纽约黄金期货价格累计上涨 0.44%。截至星期四，本周纽约黄金期货价格累计涨幅 0.44%。星期一纽约黄金期货下跌 0.11%，收于每盎司 1314.6 美元；星期二纽约黄金期货上涨 0.05%，收于每盎司 1315.3 美元；星期三纽约黄金期货下跌 0.19%，收于每盎司 1312.8 美元；星期四纽约黄金期货上涨 0.69%，收于每盎司 1321.8 美元。

四、区域合作

第 21 届东盟与中日韩财长和央行行长会议在菲律宾马尼拉举行。第 21 届东盟与中日韩（10 +3）财长和央行行长会议在菲律宾马尼拉举行。会议主要讨论了全球和区域宏观经济形势、“10 +3”区域财金合作等议题，并发表联合声明。会议认为，全球经济呈现同步强劲复苏，“10 +3”地区继续保持较快经济增长，但仍面临贸易保护主义抬头和全球金融环境收紧快于预期等风险。“10 +3”各方承诺根据各自国情使用货币政策、财政政策和结构性改革等政策工具，促进强劲、可持续、平衡、包容性增长。各方重申支持开放的、基于规则的多边贸易和投资体系，坚决抵制任何形式的保护主义，深化域内贸易和投资联系，推动区域经济一体化和互联互通。同时，各方将继续加强资本流动监测，提高经济韧性，有效应对外部冲击，维护区域经济金融稳定。

第七次中日韩领导人会议在日本东京举行。2018 年 5 月 9 日，第七次中日韩领导人会议在日本东京举行。三国重申将进一步加速中日韩自由贸易协定谈判、加快《区域全面经济伙伴关系协定》谈判。中日韩自贸区谈判自 2012 年 11 月启动以来，迄今已举行了 13 轮谈判，三方就货物贸易、服务贸易、投资、规则等领域深入交换了意见，谈判取得了一定的进展。会中，三国领导人同意建立“中日韩 +X”合作机制，集聚三方优势，联合拓展第四方，带动和促进本地区国家实现更好更快发展。在同时召开的第六届中日韩工商峰会上，中日双方共同签署了关于中日企业开展第三方市场合作以及加强服务贸易合作的备忘录，创建中日服务贸易合作机制。在中日经济高层对话、中日经济伙伴关系磋商等机制之下，双方还在社会保障、日本大米输华、日本食品进口工作组、中日联合摄制电影等方面签署了合作文件。

五、全球宏观经济形势

IMF 称亚洲经济增长势头强劲。2018 年 5 月 9 日，IMF 发布《亚太地区经济展望》称，受全球需求旺盛和金融环境宽松的影响，未来两年亚洲经济增速可达 5.6%。其中，2018 年中国经济预计增长 6.6%；日本经济增速已连续 8 个季度高于潜在水平，2018 年预计为 1.2%；印度 2018 年经济增速预计达 7.4%；东盟经济增速保持 5.3%。通胀方面，2017 年 9 月以来，亚洲国家通胀水平随国际油价走高出现上升，但核心通胀率仍处于近几十年相对低位。2017 年全年，亚洲发达经济体整体通胀比目标水平低 0.6%，新兴市场经济体整体通胀较目标水平低 0.8%。短期看，美国的财政刺激政策和欧元区经济复苏或可对亚洲经济产生正面影响，但美国加息引发金融环境收紧、全球贸易与投资开放度下降将构成中期下行风险。中长期，亚洲还面临人口老龄化、生产率增速放缓和数字革命带来的潜在风险。为此，IMF 建议亚洲国家密切关注通胀水平走势，利用宏观审慎政策降低金融体系风险，控制债务规模。为巩固经济增长，亚洲国家应重点提高生产率并促进投资，缩小劳动力参与的性别差距，有效应对老龄化等人口结构变动，加强劳动者新技能培训，尽早制定宏观战略以释放数字革命红利。

第20周（2018/05/12—2018/05/18）

2018 年 5 月 12—18 日，国际财经要情有：美国 4 月份零售销售环比增长 0.3%；欧元区第一季度经济环比增长 0.4%；德国第一季度经济环比增长 0.3%；英国 4 月份失业率为 2.5%；日本第一季度实际 GDP 同比下降 0.6%；IMF 称拉美地区需巩固长期增长势头；“一带一路”税收合作会议发布联合倡议；OECD 国家 3 月份失业率持稳于 5.4%；OECD 国家 3 月份整体经济增长势头保持稳定。

一、区域观察

1. 北美

美国 2018 年 4 月份零售销售环比增长 0.3%。2018 年 5 月 15 日，美国商务部发布数据显示，4 月份零售销售环比增长 0.3%，连续两个月上涨；核心零售销售环比增长 0.3%。

美国 2018 年 4 月份新屋开工环比下降 3.8%。2018 年 5 月 16 日，美国商务部发布数据显示，经季调，4 月份新屋开工环比下降 3.8% 至 128.7 万户，营建许可环比下降 1.8% 至 135.2 万户。

加拿大 2018 年 4 月份失业率 5.8%。2018 年 5 月 12 日，加拿大统计局发布数据显示，4 月份失业率 5.8%；全职就业岗位新增 2.88 万个，兼职就业岗位减少 3 万个；其中生产行业就业岗位减少 1.59 万个，服务业岗位增加 1.48 万个。

2. 拉美

巴西央行维持基准利率不变。2018 年 5 月 16 日，巴西央行召开货币政策会议，维持基准利率 6.5% 不变；同日公布的第一季度经济活动指数环比下降 0.13%，为 2017 年以来首次下跌。

3. 欧洲

欧元区第一季度经济环比增长 0.4%。2018 年 5 月 15 日，欧盟统计局发布数据显示，欧元区第一季度经济环比增长 0.4%，同比增长 2.5%。

欧元区第一季度调和 CPI 终值同比增长 1.2%。2018 年 5 月 16 日，欧盟统计局发布数据显示，欧元区第一季度调和 CPI 同比增长 1.2%，环比增长 0.3%；核心调和 CPI 终值同比增长 0.7%。

德国第一季度经济环比增长 0.3%。2018 年 5 月 15 日，德国联邦统计局发布数据显示，经季调，德国第一季度经济环比增长 0.3%，连续 15 个季度环比增长；同比增长 2.3%。

德国 2018 年 4 月份 CPI 终值同比增长 1.6%。2018 年 5 月 16 日，德国联邦统计局发布数据显示，4 月份 CPI 同比增长 1.6%，与前值持平，符合预期；调和 CPI 终值同比增长 1.4%，环比下降 0.1%。

德国第一季度就业人数同比增长 1.4%。2018 年 5 月 14 日，德国联邦统计局发布数据显示，第一季度就业人数同比增长 1.4% 至 4435 万人，环比增加 19.6 万人。

英国央行公布 2018 年 5 月份货币政策会议纪要。2018 年 5 月 12 日，英国央行公布 5 月份货币政策会议纪要，委员们一致同意维持 4350 亿英镑购债规模不变，并以 7∶2 的投票比例维持 0.5% 基准利率不变；下调 2018 年 GDP 增长预期 0.4 个百分点至 1.4%，下调 2019 年、2020 年 GDP 增长预期 0.1 个百分点至 1.7%。

英国 2018 年 4 月份失业率为 2.5%。2018 年 5 月 15 日，英国国家统计局发布数据显示，4 月份失业率较前值上升 0.1 个百分点至 2.5%，截至 3 月份的前 3 个月 ILO 失业率为 4.2%，维持 42 年来最低水平；扣除奖金的平均收入同比增长 2.9%，为 2015 年 8 月份以来最快，同期 CPI 平均上涨 2.7%，预计通胀率将进一步放缓。

法国 2018 年 4 月份 CPI 同比增长 1.6%。2018 年 5 月 16 日，法国国家统计局发布数据显示，4 月份 CPI 终值同比增长 1.6%，环比增长 0.2%。

匈牙利第一季度经济同比增长 4.4%。2018 年 5 月 15 日，匈牙利中央统计局发布数据显示，第一季度 GDP 同比增长 4.4%，高于欧盟 28 国增速 2.4%。

土耳其里拉 2018 年 5 月份以来累计下跌 9.9%。2018 年 5 月 16 日，土耳其里拉大幅贬值 2.5%，创历史新低；5 月份以来累计下跌 9.9%，2018 年以来累计下跌 17%。

白俄罗斯 2018 年 1—4 月份经济同比增长 4.8%。2018 年 5 月 16 日，白俄罗斯国家统计委员会发布数据显示，1—4 月份 GDP 同比增长 4.8%；剔除价格因素，工业产值同比增长 8.8%，农业产值同比增长 1.5%。

4. 亚太

日本第一季度实际 GDP 同比下降 0.6%。2018 年 5 月 15 日，日本内阁府发布数据显示，第一季度实际 GDP 同比下降 0.6%，为 9 个季度以来首次负增长，主要由于消费和资本支出放缓；2017年实际GDP终值增长1.5%，名义GDP终值增长1.6%。

日本2018年4月份CPI环比下降0.4%。2018年5月18日，日本总务省发布数据显示，4月份CPI环比下降0.4%，同比增长1.1%；核心CPI同比上升0.7%。

日本政府债务规模创历史新高。2018年5月12日，日本财务省发布数据显示，截至2017财年末（2018年3月31日），日本政府债务规模同比增加16.25万亿日元至1087.8万亿日元（约合人民币63万亿元），创历史新高。其中，国债959.14万亿日元，借款54.22万亿日元，为填补短期资金短缺发行的政府短期证券74.64万亿日元。分析认为，日本政府债务规模连续较快增长主要由于老龄化带来社会保障费用提高，税收缺口扩大导致。

日本内阁通过最新《海洋基本计划》。2018年5月15日，日本内阁正式通过2018—2022年海洋政策指导方针《海洋基本计划》，强调加强海洋安全保护，加大监视海洋船只动向，强化自卫队和海上保安厅的舰船、飞机雷达等设备配备。

韩国就美国保护性关税向WTO提出申诉。2018年5月16日，韩国就美国针对进口洗衣机和太阳能产品征收保护性关税向WTO提出申诉。韩国贸易工业和能源部表示，双方将就洗衣机与太阳能关税进行为期60天的磋商，如磋商失败将由贸易专家小组进行裁决。

澳大利亚2018年4月份失业率5.6%。2018年5月18日，澳大利亚统计局发布数据显示，经季调，4月份失业率环比上升0.1个百分点至5.6%，就业率小幅上升至65.6%，就业人口新增2.26万人，就业参与率小幅上升0.1个百分点至65.6%。

5. 非洲

南非2018年3月份零售销售同比增长4.8%。2018年5月16日，南非统计局发布数据显示，3月份零售销售同比增长4.8%，主要由于消费者提前消费计划以规避4月份增值税税率上调，其中家具家电类产品销售增幅最大。

二、国际组织

IMF称拉美地区需巩固长期增长势头。IMF在《西半球区域经济展望》报告中指出，拉丁美洲和加勒比地区经济增速从2017年的1.3%提高到2018年的2%，2019年有望继续保持增长势头，经济增速预计可达2.8%。IMF表示，巴西和阿根廷等国经济复苏、大宗商品价格走高等因素将拉动南美地区经济增长，墨西哥及中美地区在短期内将受益于美国经济的强劲发展。报告指出，尽管拉美地区商业投资有所复苏，但整体投资水平仍低于全球其他地区。此外，贸易保护主义抬头与全球金融环境收紧，国内政治不确定性与极端天气等因素对拉美经济发展构成显著挑战，该地区长期经济增长势头仍然疲软。IMF 呼吁拉美及加勒比地区继续提高债务可持续性，加强央行间信息沟通并提高政策透明度，加大人力资源投资力度，完善基础设施，净化市场环境以应对腐败问题，进一步提高贸易及金融市场开放度。

ILO 称绿色经济政策可创造 2400 万个就业机会。2018 年 5 月 14 日，国际劳工组织（ILO）发布《2018 全球就业和社会展望：绿色就业》报告指出，在实施适当绿色经济政策的背景下，遵从《巴黎协议》、限制全球升温不超过 2 摄氏度的行动将带来足够的就业机会，至 2030 年全球有望新增 2400 万个就业岗位，抵消全球范围内因此减少的 600 万个与碳生产相关的岗位。从部门来看，大多数经济部门将从中受益，仅石油开采与冶炼业将减少就业岗位。从地区来看，通过加大对能源生产与使用的投资，亚太地区有望新增 1400 万个岗位；中东地区与非洲地区如果继续依赖化石燃料与采矿，就业将出现负增长。ILO 认为，有必要帮助中低收入国家抵消向环境可持续型经济转型而带来的短期就业损失，各国应采取行动为劳动者提供绿色经济转型所需的技能。

三、国际大宗商品

本周纽约原油期货价格累计上涨 1.67%。截至星期四，本周纽约原油期货累计涨幅 1.67%。星期一纽约原油期货上涨 0.98%，收于每桶 71.2 美元；星期二纽约原油期货下跌 0.21%，收于每桶 71.05 美元；星期三纽约原油期货上涨 0.8%，收于每桶 71.62 美元；星期四纽约原油期货上涨 0.1%，收于每桶 71.69 美元。

本周纽约黄金期货价格累计下跌 2.15%。截至星期四，本周纽约黄金期货价格累计跌幅 2.15%。星期一纽约黄金期货下跌 0.4%，收于每盎司 1313.2 美元；星期二纽约黄金期货下跌 1.76%，收于每盎司 1290.1 美元；星期三纽约黄金期货持平，收于每盎司 1290.1 美元；星期四纽约黄金期货下跌 0.01%，收于每盎司 1290 美元。

四、区域合作

“一带一路”税收合作会议发布联合倡议。2018 年 5 月 16 日，“一带一路”税收合作会议在哈萨克斯坦首都阿斯塔纳闭幕，会议就税收法治、纳税服务和争端解决等议题深入讨论并联合发布了《阿斯塔纳“一带一路”税收合作倡议》。

金砖国家智库国际研讨会在北京举行。近日，金砖国家智库国际研讨会在北京举行。会议以“深化金砖伙伴关系，促进新型国际发展合作”为主题，来自5个国家的100余位代表与会，共同探讨合作开创金砖国家第二个“黄金十年”。

中挪自贸协定第11轮谈判在奥斯陆举行。2018年5月14—16日，中国—挪威自贸协定第11轮谈判在挪威首都奥斯陆举行。双方在本轮谈判中就货物贸易、服务贸易、投资、原产地规则、海关程序与贸易便利化、知识产权、竞争政策和政府采购等相关议题展开磋商。谈判取得积极进展。

五、全球宏观经济形势

OECD国家2018年3月份失业率持稳于5.4%。2018年5月16日，OECD发布数据显示，3月份OECD国家整体失业率5.4%，失业人口总数仍高于危机前规模。数据显示，欧元区3月份失业率持稳于8.5%。德国失业率下降0.1%至3.4%，法国失业率下降0.1%至8.8%，意大利持稳于11%，美国失业率连续6个月持稳于4.1%，加拿大失业率维持5.8%，日本失业率维持2.5%，韩国失业率上升0.4个百分点至4%。3月份OECD国家青年失业率（15—24岁）下降0.1%至11.1%，欧元区青年失业率下降至17.3%，为金融危机以来最低；西班牙、意大利青年失业率仍高于30%。

OECD国家2018年3月份整体经济增长势头保持稳定。2018年5月15日，OECD发布2018年5月综合领先指数（CLIs）显示，OECD国家整体经济增长势头保持稳定。日本、欧元区及加拿大增长势头放缓，英国指数低于100，经济增长压力增大；美国指数上涨0.1至100.2，预计将继续保持增长。主要新兴经济体中，中国工业部门增长势头加强，3月份CLI升至99；印度和巴西增势强劲，领先指数分别升至100.9和103.9；俄罗斯增长保持稳定。

第21周（2018/05/19—2018/05/25）

2018 年 5 月 19—25 日，国际财经要情有：美国商务部对进口汽车及零部件发起 232 调查；欧元区 3 月份经常账户盈余 320 亿欧元；德国 4 月份税收收入同比增长 3.9%；日本 4 月份贸易顺差同比增长 30.9%；APEC 经济体贸易增长，包容性提升；世行称更多经济体开始实施碳定价并借此创收；泛北部湾经济合作推动次区域合作新格局；OECD 国家第一季度 GDP 环比增长 0.5%；联合国预计 2018 年世界经济增长 3.2%。

一、区域观察

1. 北美

美国商务部对进口汽车及零部件发起 232 调查。2018 年 5 月 23 日，美国商务部宣布对进口汽车及零部件启动 232 调查，以确定是否削弱美国国内汽车产业，并损害国家安全。一旦成立，受影响最大的将是墨西哥和加拿大。

美国国会通过放松银行监管法案。2018 年 5 月 22 日，美国国会众议院通过对中小型银行放松监管法案。此前该法案已获参议院通过。根据该法案，资产规模 2500 亿美元以下的银行将无须参加美联储的年度压力测试，并放松对资产规模少于 100 亿美元银行的交易、贷款和资本监管。

美联储公布 2018 年 5 月份货币政策会议纪要。2018 年 5 月 23 日，美联储发布货币政策会议纪要显示，多数委员认为下次加息或将很快到来，通胀略高于 2% 目标将与美联储对称的通胀目标一致；预计未来美国经济将更快增长，认为应重视美国国债收益率曲线倒挂现象。

美国 2018 年 4 月份新屋销售环比下滑 1.5%。2018 年 5 月 23 日，美国商务部发布数据显示，经季调，美国 4 月份新屋销售量为 6.62 万户，环比下降 1.5%，同比上升 11.6%。

2. 拉美

委内瑞拉总统马杜罗赢得第二任期。2018 年 5 月 20 日，委内瑞拉国家选举委员会宣布，现任总统马杜罗赢得总统选举，获得第二个 6 年任期。

3. 欧洲

欧元区 2018 年 3 月份经常账户盈余 320 亿欧元。2018 年 5 月 18 日，欧央行发布数据显示，经季调，欧元区 3 月份经常账户盈余 320 亿欧元；其中货物账户盈余 302 亿欧元，服务账户盈余 94 亿欧元；初次收入账户盈余 39 亿欧元；二次收入账户赤字 115 亿欧元。

德国 2018 年 4 月份税收收入同比增长 3.9%。2018 年 5 月 22 日，德国财政部发布数据显示，4 月份德国联邦及各州税收收入同比增长 3.9% 至 509 亿欧元，德国财政部预计，未来几个月德国经济还将继续“强力扩张”。

英国 2018 年 4 月份 CPI 同比增长 2.4%。2018 年 5 月 23 日，英国国家统计局发布数据显示，英国 4 月份 CPI 同比增长 2.4%，包括住房成本的消费者价格指数（CPIH）同比增长 2.2%。

英国 2018 年 4 月份零售销售环比增长 1.6%。2018 年 5 月 24 日，英国国家统计局发布数据显示，季调后，英国 4 月份零售销售环比增长 1.6%，同比增长 1.4%，均好于预期。

法国 2018 年第一季度失业率 9.2%。2018 年 5 月 23 日，法国国家统计局发布数据显示，第一季度失业率 9.2%，环比增长 0.2 个百分点，同比下降 0.4 个百分点。

意大利 2018 年经济增长预期 1.4%。2018 年 5 月 22 日，意大利国家统计局发布报告，预计 2018 年意大利经济增长 1.4%，略低于 2017 年增速 1.5%；预计家庭消费增长 1.2%，投资增长 4%，出口和进口增长 4.3% 和 4.7%，2018 年 12 月份失业率有望由 3 月份的 11% 降至 10.8%。

土耳其央行上调紧急贷款利率 300 个基点至 16.5%。2018 年 5 月 23 日，土耳其里拉兑美元大跌 5.2%，创近 10 年来最大单日跌幅；土耳其央行召开非例行会议，上调紧急贷款利率 300 个基点至 16.5%，维持隔夜借款利率 7.25%，隔夜贷款利率 9.25%，基准回购利率 8% 不变；土耳其央行表示，将继续使用强有力的货币紧缩政策实现物价稳定目标，直至通胀前景大幅改善。

4. 亚太

日本 2018 年 4 月份贸易顺差同比增长 30.9%。2018 年 5 月 21 日，日本财务省发布数据显示，4 月份贸易账户顺差 6260 亿日元，连续两个月顺差，同比增长 30.9%。其中，出口总额同比增长 7.8% 至 6.8 万亿日元，进口总额同比增长 5.9% 至 6.2 万亿日元；分国别看，对美贸易顺差同比增长 4.7% 至 6157 亿日元，对欧盟贸易顺差 1029 亿日元，对华贸易逆差 1458 亿日元。

日本预计 2040 年社会保障支出 190 万亿日元。2018 年 5 月 21 日，日本内阁府发布数据预测，2040 年日本老年人数将接近峰值，届时社会保障金支出预计为 190 万亿日元（约人民币 11 万亿元），为 2018 年的 1.5 倍以上；预计 2025 年度需发放社会保障金总额 140.2 万亿—140.6 万亿日元。

新加坡第一季度经济同比增长 4.4%。2018 年 5 月 24 日，新加坡贸工部发布数据显示，第一季度 GDP 同比增长 4.4%，环比增长 1.7%，预计 2018 年经济增长 2.5%—3.5%。

越南第一季度经济增长 7.38%。2018 年 5 月 24 日，越南统计局发布数据显示，越南第一季度经济增长 7.38%，创近 10 年来新高。

巴基斯坦 2017/2018 财年前 9 个月财政赤字 GDP 占比 4.3%。2018 年 5 月 22 日，巴基斯坦财政部发布数据显示，2017/2018 财年前 9 个月（2017 年 7 月—2018 年 3 月）财政赤字为 1.48 万亿卢比，创同期历史新高；赤字 GDP 占比为 4.3%，创近 5 年来新高；分析认为，巴基斯坦税基狭窄限制国家财政灵活性，外部债务依赖度不断增大，国民普遍对政府保持宏观经济稳定的能力持怀疑态度。

新西兰 2018 年 4 月份货物贸易顺差 2.63 亿纽元。2018 年 5 月 24 日，新西兰统计局发布数据显示，新西兰 4 月份货物贸易顺差 2.63 亿纽元，低于近 5 年来同期平均水平。其中，货物出口总额同比增长 7.3% 至 51 亿纽元，货物进口总额同比增长 15% 至 48 亿纽元。

5. 非洲

尼日利亚第一季度经济环比增长 1.95%。2018 年 5 月 22 日，尼日利亚国家统计局发布数据显示，第一季度经济环比增长 1.95%，较前值下降 0.16 个百分点。

二、国际组织

APEC 经济体贸易增长，包容性提升。2018 年 5 月 23 日，APEC 政策支持小组发布报告认为，APEC 经济体增长势头强劲，包容性提升；但未来经济增长，以及实现公平收入分配，仍取决于亚太区域市场开放和一体化进展。报告显示，APEC 经济体贸易量占全球贸易总量的 50%，2017 年经济增速从 3.4% 上升至 4.1%。预计 2018 年将维持这一水平，2019 年稳定在 4.0%。报告指出，国内消费和贸易改善推动了 APEC 经济体的发展，2017 年该地区商品出口额增长 10.2%，商品出口量增长 4.9%，服务贸易增长超过 5%。报告详述了保护主义对 APEC 经济体实现包容和可持续发展构成的挑战，建议通过发展数字经济来扩大经济参与。

世行称更多经济体开始实施碳定价并借此创收。2018 年 5 月 22 日，世行发布报告指出，越来越多的经济体开始推动实施碳定价，以此作为遏制碳排放、减少有害污染的手段，同时提高政府收入。迄今为止，共 70 个司法管辖区（45 个国家和 25 个次国家行为体）已实施或计划实施碳定价举措。2017 年，各国政府共取得约 330 亿美元的碳排放相关收入，较 2016 年增长 50%。2017 年 12 月，中国宣布从电力部门开始分阶段实施国家碳排放交易制度（ETS），随着中国 ETS 的全面运作，全球碳定价机制预计将覆盖 110 亿吨二氧化碳当量，即全球温室气体排放量的 20%，高于 2016 年的 15%。世行认为，碳定价机制是各国实现《巴黎协定》承诺的关键工具，对其他领域亦有正面溢出效应。

非开行呼吁增强非洲农业竞争力。2018 年 5 月 21 日，非开行第 53 届年会农业领导力论坛认为，非洲需增强农业竞争力，以创新技术带动农业转型。非开行行长阿德西纳表示，农业的质量效益与竞争力至关重要，但非洲目前有 65% 的土地尚未开发，农业实力严重不足。非开行将继续致力于把非洲农业打造为价值 1 万亿美元的产业，制定农业发展对策，确保农业增长。论坛强调，非洲需延伸产业链条，促进农业增产增效，提高竞争力以跻身世界前列。非开行已和洛克菲勒基金会签署相关协议，建立常设秘书处以协调落实各组织机构在非洲的农业促进工作。

三、国际大宗商品

本周纽约原油期货价格累计下跌 1.11%。截至星期四，本周纽约原油期货累计跌幅 1.11%。星期一纽约原油期货上涨 1.65%，收于每桶 72.66 美元；星期二纽约原油期货下跌 0.73%，收于每桶 72.13 美元；星期三纽约原油期货下跌 0.42%，收于每桶 71.83 美元；星期四纽约原油期货下跌 1.59%，收于每桶 70.69 美元。

本周纽约黄金期货价格累计上涨 1.39%。截至星期四，本周纽约黄金期货价格累计涨幅 1.39%。星期一纽约黄金期货上涨 0.02%，收于每盎司 1292 美元；星期二纽约黄金期货上涨 0.3%，收于每盎司 1295.9 美元；星期三纽约黄金期货下跌 0.22%，收于每盎司 1293 美元；星期四纽约黄金期货上涨 1.28%，收于每盎司 1309.6 美元。

四、区域合作

泛北部湾经济合作推动次区域合作新格局。2018 年 5 月 24 日，第十届泛北部湾经济合作论坛在广西南宁举行。论坛以“打造国际陆海贸易新通道，共建中国—东盟命运共同体”为主题，围绕国际陆海贸易新通道的战略定位和合作领域等进行了深入讨论。泛北部湾经济合作区于 2006 年在首届论坛提出，围绕“一轴两翼”构建中国—东盟“10 +1”框架下的次区域合作新格局，由泛北部湾经济合作区、大湄公河次区域两“翼”和南宁—新加坡经济通道一个中轴组成。

五、全球宏观经济形势

OECD 国家第一季度 GDP 环比增长 0.5%。2018 年 5 月 23 日，OECD 发布最新数据显示，OECD 国家第一季度经济环比增长 0.5%，同比增长 2.6%，均低于前值。主要发达经济体中，日本经济增速环比下降 0.1 个百分点至 -0.2%，法国经济增速下降 0.4 个百分点至 0.3%，德国经济增速下降 0.3 个百分点至 0.3%，美国增速下降 0.1 个百分点至 0.6%，意大利持稳于 0.3%，欧盟和欧元区经济增速分别由上季度的 0.6% 和 0.7% 降至 0.3%。

联合国预计 2018 年世界经济增长 3.2%。2018 年 5 月 19 日，联合国发布《2018 年世界经济形势与展望报告》，上调 2018 年全球经济增速 0.2 个百分点至 3.2%，上调 2019 年经济增速 0.1 个百分点至 3.2%；认为发达经济体增长预期进一步改善，大多数发达和发展中经济体通胀处于可控区间；但全球贸易形势紧张和货币政策不确定性加大，以及债务水平上升、地缘政治紧张等因素为经济增长带来潜在负面影响。

第22周（2018/05/26—2018/06/01）

2018 年 5 月 26 日—6 月 1 日，国际财经要情有：美国宣布对加拿大、墨西哥和欧盟征收钢铝关税；美国第一季度 GDP 同比增长 2.2%；巴西第一季度 GDP 环比增长 0.4%；欧元区 5 月份调和 CPI 同比增长 1.9%；德国第一季度 GDP 终值环比增长 0.3%；法国第一季度 GDP 终值环比增长 0.2%；日本 4 月份失业率为 2.5%；印度第一季度 GDP 增长 7.7%；IMF 称亚洲需加强政策缓冲以应对不确定性；欧盟将启动与澳大利亚、新西兰自贸协定谈判；G20 第一季度国际商品贸易创新高；OECD 预计 2018 年全球经济增长 3.8%。

一、区域观察

1. 北美

美国宣布对加拿大、墨西哥和欧盟征收钢铝关税。2018 年 5 月 31 日，美国正式宣布对加拿大、墨西哥和欧盟征收 25% 的钢铁关税和 10% 的铝关税，自 6 月 1 日起生效。消息发布后，加拿大、墨西哥和欧盟均表示将采取报复措施。

美联储发布褐皮书。2018 年 5 月 31 日，美联储发布褐皮书认为，美国经济温和扩张，就业适度增长；全美过半数地区工业活动加速，1/3 的地区制造业发展强劲，其中金属制品、重型机械和电子设备产出最为强劲。

美国第一季度 GDP 同比增长 2.2%。2018 年 5 月 31 日，美国商务部发布数据显示，第一季度实际 GDP 同比增长 2.2%，个人消费同比增长 1%，出口同比增长 4.2%，非住宅类固定资产投资同比增长 9.2%，住宅类固定资产投资同比下滑 2%。

美国 2018 年 4 月份消费支出环比增长 0.6%。2018 年 6 月 1 日，美国商务部发布数据显示，4 月份消费者支出环比增长 0.6%，创 5 个月来最高增速；核心消费者支出连续 3 个月环比上涨 0.2%；个人收入环比增长 0.3%，储蓄率环比下降 0.2 个百分点至 2.8%。

2. 拉美

巴西第一季度 GDP 环比增长 0.4%。2018 年 5 月 30 日，巴西国家地理统计局发布数据显示，第一季度经济环比增长 0.4%，连续 5 个季度环比增长；同比增长 1.2%。其中，农业环比增长 1.4%，工业环比增长 0.1%，服务业环比增长 0.1%；家庭消费环比增长 0.5%，投资环比增长 0.6%。

巴西 2018 年 2—4 月份失业率 12.9%。2018 年 5 月 29 日，巴西国家地理统计局发布数据显示，2—4 月份失业率为 12.9%，较前值下降 0.2 个百分点，较 2017 年同期下降 0.7 个百分点。

3. 欧洲

欧元区 2018 年 5 月份调和 CPI 同比增长 1.9%。2018 年 5 月 31 日，欧盟统计局发布数据显示，欧元区 5 月份调和 CPI 同比增长 1.9%，创 2017 年 4 月份以来最高。其中，能源价格同比上涨 6.1%，食品、酒水和烟草价格同比上涨 2.6%；核心调和 CPI 同比增长 1.1%。

德国第一季度 GDP 终值环比增长 0.3%。2018 年 5 月 26 日，德国联邦统计局发布数据显示，第一季度 GDP 终值环比增长 0.3%，同比增长 1.6%。

德国 2018 年 5 月份 CPI 同比增长 2.2%。2018 年 5 月 31 日，德国联邦统计局发布数据显示，5 月份 CPI 同比增长 2.2%，环比增长 0.5%。其中，食品价格同比增长 3.5%，能源价格同比增长 5.2%，服务价格同比增长 1.9%，均高于前值；调和 CPI 同比增长 2.2%，环比增长 0.6%。

德国 2018 年 5 月份失业率 5.2%。2018 年 5 月 30 日，德国联邦劳工局发布数据显示，5 月份失业率为 5.2%，创历史新低；失业人口环比减少 1.1 万人，就业人数持续上升，劳动力需求旺盛；预计 2018 年德国失业率将降至 5.3%。

法国第一季度 GDP 终值环比增长 0.2%。2018 年 5 月 30 日，法国国家统计局发布数据显示，第一季度 GDP 终值环比增长 0.2%，低于初值 0.1 个百分点；同比增长 2.2%，高于初值 0.1 个百分点。

法国 2018 年 5 月份 CPI 同比上涨 2%。2018 年 5 月 31 日，法国国家统计局发布数据显示，5 月份 CPI 初值同比上涨 2%，环比上涨 0.4%，均高于预期；调和 CPI 初值同比上涨 2.3%，为 2012 年以来最高升幅。

意大利 2018 年 4 月份失业率 11.2%。2018 年 5 月 31 日，意大利国家统计局发布数据显示，经季调，4 月份失业率为 11.2%，高于市场预期；就业率环比上升 0.1 个百分点至 58.4%；就业人数环比增长 0.3% 至 2320 万人；失业人数环比增长 0.6% 至 291.2 万人。

意大利 2018 年 5 月份 CPI 同比增长 1.1%。2018 年 5 月 1 日，意大利国家统计局发布数据显示，5 月份 CPI 初值同比上升 1.1%，环比上升 0.4%；调和 CPI 同比上升 1.1%，环比上升 0.4%；核心调和 CPI 同比上升 0.9%。

4. 亚太

日本 2018 年 4 月份失业率为 2.5%。2018 年 5 月 29 日，日本总务省发布数据显示，经季调，日本 4 月份失业率为 2.5%，环比持平；就业人数 6671 万人，同比上升 2.6%；失业人数 180 万人，同比下降 8.6%。

日本 2018 年 4 月份工业产出环比上升 0.3%。2018 年 5 月 31 日，日本经济产业省发布数据显示，季调后，4 月份工业产出环比增速放缓至 0.3%，出货初值环比上升 1.8%，同比上升 3.8%；库存初值环比下降 0.4%，同比上升 1.9%。

韩国 2018 年 4 月份工业产出环比增长 3.4%。2018 年 5 月 31 日，韩国国家统计局发布数据显示，4 月份工业产出环比增长 3.4%，同比上升 0.9%，均好于预期。

印度第一季度 GDP 同比增长 7.7%。2018 年 5 月 31 日，印度中央统计局发布数据显示，受建筑业与服务业推动，印度第一季度 GDP 同比增长 7.7%；预计 2018 年经济增速为 6.7%。

澳大利亚 2018 年 4 月份信贷同比上升 5.1%。2018 年 5 月 31 日，澳联储发布数据显示，4 月份信贷总额同比上升 5.1%，环比上升 0.4%。其中，住房信贷同比上升 6%，环比上升 0.4%，个人信贷同比下降 1.2%，环比下降 0.3%；商业信贷同比上升 4.3%，环比上升 0.5%。

5. 非洲

肯尼亚计划自 2018 年 12 月份开始出口石油。2018 年 5 月 30 日，肯尼亚石油与矿业部表示，肯尼亚政府石油开采方案进展顺利，预计下周起，每天有 2000 桶石油自西北部石油产地洛基查尔盆地运往东部港口城市蒙巴萨；至 2018 年底可采集到 40 万桶石油，通过招标出售至国际石油市场。

二、国际组织

IMF 称亚洲需加强政策缓冲以应对不确定性。IMF 副总裁张涛在亚洲货币政策论坛上发言表示，亚洲需重建货币和财政缓冲，增强经济韧性以应对未来不确定性。张涛指出，亚洲经济短期向好但面临潜在风险：如外债大幅增加，公共债务占 GDP 比重从 2007 年的 46% 上升到 59%，私人部门债务高企；财政平衡继续恶化，平均赤字已达 GDP 的 1.1%。张涛表示，亚洲亟须加强政策缓冲并采取宏观审慎措施来提高风险抵御能力。受近期商品价格走高影响，日本、澳大利亚等主要经济体的通胀率有所上升，但输入型通胀等临时性因素导致通胀前景依然疲软。各国央行需对输入型通胀保持警惕，提高汇率灵活性，完善货币政策框架并加强央行间沟通以实现通胀目标。IMF 指出，普惠金融有助于推动经济可持续增长并提高宏观政策有效性。亚洲应充分利用技术变革拓展数字金融服务，加强个人征信机构、资产登记、支付体系和小额信贷机构建设以降低金融服务成本，提高互联网和手机联通性，推动部分国家电信互联网行业自由竞争以降低成本并改善服务。

IEA 与非盟建立可持续能源战略伙伴关系。国际能源署（IEA）署长比罗尔与非盟基础设施、能源、信通技术和旅游业委员会委员阿布·赛义德于巴黎签署谅解备忘录，同意 IEA 与非盟建立战略伙伴关系，为非洲大陆各国构建更加安全、可持续和清洁的能源未来。该谅解备忘录制定了双方总体合作框架，有利于推动能源安全、能源统计、能效、可再生能源及经济可持续发展等领域的项目合作，实现共同发展利益，反映出 IEA 对推动全球能源获取和可持续发展的坚定承诺，以及与新兴经济体密切合作以应对能源和环境挑战的愿景。阿布·赛义德指出，非洲的长远发展以各国共同进步为基础，非盟决定与 IEA 建立战略伙伴关系对双方均有里程碑意义，有助于两个机构更好地履行各自发展任务。

三、国际大宗商品

本周纽约原油期货价格累计下跌 0.59%。截至星期四，本周纽约原油期货累计跌幅 0.59%。星期一纽约原油期货下跌 1.53%，收于每桶 66.47 美元；星期二纽约原油期货上涨 0.6%，收于每桶 66.87 美元；星期三纽约原油期货上涨 2.0%，收于每桶 68.23 美元；星期四纽约原油期货下跌 1.63%，收于每桶 67.1 美元。

本周纽约黄金期货价格累计下跌 0.29%。截至星期四，本周纽约黄金期货价格累计下跌 0.29%。星期一纽约黄金期货下跌 0.29%，收于每盎司 1302.7 美元；星期二纽约黄金期货上涨 0.04%，收于每盎司 1303.2 美元；星期三纽约黄金期货上涨 0.19%，收于每盎司 1305.7 美元；星期四纽约黄金期货下跌 0.29%，收于每盎司 1302.7 美元。

四、区域合作

欧盟将启动与澳大利亚、新西兰自贸协定谈判。欧盟将启动与澳大利亚和新西兰的自贸协定谈判。欧盟是澳大利亚第三大贸易伙伴，是新西兰的第二大贸易伙伴，与澳、新贸易额分别为 477 亿欧元、87 亿欧元。新的贸易协定将进一步削减欧盟与澳、新的关税和其他贸易壁垒，欧盟将获得进入亚太市场的重要桥头堡，欧盟企业将与《全面与进步跨太平洋伙伴关系协定》（CPTPP）成员国的企业处于同等地位。首轮谈判预计将于 2018 年 7 月份在布鲁塞尔举行。

五、全球宏观经济形势

G20 经济体第一季度国际商品贸易创新高。2018 年 5 月 29 日，OECD 发布最新数据显示，经季调，G20 经济体第一季度国际商品贸易连续第 8 个月保持增长，其中出口增长 5.3%，进口增长 5.8%。欧盟整体进出口增速分别为 4.7% 和 4.6%，法国、德国、英国和意大利分别实现不同程度的上涨。美国进口增速较上季度有所下滑，为 3.3%，出口增速为 2.7%；加拿大进出口增长缓慢，分别为 2.7% 和 1.2%；墨西哥增速稳定，进出口分别上涨 3.7% 和 4.2%。俄罗斯和阿根廷出口增长强劲，增速分别为 12.8% 和 12.7%；南非进口增速达 13.5%；中国进出口增长强劲，进口增速为 13.7%，出口增速为 9.5%。

OECD 预计 2018 年全球经济增长 3.8%。2018 年 5 月 30 日，OECD 发布《世界经济展望》报告预计，2018 年全球经济增速为 3.8%，2019 年为 3.9%；从国别看，美国受减税政策提振，2018 年经济增速将达 2.9%，2019 年达 2.8%；日本受益于出口、商业投资和私人消费增长，2018 年和 2019 年经济增速均为 1.2%；韩国得益于出口强劲和扩张性财政政策，2018 年和 2019 年经济增速将达 3%；欧元区就业市场复苏，2018 年和 2019 年经济增速有望达 2.1%；预计中国 2018 年经济增速为 6.7%，2019 年为 6.4%；印度 2018 年经济增速为 7.4%，2019 年为 7.5%；巴西 2018 年经济增速为 2%，2019 年为 2.8%；报告称宽松货币政策和积极财政政策将推动全球经济增长，但贸易摩擦给投资和就业带来损害，增加全球经济风险。

第23周 （2018/06/02—2018/06/08）

2018 年 6 月 2—8 日，国际财经要情有：美国 4 月份贸易账户赤字 462 亿美元；美国 5 月份失业率为 3.8%；加拿大第一季度实际 GDP 同比增长 1.3%；欧元区第一季度实际 GDP 同比增长 2.5%；土耳其央行上调基准利率 125 个基点至 17.75%；日本第一季度实际 GDP 终值环比下降 0.2%；印度上调基准利率 25 个基点至 6.25%；南非第一季度 GDP 环比下降 2.2%；世行称提高资本配置效率是中国可持续增长的关键；印度—新加坡全面经济合作协定完成第二轮审议；世行发布新版《全球经济展望》报告。

一、区域观察

1. 北美

美国 2018 年 4 月份贸易账户赤字 462 亿美元。2018 年 6 月 6 日，美国商务部发布数据显示，4 月份贸易账户赤字 462 亿美元，环比下降 10 亿美元。其中，出口 2112 亿美元，环比上升 6 亿美元；进口 2574 亿美元，环比下降 4 亿美元；4 月份商品贸易账户赤字 682 亿美元，环比下降 4 亿美元，创 7 个月新低。其中，出口 1396 亿美元，环比下降 7 亿美元；进口 2078 亿美元，环比下降 11 亿美元。

美国 2018 年 5 月份失业率为 3.8%。2018 年 6 月 2 日，美国劳工部发布数据显示，5 月份失业率 3.8%，创近 18 年来新低；新增非农就业人口 22.3 万人，远超预期。

美国 2018 年 4 月份个人收入环比增长 0.3%。2018 年 6 月 2 日，美国商务部发布数据显示，美国 4 月份个人收入环比增长 0.3%；个人可支配收入环比增长 0.4%；个人消费支出环比增长 0.6%；4 月份实际个人可支配收入环比增长 0.2%，实际个人消费支出环比增长 0.4%；PCE 物价指数环比增长 0.2%，剔除食品和能源后的核心 PCE 环比增长 0.2%。

加拿大央行维持基准利率 1.25% 不变。加拿大央行召开货币政策会议，维持基准利率 1.25% 不变；认为加拿大第一季度经济增长好于预期，货物出口强劲，上半年经济增速或将达 2%，通胀率接近 2% 目标值。

加拿大第一季度实际 GDP 同比增长 1.3%。2018 年 6 月 2 日，加拿大统计局发布数据显示，第一季度实际 GDP 同比增长 1.3%，环比增长 0.3%；第一季度实际 GDP 增速放缓主要由于家庭消费支出减速，非能源产品出口下降和房地产投资减少。

加拿大第一季度经常账户赤字 195 亿加元。2018 年 6 月 2 日，加拿大统计局发布数据显示，季调后，加拿大第一季度经常账户赤字环比增长 18% 至 195 亿加元。其中，货物和服务贸易赤字环比增长 8.6% 至 152 亿加元，为 2016 年第二季度以来最高。

2. 拉美

墨西哥宣布对美国进口产品征收报复性关税。2018 年 6 月 5 日，墨西哥总统培尼亚发布总统令，宣布对部分美国产品加征进口关税，以反击美国对墨西哥加征钢铝关税。根据清单，进口自美国的钢铁产品关税为 15%—25%，猪腿肉和肩胛肉关税为 20%，奶酪关税为 20%—25%，苹果和土豆关税 20%，6 月 6 日生效。墨西哥经济部长伊尔德方索·瓜哈尔多表示，清单中部分关税举措将采取阶梯制，保障相关领域生产者可调整物资来源，并逐渐采取替代措施；希望美墨双方能积极寻求达成协议，使两国贸易尽快回归正常状态。

3. 欧洲

欧盟宣布对美国进口产品征收额外关税。2018 年 6 月 6 日，欧盟委员会发布公告，批准对 33 亿美元的美国进口产品征收报复性关税，并计划于 7 月份实施。欧盟委员会表示，这是欧盟对美国“单方面和非法”加征钢铝关税的三大举措之一。另外两项反制措施是诉诸 WTO 争端解决机制和采取相关保障措施。

欧元区第一季度实际 GDP 终值同比上升 2.5%。2018 年 6 月 7 日，欧盟统计局发布数据显示，第一季度 GDP 终值同比增长 2.5%，环比增长 0.4%，与初值一致。

欧元区 2018 年 4 月份 PPI 环比持平。2018 年 6 月 4 日，欧盟统计局发布数据显示，欧元区 4 月份 PPI 环比持平，同比上升 2%；欧盟 4 月份 PPI 环比上升 0.1%，同比上升 2.4%。

德国 2018 年 4 月份工厂订单环比减少 2.5%。2018 年 6 月 7 日，德国联邦统计局发布数据显示，4 月份工厂订单环比减少 2.5%，连续 4 个月负增长；同比下降 0.1%，远不及预期。

法国 2018 年 4 月份贸易账户逆差 49.54 亿欧元。2018 年 6 月 7 日，法国海关发布数据显示，4 月份贸易逆差 49.54 亿欧元，与 3 月份持平。其中，出口环比上涨 3%，进口环比上涨 2.5%。季调后，法国 4 月份经常账户赤字增加 5 亿欧元至

11 亿欧元。

意大利第一季度 GDP 终值环比上升 0.3%。2018 年 6 月 2 日，意大利国家统计局发布数据显示，经季调，意大利第一季度 GDP 终值环比上升 0.3%，同比上升 1.4%。其中，固定资本形成总额环比下降 1.4%，最终消费支出环比上升 0.3%，进口环比下降 0.9%，出口环比下降 2.1%。

土耳其央行上调基准利率 125 个基点至 17.75%。2018 年 6 月 8 日，土耳其央行宣布上调 7 天回购利率 125 个基点至 17.75%，为两周内第二次加息；上调回购利率 25 个基点至 6.25%，为 2014 年以来首次上调。土耳其央行称，如有需要将进一步收紧货币政策。

俄罗斯 2018 年前 4 个月贸易账户顺差 653 亿美元。2018 年 6 月 6 日，俄罗斯海关署发布数据显示，2018 年 1—4 月份，俄罗斯对外贸易顺差 653 亿美元，同比增长 37.8%；外贸总额 2151 亿美元，同比增长 23.8%。其中，出口额 1402 亿美元，同比增长 26.8%，进口额 749 亿美元，同比增长 18.6%；从产品结构看，进口以机械设备为主，占比 46.1%；出口以燃料能源为主，占比 64.2%。

4. 亚太

日本第一季度实际 GDP 终值环比下降 0.2%。2018 年 6 月 8 日，日本内阁府发布数据显示，第一季度实际 GDP 终值环比下降 0.2%，同比下降 0.6%，名义 GDP 环比下降 0.4%，私人消费环比下降 0.1%。

印度上调基准利率 25 个基点至 6.25%。2018 年 6 月 6 日，印度央行召开货币政策会议，上调基准利率 25 个基点至 6.25%，为 4 年多来首次；印度央行在声明中表示，货币政策将与 4% 的中期通胀目标保持一致。4 月份印度通胀率上升 0.3 个百分点至 4.58%。

澳大利亚维持基准利率 1.5% 不变。2018 年 6 月 5 日，澳联储召开货币政策会议，维持基准利率 1.5% 不变，符合预期。澳联储声明称，低利率将继续支撑澳大利亚经济，预计 2018 年、2019 年经济增速略高于 3%，通胀将在一段时间内维持低位。

澳大利亚第一季度实际 GDP 终值环比增长 1.1%。2018 年 6 月 2 日，澳大利亚统计局发布数据显示，第一季度实际 GDP 终值环比增长 1.1%，为 2012 年 3 月份以来最快，同比增长 3.1%；第一季度名义 GDP 环比增长 0.5%，同比增长 2.1%。

5. 非洲

南非第一季度 GDP 环比下降 2.2%。2018 年 6 月 5 日，南非统计局发布数据显示，第一季度 GDP 环比下降 2.2%，为 9 年来最大降幅。其中，农业部门产出环比下降 24.2%，矿业环比下降 9.9%，制造业环比下降 6.4%，建筑业环比下降 1.9%。

南非 2018 年 4 月份贸易顺差 11.4 亿兰特。2018 年 6 月 2 日，南非税务署发布数据显示，4 月份贸易账户顺差 11.4 亿兰特，远不及预期。其中，出口 885 亿兰特，环比下降 9.8%，同比下降 0.3%；进口 873.6 亿兰特，环比增长 1.6%，同比增长 7.2%；1—4 月份贸易账户逆差 176.5 亿兰特，而 2017 年同期为顺差 85.2 亿兰特。

二、国际组织

世行称提高资本配置效率是中国可持续增长的关键。世行发布《中国经济简报》称，中国经济活动继续保持韧性，2017 年 GDP 增长 6.9%，2018 年第一季度同比增长 6.8%，2018 年全年增速预计降至 6.5%，2019—2020 年降至 6.3%。世行表示，中国目前的投资水平和增长速度仍然偏高，中国在投资方面面临的主要挑战是资本配置效率而不是绝对增速。2017 年，中国财政政策较宽松，地方政府资本支出增长尤为强劲；货币和监管收紧初见成效，企业杠杆率稳定在 GDP 的 160% 以下，数项新举措显示了中国政府解决金融脆弱性问题的决心；出口依赖减少，资本流动更为均衡。2018 年，更严格地执行对公共项目预算外举债的限制措施可能会导致整体财政态势进一步收紧。报告预计近期有若干因素或导致经济增速放慢，贸易紧张局势加剧是威胁中国增长前景的主要风险之一。美国最近宣布的贸易措施的经济影响是可控的，但投资限制，即对外获得外国技术的限制可能会造成较大影响。对于世界经济及中国来说，更大的风险可能是国际贸易规则受到严重削弱甚至全球价值链断裂。

IMF 称亚洲国家应加强公共财政管理。2018 年 6 月 4 日，IMF 副总裁古泽满宏在 2018 年东京财政论坛上表示，亚洲国家应从完善财政法规、加强基础设施治理与数字化创新三方面加强公共财政管理。古泽满宏指出，未来两年亚洲经济增速将达 5.6%，受全球需求强劲和美国财政刺激政策影响，亚洲出口和投资前景良好，这为亚洲国家开展财政改革提供重要契机。为保持财政政策稳健性并充分发挥公共投资对经济增长的拉动作用，亚洲国家应进一步加强公共财政管理能力建设。IMF 认为，有效的财政法规将帮助各国政府合理分配财政资源并确保公共债务的可持续性。亚洲国家应设计简单、灵活、应用范围广、可执行性强的财政法规，扩大法规覆盖面，将具有重大财政风险的地方政府和国有企业纳入管理范围。良好的基础设施治理有助于更好地利用公共投资拉动亚洲经济增长并缩小贫富差距。

阿泽维多称经济向好离不开稳定的多边贸易体系。OECD 部长级会议在巴黎举行。WTO 总干事阿泽维多发表讲话表示，多边贸易体系可提供稳定和可预测的商业环境，贸易体系的稳定是全球经济向好的基础。阿泽维多指出，货物和服务贸易占全球 GDP 的 28%，2017 年商品贸易总量增长 4.7%，为 6 年来最快增速，世界各地出口增长强劲，商业服务出口额增长 7.4%，贸易在经济复苏中发挥了重要作用。预计 2017 年、2018 年两年全球贸易将继续保持强劲增长势头。当前，WTO 成员国正密切讨论如何在传统谈判领域取得进展，同时，在电子商务、投资便利化、扶持中小企业以及女性贸易赋权等新领域进行对话。阿泽维多期待与各方一道全面巩固和加强多边主义。

三、国际大宗商品

本周纽约原油期货价格累计上涨 0.32%。截至星期四，本周纽约原油期货累计涨幅 0.32%。星期一纽约原油期货下跌 1.31%，收于每桶 64.88 美元；星期二纽约原油期货上涨 1%，收于每桶 65.53 美元；星期三纽约原油期货下跌 0.79%，收于每桶 65.01 美元；星期四纽约原油期货上涨 1.45%，收于每桶 65.95 美元。

本周纽约黄金期货价格累计上涨 0.25%。截至星期四，本周纽约黄金期货价格累计涨幅 0.25%。星期一纽约黄金期货下跌 0.16%，收于每盎司 1295.9 美元；星期二纽约黄金期货上涨 0.35%，收于每盎司 1300.4 美元；星期三纽约黄金期货上涨 0.02%，收于每盎司 1300.6 美元；星期四纽约黄金期货上涨 0.05%，收于每盎司 1301.3 美元。

四、区域合作

印度—新加坡全面经济合作协定完成第二轮审议。印度——新加坡全面经济合作协定（CECA）完成第二轮审议，新加坡总理李显龙和印度总理莫迪就联合声明交换意见。优化 CECA 将进一步推动印新贸易往来、扩大市场开放并加强两国双边关系，优化措施包括为额外的 30 种新加坡产品实行关税减让并改进原产地规则。易华仁部长表示，升级版协定将使更多的新加坡企业享受关税优惠，扩大新加坡企业对印度的市场准入。

五、全球宏观经济形势

OECD 国家 2018 年 4 月份通胀率稳定在 2.3%。2018 年 6 月 5 日，OECD 发布最新数据显示，2018 年 4 月份 OECD 国家通胀率稳定在 2.3%，能源价格通胀增速升至 6.1%，比上月通胀增速提升 0.1 个百分点，食品价格通胀率降至 1.6%。剔除食品和能源，OECD 年度通胀率为 1.9%。主要经济体中，日本和意大利通胀率大幅下降，分别从 1.1%、0.8% 降至 0.6%、0.5%；德国和法国通胀率稳定在 1.6%，美国微升至 2.5%。2018 年 4 月份 G20 国家整体通胀增速小幅下降至 2.7%。其中中国和印度通胀率分别下降 0.3 个和 0.4 个百分点至 1.8% 和 4%，南非通胀率则从 3.7% 升至 4.3%。

世行发布最新版《全球经济展望》报告。2018 年 6 月 5 日，世行发布最新版《全球经济展望》报告称，2018 年全球经济增速预计为 3.1%。但随着发达经济体和依赖大宗商品出口的新兴经济体增长放缓，未来两年全球经济增速将逐步下降。从整体看，发达经济体 2018 年经济增速将达 2.2%，2019 年将放缓至 2%。新兴市场和发展中经济体 2018 年预计增长 4.5%，2019 年增速可达 4.7%。主要经济体中，预计美国经济 2018 年增长 2.7%，2019 年降至 2.5%；欧元区 2018 年增长 2.1%，2019 年放缓至 1.7%；日本经济 2018 年增长 1.0%，2019 年放缓至 0.8%；中国经济 2018 年增长 6.5%，2019 年降至 6.3%；印度 2018 财年增长 7.3%，2019 财年为 7.5%。尽管 2019 年起全球经济或全面放缓，但经济结构性问题仍然存在，潜在经济增长率仍偏低，新兴经济体风险不容忽视。

第 24 周 （2018/06/09—2018/06/15）

2018 年 6 月 9—15 日，国际财经要情有：美国 5 月份 CPI 环比上升 0.2%；加拿大 5 月份失业率为 5.8%；欧央行维持主要利率不变；德国 4 月份贸易顺差 204 亿欧元；法国 5 月份 CPI 终值同比增长 2%；联合国称上合组织在全球“和平、稳定与繁荣”中发挥重要作用；东盟称将进一步加强与中国战略伙伴关系；亚行调高贸易融资计划限额；中国、巴拿马正式启动自由贸易协定谈判；G20 国家第一季度经济基本保持平稳。

一、区域观察

1. 北美

美国 2018 年 5 月份 CPI 环比上升 0.2%。2018 年 6 月 12 日，美国劳工部发布数据显示，经季调，5 月份 CPI 环比上升 0.2%，同比上升 2.8%，核心 CPI 环比上升 0.2%，同比上升 2.2%。

美国 2018 年 5 月份零售销售环比增长 0.8%。2018 年 6 月 14 日，美国商务部发布数据显示，5 月份零售销售环比增长 0.8%，创 2017 年 11 月份以来最大升幅；除汽车外的零售销售环比增长 0.9%，除汽车与汽油外的零售销售环比增长 0.8%。

美国 2018 年 4 月份批发销售额环比增长 0.8%。2018 年 6 月 9 日，美国统计局发布数据显示，经季调，美国 4 月份批发销售额为 4933 亿美元，环比增长 0.8%，同比增长 7.8%；批发库存额为 6302 亿美元，环比增长 0.1%，同比增长 5.8%。

加拿大 2018 年 5 月份失业率为 5.8%。2018 年 6 月 9 日，加拿大统计局发布数据显示，5 月份失业率为 5.8%，连续 4 个月不变；就业人数同比增加 23.8 万人。

2. 拉美

巴西央行下调 2018 年经济增长预期。2018 年 6 月 11 日，巴西央行发布每周经济数据报告，下调 2018 年经济增长预期至 1.94%，2019 年经济增长预期至 2.8%；上调 2018 年通胀预期至 3.82%，2019 年通胀预期至 4.07%；预计至 2018 年底巴西雷亚尔兑美元汇率维持于 3.5∶1。

3. 欧洲

欧央行维持主要利率不变。2018 年 6 月 14 日，欧央行货币政策会议决定，维持主要利率不变，维持每月 300 亿欧元购债规模不变至 9 月份；将于 10—12 月份缩减购债规模至 150 亿欧元，于 12 月底结束购债；将保持利率不变至少到 2019 年夏；上调 2018 年经济增长预期至 2.1%，2019 年至 1.9%。

欧元区 2018 年 4 月份工业产出环比下降 0.9%。2018 年 6 月 14 日，欧盟统计局发布数据显示，欧元区 4 月份工业产出终值环比下降 0.9%，同比增长 1.7%。

德国 2018 年 4 月份贸易顺差 204 亿欧元。2018 年 6 月 9 日，德国联邦统计局发布数据显示，4 月份贸易顺差 204 亿欧元。其中，出口额为 1103 亿欧元，同比上升 9.3%，环比下降 0.3%；进口额为 899 亿欧元，同比上升 8.2%，环比上升 2.2%。

德国 2018 年 4 月份工业产出环比下降 1.0%。2018 年 6 月 9 日，德国联邦统计局发布数据显示，经季调，德国 4 月份工业产出环比下降 1.0%，同比上升 2.0%。其中，资本品产出环比下降 1.3%，消费品产出环比下降 2.1%。

英国 2018 年 4 月份贸易账户逆差 53 亿英镑。2018 年 6 月 11 日，英国国家统计局发布数据显示，4 月份贸易账户逆差 53 亿英镑，出口环比下降 5.9%，进口环比增长 0.8%。

英国 2018 年 4 月份工业产出环比下降 0.8%。2018 年 6 月 11 日，英国国家统计局发布数据显示，4 月份工业产出环比下降 0.8%，为 2012 年 10 月份以来最大降幅；同比增长 1.8%；制造业产出环比下降 1.4%。

法国 2018 年 5 月份 CPI 终值同比增长 2%。2018 年 6 月 14 日，法国国家统计局发布数据显示，5 月份 CPI 终值同比增长 2%，环比增长 0.4%，调和 CPI 同比增长 2.3%，环比增长 0.5%。

法国 2018 年 4 月份工业产出环比下降 0.5%。2018 年 6 月 9 日，法国国家统计局发布数据显示，4 月份工业产出环比下降 0.5%。其中，制造业产出环比上升 0.4%，建筑业产出环比上升 2.9%。

意大利 2018 年 4 月份工业产出环比下降 1.2%。2018 年 6 月 11 日，意大利国家统计局发布数据显示，经季调，4 月份工业产出环比下降 1.2%，同比上升 1.9%。

意大利 2018 年 4 月份零售销售额环比下降 0.7%。2018 年 6 月 9 日，意大利国家统计局发布数据显示，4 月份零售销售额环比下降 0.7%，同比下降 4.6%。

4. 亚太

日本发布能源白皮书。2018 年 6 月 9 日，日本内阁府发布 2017 财年能源白皮书，计划到 2030 财年将可再生能源发电占比提高至 22%—24%；降低对核电站的依赖度，强调安全优先的核电站利用方针；提出日本应以举国之力支持燃料电池技术发展，维持日本相关企业在该领域的世界领先地位。

日本 2018 年 4 月份工业产出环比增长 0.3%。2018 年 6 月 14 日，日本经济产业省发布数据显示，4 月份工业产出终值环比增长 0.3%，同比增长 2.6%，均高于预期。

日本 2018 年 4 月份机械订单总额环比增长 12.6%。2018 年 6 月 11 日，日本内阁府发布数据显示，经季调，4 月份机械订单总额环比增长 12.6%；其中，私人部门核心机械订单总额环比增长 15.1%；剔除船只和电力公司订单，私人部门核心机械订单总额环比增长 10.1%；政府部门订单总额环比增长 6.2%；海外订单总额环比增长 10%；代理订单总额环比下降 0.2%。

澳大利亚 2018 年 5 月份失业率降至 5.4%。2018 年 6 月 14 日，澳大利亚统计局发布数据显示，5 月份失业率环比下降 0.2 个百分点至 5.4%，新增就业人口 1.2 万人。

澳大利亚 2018 年 4 月份房屋贷款许可总额环比下降 0.2%。2018 年 6 月 12 日，澳大利亚统计局发布数据显示，经季调，4 月份房屋贷款许可总额环比下降 0.2%。其中，自用房屋贷款许可总额环比上升 0.2%，投资性房屋贷款许可总额环比下降 0.9%。

5. 非洲

南非 2018 年 4 月份制造业产出同比增长 1.1%。2018 年 6 月 9 日，南非国家统计局发布数据显示，4 月份制造业产出同比增长 1.1%。预计第二季度制造业部门有望取得更佳表现。

南非 2018 年 4 月份社会消费品零售额同比下降 0.5%。2018 年 6 月 11 日，南非国家统计局发布数据显示，4 月份社会消费品零售额为 800 亿兰特，同比下降 0.5%。分析认为，增值税率上调以及燃油价格上涨给消费带来负面影响；由于南非消费支出 GDP 占比超过 60%，消费支出下降给经济前景带来不利影响。

二、国际组织

联合国称上合组织在全球“和平、稳定与繁荣”中发挥重要作用。2018 年 6 月 9—10 日，上海合作组织（SCO）扩员至八国后在青岛召开首次峰会，联合国副秘书长阿米娜 10 日在会上发表讲话，强调该组织在政治、经济和安全领域的影响远远超过其成员国所代表的欧亚大区域，扩员后的八国集团活动范围扩大，在合作与对话的基础上对制定全球议程及区域和平、稳定与繁荣方面发挥更大的作用。阿米娜称，联合国 2030 年可持续发展议程和上合组织 2025 年发展战略是“我们共同行动的蓝图”，以 2010 年联合声明为基础的联合国—上合关系“为今后该地区和世界人民谋福利的合作奠定了坚实基础”。谈及跨境合作，阿米娜称赞中国“一带一路”倡议促进了整个地区的连通性、经济繁荣和外交关系”，并表示联合国将继续支持加强发展中国家之间的合作，在更多领域促进南南合作。

东盟称将进一步加强与中国战略伙伴关系。2018 年 6 月 9—10 日，东盟秘书长林玉辉出席在青岛举办的上海合作组织成员国元首理事会第十八次会议，并在京会见了国务委员兼外交部长王毅以及财政部、商务部等机构。林玉辉在会见王毅时表示，2018 年是中国—东盟建立战略伙伴关系 15 周年，双方在政治、经济及国防安全方面正开展实质性合作，未来还将进一步加强社会文化方面的交流，东盟秘书处与中国—东盟合作基金将积极发挥作用。王毅对林玉辉的提议表示欢迎，指出双方应丰富战略伙伴关系内涵，扩大民间往来和文化领域的交流。王毅建议，中国和东盟可以探索“一带一路”倡议与《东盟互联互通总体规划 2025》对接，并加强中国—东盟次区域合作。

亚行调高贸易融资计划限额。2018 年 6 月 11 日，亚行董事会宣布将贸易融资计划（TFP）上限提高 3.5 亿美元，以进一步扩大 TFP 的范围和影响力，满足日益增长的贸易融资需求。增资后 TFP 限额达 13.5 亿美元。TFP 还通过联合融资以及循环使用短期项目资金等方式提供更多贸易融资。2016 年和 2017 年，TFP 为价值 76 亿美元的 5583 笔交易提供融资或担保，联合融资达 46 亿美元。2018 年前 4 个月，TFP 为价值 20 多亿美元的 1453 笔交易提供 13 亿美元联合融资支持。亚行最新调查显示，全球贸易融资缺口 1.5 万亿美元，其中 40% 来自亚太地区。

三、国际大宗商品

本周纽约原油期货价格累计上涨 1.92%。截至星期四，本周纽约原油期货累计涨幅 1.92%。星期一纽约原油期货上涨 0.78%，收于每桶 66.07 美元；星期二纽约原油期货下跌 0.05%，收于每桶 66.04 美元；星期三纽约原油期货上涨 0.88%，收于每桶 66.62 美元；星期四纽约原油期货上涨 0.3%，收于每桶 66.82 美元。

本周纽约黄金期货价格累计上涨 0.18%。截至星期四，本周纽约黄金期货价格累计涨幅 0.18%。星期一纽约黄金期货上涨 0.07%，收于每盎司 1304.4 美元；星期二纽约黄金期货下跌 0.37%，收于每盎司 1299.6 美元；星期三纽约黄金期货上涨 0.25%，收于每盎司 1302.9 美元；星期四纽约黄金期货上涨 0.23%，收于每盎司 1305.9 美元。

四、区域合作

中国、巴拿马正式启动自由贸易协定谈判。2018 年 6 月 12 日，巴拿马贸易和工业部长奥古斯托·阿罗塞梅纳与中国商务部部长钟山签署谅解备忘录，在中巴建交一周年之际，共同宣布正式启动中巴自贸协定谈判。

新加坡和肯尼亚签署双边投资协定和避免双重征税协定。2018 年 6 月 12 日，新加坡和肯尼亚签署双边投资协定（BIT）和避免双重征税协议（DTA），BIT 旨在促进两国投资流动，以保护两国投资者的权益；DTA 明确规定了两国对跨境商业活动产生的所有形式收入的征税权。两大协定加强了两国经贸关系，深化了新加坡与东非地区的经济合作。

五、全球宏观经济形势

2018 年第一季度 G20 国家经济基本保持平稳。2018 年 6 月 12 日，OECD 发布最新数据显示，2018 年第一季度 G20 国家环比 GDP 增速小幅下降，至 0.9%。美国、英国、中国、德国和法国环比 GDP 增速均出现不同程度的下滑，分别从 0.7%、0.4%、1.6%、0.6%、0.7% 降至 0.5%、0.1%、1.4%、0.3%、0.2%；日本经济增速下降 0.2%；加拿大和意大利 GDP 增速均从 0.4% 降至 0.3%；而澳大利亚 GDP 增速却大幅升至 1%，上升了 0.5 个百分点；印度、墨西哥、土耳其和巴西小幅上升，分别达 1.9%、1.1%、2% 和 0.4%。

OECD 国家经济增势保持稳定。2018 年 6 月 13 日，OECD 发布最新数据显示，4 月份 OECD 国家综合领先指数（CLIs）2018 年以来首次跌破 100 至 99.9，但整体经济增势保持稳定。欧元区经济增速有放缓迹象，其中法国和德国较为突出；英国 CLIs 连续 7 个月低于 100，经济下行压力较大；美国和意大利经济增势强劲。主要新兴经济体中，中国工业部门增速放缓，同比下降 0.93%，CLIs 为 99.1；印度、巴西和俄罗斯经济迎来强劲增长。其中，巴西 4 月份 CLIS 指数同比增长 3.21%，领先于其他国家。

第25周（2018/06/16—2018/06/22）

2018 年 6 月 16—22 日，国际财经要情有：美国第一季度经常账户赤字 1241 亿美元；美国 4 月份国际资本净流入总额 1387 亿美元；欧盟宣布对美国产品加征关税；欧元区 4 月份经常账户盈余 284 亿欧元；英国央行维持基准利率 0.5% 不变；日本 5 月份 CPI 终值同比增长 0.3%；印度宣布对美国产品加征关税；OECD 称进一步深化改革，推动欧洲一体化进程；首轮欧盟与澳大利亚自贸协定谈判即将开启；联合国发布《2018 世界投资报告》。

一、区域观察

1. 北美

美国第一季度经常账户赤字 1241 亿美元。2018 年 6 月 20 日，美国商务部发布数据显示，第一季度经常账户赤字环比增长 6.89% 至 1241 亿美元；经常账户赤字 GDP 占比 2.5%，环比上升 0.1 个百分点。

美国 2018 年 4 月份国际资本净流入 1387 亿美元。2018 年 6 月 16 日，美国财政部发布数据显示，4 月份国际资本净流入 1387 亿美元。其中，私人资本净流入 1635 亿美元，政府资本净流出 248 亿美元。

美国 2018 年 5 月份工业产出环比下降 0.1%。2018 年 6 月 16 日，美联储发布数据显示，经季调，5 月份工业产出环比下降 0.1%，同比增长 3.5%。其中，制造业环比下降 0.7%，同比增长 1.7%；采矿业环比增长 1.8%，同比增长 12.6%；设备使用率为 77.9%，环比下降 0.2 个百分点，同比增长 1.3 个百分点。

2. 拉美

巴西 2018 年 4 月份经济活动指数环比增长 0.46%。2018 年 6 月 16 日，巴西央行发布数据显示，4 月份经济活动指数环比增长 0.46%，为 4 个月来首次增长；1—4 月份经济活动指数同比增长 1.55%，过去 12 个月经济活动指数累计增长 1.52%。

3. 欧洲

欧盟宣布对美国产品加征关税。2018 年 6 月 20 日，欧盟委员会发布公告称，根据世贸组织规则，作为对美国加征钢铝关税的反制措施，欧盟将从 6 月 22 日起对从美国进口的价值 28 亿欧元商品加征关税，其余 36 亿欧元贸易再平衡措施将另行公布。

德拉吉称欧元区经济将保持增势。2018 年 6 月 19 日，欧央行行长德拉吉发表演讲称，欧元区经济将保持增势，通胀正重返目标水平；但经济不确定性增加，下行风险包括贸易保护主义、油价上涨和市场持续波动等。欧央行将耐心等待加息时机，并保持货币政策的持久性和审慎性。

欧元区 2018 年 4 月份经常账户盈余 284 亿欧元。2018 年 6 月 19 日，欧央行发布数据显示，经季调，欧元区 4 月份经常账户盈余 284 亿欧元。其中，货物账户盈余 210 亿欧元；服务账户盈余 96 亿欧元；初次收入账户盈余 85 亿欧元；二次收入账户赤字 107 亿欧元。

德国 2018 年 5 月份 PPI 环比增长 0.5%。2018 年 6 月 20 日，德国联邦统计局发布数据显示，5 月份 PPI 环比增长 0.5%，同比增长 2.7%。其中，能源价格同比增长 5.5%；中间品价格同比增长 2.6%；非耐用消费品同比增长 0.8%；耐用消费品同比增长 1.6%。

英国央行维持基准利率 0.5%不变。2018 年 6 月 21 日，英国央行召开货币政策会议，维持基准利率 0.5%不变，维持资产购买规模 4350 亿英镑不变，维持企业债购买规模 100 亿英镑不变；称在基准利率到达 1.5%之前不会缩减购债规模。

法国央行预测 2018 年 GDP 增速 1.8%。2018 年 6 月 20 日，法国央行发布经济年报预测，2018 年法国经济增长 1.8%，欧元区经济增长 2.1%；认为欧元区经济增速略有放缓，但仍保持活跃。

瑞士央行维持基准利率 -0.75%不变。2018 年 6 月 21 日，瑞士央行召开货币政策会议，维持活期存款利率 -0.75%不变，维持 3 个月 Libor 目标范围 -1.25%—-0.25%不变，均符合预期；称瑞士法郎仍被高估，外汇环境依然脆弱，如有必要将继续干预外汇市场。

白俄罗斯央行下调再融资利率。2018 年 6 月 20 日，白俄罗斯央行宣布，自 6 月 27 日起下调再融资利率 50 个基点至 10%，预计通胀率将在下半年回升，2018 年全年通胀率为 5.5%左右。

4. 亚太

日本 2018 年 5 月份 CPI 终值同比增长 0.3%。2018 年 6 月 22 日，日本总务省发布数据显示，5 月份 CPI 终值同比增长 0.3%，环比增长 0.1%；核心 CPI 同比增长 0.7%。

日本 2018 年 5 月份贸易逆差初值 5783.21 亿日元。2018 年 6 月 19 日，日本财务省发布数据显示，5 月份贸易逆差初值 5783.21 亿日元，为 3 个月来首次出现贸易逆差。其中，出口同比增长 8.1% 至 6.3 万亿日元，进口同比增长 14% 至 6.9 万亿日元；对美贸易顺差 3407 亿日元，对欧盟贸易逆差 1238 亿日元，对亚洲贸易顺差 3459 亿日元。

印度宣布对美国商品加征关税。2018 年 6 月 21 日，印度商务部宣布，从 8 月 4 日起对部分美国农产品和钢铁制品加征关税；此前印度已向 WTO 递交了针对 30 种美国产品加征关税的清单。此次价值 2.4 亿美元的关税清单是对提交 WTO 版本做出微调后发布。

澳大利亚通过 1440 亿澳元减税法案。2018 年 6 月 21 日，澳大利亚议会通过总额 1440 亿澳元个人所得税减税法案，预计到 2025 年中期，大多数就业者所得税税率将从当前的 37% 下调至 32.5%。

新西兰第一季度 GDP 环比增长 0.5%。2018 年 6 月 21 日，新西兰统计局发布数据显示，新西兰第一季度 GDP 环比增长 0.5%。其中，服务业环比增长 0.6%；制造业环比持平；农业环比增长 0.6%。

5. 非洲

南非 2018 年 4 月份矿业产出同比下降 4.3%。2018 年 6 月 16 日，南非国家统计局发布数据显示，4 月份矿业产出同比下降 4.3%，较 3 月份下降 8.5% 有所改善。其中，其他类矿产品产出下跌 36.3%，跌幅最大，铜产出下跌 27.6%；按现价计算，4 月份矿产品销售额 370 亿兰特，同比增长 6.1%。

二、国际组织

OECD 称进一步深化改革，推动欧洲一体化进程。2018 年 6 月 19 日，OECD 发布欧盟及欧元区经济调查显示，在宽松货币政策、温和扩张财政政策和全球化加速的推动下，欧洲经济强劲增长，预计 2018—2019 年期间经济增长率将超 2%。调查建议，即便目前欧洲央行正在为其货币政策逐步正常化做准备，货币政策应保持宽松直至通胀持续回归目标。随着经济温和扩张，各国政府应降低债务与 GDP 的比率。调查强调欧盟需实施预算改革，如重新评估预算融资方式；采取更有效的融合性政策以减少地区分歧、深化单一市场，从而促进经济增长与提高民众生活水平；建立共同的财政支持计划，简化财政规则，更加注重支出增长。面对经济冲击，OECD 呼吁欧盟建立欧洲失业再保险计划分担风险；完善银行业联盟改革；建立共同的欧洲存款保险计划，减少不良贷款。这有利于银行分散对政府债务的敞口，防止未来的银行业危机演变为主权债务危机，加强欧元区抵御经济冲击的能力。当前的经济扩张应被用于加速实施欧元区架构和欧盟政策的改革，以支持欧洲一体化进程，并确保更强劲、更具包容性的经济增长。

亚行与绿色气候基金加强战略合作。2018 年 6 月 19 日，亚行行长中尾武彦在马尼拉会见绿色气候基金（GCF）执董霍华德·拜姆森及其高管成员。双方探讨如何进一步加强合作，根据签署的认证协议简化项目批准和实施流程。过去的两年半里，GCF 构建了组织和政策框架，在项目审批方面取得积极进展，累计援助项目 76 个，总额 37 亿美元，正成为发展中国家气候融资的重要来源。亚行是第一批获得 GCF 认可的多边机构，目前有 6 个项目共计 2.65 亿美元获 GCF 批准。2018 年 7 月，GCF 董事会会议将审议另外两个亚行项目，包括 6000 万美元的赠款申请。亚行最新气候融资报告显示，2017 年气候融资 352 亿美元，达 7 年来新高，同比增长 28%；亚行利用自有资源提供气候融资 45 亿美元，同比增长 21%，此外，亚行从外部筹集 6.96 亿美元，2017 年气候融资总额达 52 亿美元。

G20 能源部长会议召开。G20 能源部长会议在阿根廷举行，国际能源署（IEA）代表与 G20 国家能源主管部门共同探讨全球能源挑战、向低碳经济转型途径以及技术创新的重要作用。IEA 强调，实现“巴黎协定”减排目标和可持续发展目标需全球合作，各国政府应在推动能源领域改革和创造良好的投资环境方面发挥关键作用。G20 国家认可 IEA 在能源转型方面的专业能力，欢迎 IEA 定期发布能源转型报告，希望与 IEA 加强能源利用率和能源统计方面的合作。会后，G20 国家发布联合声明，肯定促进能源公平和可持续发展的重要作用以及改革世界能源体系的必要性，认为能源安全、技术创新、能源数据和透明度是推动能源体系转型的关键。

三、国际大宗商品

本周纽约原油期货累计涨幅 2.51%。截至星期四，本周纽约原油期货累计涨幅 2.51%。星期一纽约原油期货上涨 2.32%，收于每桶 65.68 美元；星期二纽约原油期货下跌 1.19%，收于每桶 64.9 美元；星期三纽约原油期货上涨 0.68%，收于每桶 65.34 美元；星期四纽约原油期货上涨 0.7%，收于每桶 65.8 美元。

本周纽约黄金期货价格累计下跌 1.01%。截至星期四，本周纽约黄金期货价格累计下跌 1.01%。星期一纽约黄金期货下跌 0.11%，收于每盎司 1280.6 美元；星期二纽约黄金期货下跌 0.28%，收于每盎司 1277 美元；星期三纽约黄金期货下跌 0.55%，收于每盎司 1270 美元；星期四纽约黄金期货下跌 0.08%，收于每盎司 1269 美元。

四、区域合作

首轮欧盟与澳大利亚自贸协定（FTA）谈判即将开启。2018 年 6 月 18 日，欧盟贸易专员马姆斯特拉姆在堪培拉会见毕晓普等多位官员。双方商定将于 7 月在比利时布鲁塞尔开启首轮欧盟与澳大利亚自贸协定（FTA）谈判。欧澳自贸协定将成为澳规模最大的自贸协定之一。澳联邦贸易部部长席澳博发表声明称，澳洲希望欧盟降低对杏仁、硅及汽车部件等澳产品的关税。除此之外，双方还将就有关教育、金融等服务行业的出口问题进行协商。

五、全球宏观经济形势

联合国发布《2018 世界投资报告》。联合国发布《2018 世界投资报告》指出，2017 年全球跨国投资低迷，全球 FDI 下降 23%，至 1.43 万亿美元。其中，流入发达国家的 FDI 下降 37%，至 7120 亿美元。美国 FDI 流入量下降 40%，降至 2750 亿美元，仍居全球首位。英国 FDI 流入量下降 92%，降至 150 亿美元，跌出全球前 20 位。法国、德国 FDI 流入量有所增长，但由于受英国的影响，流入欧洲的 FDI 总量整体下滑。流入发展中经济体的 FDI 保持平稳，为 6710 亿美元。报告指出，中国已成为全球第二大外资流入国和第三大对外投资国，发展中国家排名首位。2017 年，中国吸收外资在全球排名中仅次于美国；对外投资位居美国和日本之后。2017 年中国对外投资量减少 36%，降至 1250 亿美元，为近年来首次下降。报告预测，2018 年全球国际投资有望出现增长，但增速预计仅约 5%。尽管世界经济向好，但全球投资仍可能受到地缘政治风险、贸易保护威胁和美国税改等因素的冲击。

第 26 周（2018/06/23—2018/06/29）

2018 年 6 月 23—29 日，国际财经要情有：美国第一季度实际 GDP 终值同比增长 2%；欧盟峰会在布鲁塞尔举行；德国 6 月份 CPI 初值环比增长 0.1%；法国第一季度 GDP 终值环比增长 0.5%；联合国称实现可持续发展目标仍面临诸多挑战；WTO 评估《贸易便利化协定》进展情况；第七次中欧经贸高层对话在北京举行；OECD 发布《2018 年 OECD 劳动生产率指标》。

一、区域观察

1. 北美

美国第一季度实际 GDP 终值同比增长 2%。2018 年 6 月 28 日，美国商务部发布数据显示，第一季度实际 GDP 终值同比增长 2%，低于预期；个人消费支出终值同比增长 2.5%，环比增长 0.9%，为 2013 年第二季度以来最低；核心个人消费支出终值同比增长 2.3%。

美国上周初请失业金人数增至 22.7 万人。2018 年 6 月 28 日，美国商务部发布数据显示，6 月 23 日当周初请失业金人数增至 22.7 万人，高于市场预期，但仍处历史较低水平；续请失业金人数降至 170.5 万人，为 1974 年以来最低；失业率 3.8%，为近 18 年来低点，劳动力市场接近充分就业。

美国 2018 年 5 月份耐用品订单环比下降 0.6%。2018 年 6 月 27 日，美国商务部发布数据显示，5 月份耐用品订单环比下降 0.6%，连续两个月下跌，扣除国防的耐用品订单环比下降 1.5%。其中，汽车及零部件订单下跌 4.2%，创 2015 年以来最大跌幅。

加拿大 2018 年 5 月份 CPI 环比上升 0.1%。2018 年 6 月 23 日，加拿大统计局发布数据显示，经季调，5 月份 CPI 环比上升 0.1%，同比上升 2.2%。其中，娱乐、教育和读物价格环比上升 1.7%，家居装修、家具及设备价格环比下降 1.0%。

2. 拉美

阿根廷央行维持基准利率40%不变。2018 年 6 月 26 日，阿根廷央行召开货币政策会议，维持基准利率 40% 不变。

3. 欧洲

欧盟峰会在布鲁塞尔举行。2018 年 6 月 28—29 日，欧盟峰会在比利时布鲁塞尔举行。会议将讨论移民和难民政策、欧盟改革以及英国“脱欧”等议题。

欧央行发布月度经济报告。2018 年 6 月 27 日，欧央行发布月度经济报告认为，全球经济活动中期风险偏下行，短期指标显示欧元区第二季度劳动力市场保持强劲，预计 2018 年欧元区经济持续增长，通胀将在年底回升并逐渐走高。

德国 2018 年 6 月份 CPI 初值环比增长 0.1%。2018 年 6 月 29 日，德国联邦统计局发布数据显示，6 月份 CPI 初值环比增长 0.1%，同比增长 2.1%，均符合预期。

英国签署《退出欧盟法案》。2018 年 6 月 26 日，英国女王伊丽莎白二世签署《退出欧盟法案》。法案将于 2019 年 3 月 29 日，即英国“脱欧”后生效。目前脱欧谈判的最大难点在关税安排。

法国第一季度 GDP 终值环比增长 0.5%。2018 年 6 月 23 日，法国统计局发布数据显示，第一季度 GDP 终值环比增长 0.5%。其中，固定资本形成总额环比增长 0.6%；家庭消费支出环比增长 0.8%；出口环比下降 0.3%；进口环比增长 0.1%。

法国 2018 年 6 月份消费者信心指数创 22 个月来新低。2018 年 6 月 27 日，法国国家统计局发布数据显示，法国 6 月份消费者信心指数为 97，环比下降 2 个点，创 2016 年 8 月份以来新低。

意大利 2018 年 5 月份 PPI 同比增长 2.7%。2018 年 6 月 28 日，意大利国家统计局发布数据显示，5 月份 PPI 同比增长 2.7%，环比增长 1%，均高于前值。

俄议会上院通过 2018 年预算修正案。2018 年 6 月 27 日，俄议会上院通过的 2018 年预算修正案显示，2018 年俄政府财政收入将增加 1.8 万亿卢布至 17 万亿卢布，财政支出增加 619 亿卢布至 16.6 万亿卢布，财政盈余 GDP 占比为 0.5%；减少内债 0.3 万亿卢布至 10.2 万亿卢布，减少外债 97 亿美元至 619 亿美元。该修正案将由俄总统签字后正式生效。

俄罗斯下调 2018 年经济增长预期至 1.9%。2018 年 6 月 28 日，俄经济发展部发布报告，下调 2018 年经济增长预期 0.2 个百分点至 1.9%；下调 2019 年经济增长预期 0.8 个百分点至 1.4%；认为全球经济下行风险和俄政府将上调增值税 2 个百分点至 20%，都给俄经济增长带来影响；预计 2020 年和 2021 年经济增速分别为 2% 和 3%。

4. 亚太

日本政府呼吁企业取消退休制度。2018 年 6 月 26 日，日本厚生劳动省开展针对 12 万家企业的专业咨询，以促进企业取消退休制度，实现“永不退休”的社会目标。

日本 2018 年 5 月份商业销售同比增长 4.6%。2018 年 6 月 28 日，日本经济产业省发布数据显示，5 月份商业销售总额为 37.90 万亿日元，同比增长 4.6%。其中，零售销售总额为 11.84 万亿日元，同比增长 0.6%；批发销售总额为 26.06 万亿日元，同比增长 6.6%。

韩国 2018 年 5 月份出口物价指数环比上升 0.9%。近日，韩国央行发布数据显示，5 月份出口物价指数环比上升 0.9%，进口物价指数环比上升 2.7%。

新加坡 2018 年 5 月份 CPI 同比增长 0.4%。2018 年 6 月 26 日，新加坡贸工部发布数据显示，5 月份 CPI 同比增长 0.4%，核心 CPI 同比增长 1.5%；零售商品价格同比增长 1.3%，服务价格同比增长 1.6%。

新西兰联储维持基准利率 1.75% 不变。2018 年 6 月 28 日，新西兰联储召开货币政策会议，维持基准利率 1.75% 的历史低点不变，认为新西兰经济状况稳定，就业率处于可持续水平，通胀率略低于 2% 的中期目标。

5. 非洲

南非第一季度新增就业 11.1 万个。2018 年 6 月 26 日，南非统计局发布数据显示，第一季度新增就业 11.1 万个。其中，社会服务、建筑、制造和商业服务就业增长，贸易、矿业和交通就业下降；第一季度实际个人收入下降 4%。

二、国际组织

联合国称实现可持续发展目标仍面临诸多挑战。联合国发布《2018 年可持续发展目标报告》称，快速变化的气候、局部冲突、不平等、持续贫困、快速城市化等因素已对实现可持续发展目标构成挑战。其中，局部冲突和气候变化导致越来越多的人面临饥饿、缺少基本卫生服务甚至被迫流离失所。局部冲突是部分国家粮食供给无法得到保障的主要原因之一，全球饥饿人口十多年来首次增加。联合国副秘书长刘振民指出，向更可持续和更具韧性的社会发展模式转型需要综合施策。为更好地实现可持续发展目标，国际社会应拿出更多的技术创新和政治承诺，并投入更多的资源建立强有力的数据和信息统计系统。

WTO 评估《贸易便利化协定》进展情况。2018 年 6 月 26 日，OECD《贸易便利化和全球经济》报告发布会及 WTO 贸易便利化委员会会议在日内瓦举行。WTO 总干事阿泽维多在发布会上表示，各利益相关方之间的持续合作是确保《贸易便利化协定》（TFA）发挥作用的关键。OECD《贸易便利化和全球经济》报告指出，贸易便利化措施正在全球范围内实施，在程序简化和自动化方面已有初步进展，最大的挑战在于国内部门和跨境机构开展合作。WTO 秘书处指出，截至 6 月 26 日，WTO 成员执行 TFA 承诺的总体比率为 60.4%。其中，发达国家履约率为 100%，发展中国家为 59.1%，最不发达国家为 21.6%。

亚投行第三届理事会年会在印度举行。2018 年 6 月 25—26 日，亚投行第三届理事会年会在印度孟买举行。亚投行各成员国理事和代表，以及有关国际组织、学术机构、民间团体代表出席。印度总理莫迪出席开幕式并致辞。财政部副部长邹加怡率中国代表团出席会议。亚投行行长金立群表示，亚投行要在重视亚洲的同时支持非洲、拉美等国的发展，并表示截至 2030 年之前亚洲基础设施投资需求每年将达 2 万亿美元。经济开放和基础设施投资推动亚洲经济发展，金立群呼吁反对贸易保护主义，保持经济开放。

三、国际大宗商品

本周纽约原油期货价格累计上涨 5.77%。截至星期四，本周纽约原油期货累计涨幅 5.77%。星期一纽约原油期货下跌 1.57%，收于每桶 68.19 美元；星期二纽约原油期货上涨 3.65%，收于每桶 70.68 美元；星期三纽约原油期货上涨 2.29%，收于每桶 72.3 美元；星期四纽约原油期货上涨 1.36%，收于每桶 73.28 美元。

本周纽约黄金期货价格累计下跌 1.7%。截至星期四，本周纽约黄金期货价格累计跌幅 1.7%。星期一纽约黄金期货下跌 0.3%，收于每盎司 1267.3 美元；星期二纽约黄金期货下跌 0.51%，收于每盎司 1260.8 美元；星期三纽约黄金期货下跌 0.56%，收于每盎司 1253.8 美元；星期四纽约黄金期货下跌 0.34%，收于每盎司 1249.5 美元。

四、区域合作

第七次中欧经贸高层对话在北京举行。2018 年 6 月 25 日，中国国务院副总理刘鹤与欧盟委员会副主席卡泰宁在北京共同主持第七次中欧经贸高层对话。对话以“支持和推动全球化，深化和扩大中欧合作”为主题，就完善全球经济治理，维护多边贸易体制，加强数字经济、农业和金融业合作等达成一系列丰硕成果和共识，为第 20 次中欧领导人会晤经贸部分筑牢基础。

五、全球宏观经济形势

OECD 发布《2018 年 OECD 劳动生产率指标》。2018 年 6 月 26 日，OECD 发布《2018 年 OECD 劳动生产率指标》。报告指出，劳动生产率增速疲软持续影响发达经济体。数据显示，2014—2016 年 OECD 国家整体劳动生产率增速为 0.72%，欧盟劳动生产率增速为 0.98%。其中，波兰劳动生产率大幅升至 2.06%，法国劳动生产率增速达 0.9%。2014—2016 年，美国和英国劳动生产率增速均有所上升，分别升至 0.46% 和 0.63%。日本劳动生产率增速为 0.92%。OECD 指出，许多成员国的生产率增长和工资增长长期脱钩，或加剧这些国家的收入不平等状况。生产率增速放缓和低生产率工作岗位大量增加，不利于改善公众福利水平。

第 27 周 （2018/06/30—2018/07/06）

2018 年 6 月 30 日—7 月 6 日，国际财经要情有：美联储发布 6 月份货币政策会议纪要；美国国会延长《贸易促进授权法案》至 2021 年；德国 5 月份失业率为 3.4%；英国第一季度 GDP 终值环比增长 0.2%；法国 6 月份 CPI 初值同比上升 2.1%；日本 6 月份基础货币同比增长 7.4%；WTO 发布第 19 期 G20 成员贸易限制措施监测报告；亚行批准新型融资工具，满足多样化贷款需求；《区域全面经济伙伴关系协定》第 5 次部长级会议在东京举行；《亚太贸易协定第二修正案》正式生效实施；5 月份 OECD 国家通胀率升至 2.6%；亚行发布新一期《亚洲债券监测》报告。

一、区域观察

1. 北美

美联储发布 6 月份货币政策会议纪要。2018 年 7 月 6 日，美联储发布 6 月份货币政策会议纪要显示，美国经济平稳增长，经济活动稳步扩张，劳动力市场持续强劲，通胀已升至 2% 目标值附近；贸易政策风险上升，财政政策对经济增长有支持作用，但预计 2020 年财政赤字将达 1 万亿美元，或阻碍经济增长；美联储缩表速度远低于计划，目前仅缩减 1000 亿美元。

美国国会延长《贸易促进授权法案》至 2021 年。2018 年 7 月 2 日，美国贸易代表办公室发布公告称，国会已批准延长《贸易促进授权法案》有效期至 2021 年。这是《2018 贸易政策日程》的重要目标，将有利于美国推进更多的潜在双边自由贸易协定。

美国 2018 年 5 月份核心 PCE 物价指数同比增长 2%。2018 年 7 月 2 日，美国商务部发布数据显示，5 月份 PCE 物价指数同比增长 2.3%，环比增长 0.2%；核心 PCE 物价指数同比增长 2%，6 年来首次触及 2% 通胀目标；环比增长 0.2%。

美国 2018 年 5 月份耐用品订单环比下降 0.4%。2018 年 7 月 3 日，美国商务部发布数据显示，经季调，5 月份耐用品订单终值为 2492 亿美元，环比下降 0.4%。

美国 2018 年 5 月份工厂订单环比增长 0.4%。2018 年 7 月 3 日，美国商务部发布数据显示，经季调，5 月份工厂订单为 4982 亿美元，环比增长 0.4%；其中，扣除运输类订单环比增长 0.7%，扣除国防类订单环比下降 0.1%。

2. 拉美

巴西上半年贸易账户顺差 300.55 亿美元。2018 年 7 月 3 日，巴西工贸部发布数据显示，上半年贸易账户顺差 300.55 亿美元，出口额同比增长 5.7% 至 1138.34 亿美元，进口额同比增长 17.2% 至 837.79 亿美元，6 月份贸易账户顺差 58.82 亿美元，出口额 202.02 亿美元，环比增长 5%，同比增长 2.1%；进口额 143.2 亿美元，环比增长 8%，同比增长 13.7%。

3. 欧洲

欧元区 2018 年 5 月份零售销售环比持平。2018 年 7 月 3 日，欧盟统计局发布数据显示，经季调，欧元区 5 月份零售销售环比持平，同比上升 1.4%；欧盟 5 月份零售销售环比上升 0.3%，同比上升 2.3%。

欧元区 2018 年 5 月份 PPI 环比上升 0.8%。2018 年 7 月 3 日，欧盟统计局发布数据显示，欧元区 5 月份 PPI 环比上升 0.8%，同比上升 3%；欧盟 5 月份 PPI 环比上升 1%，同比上升 3.6%。

德国 2018 年 5 月份失业率为 3.4%。2018 年 6 月 30 日，德国联邦统计局发布数据显示，经季调，德国 5 月份失业率为 3.4%，失业人数为 148 万人。

德国 2018 年 5 月份工厂订单环比增长 2.6%。2018 年 7 月 5 日，德国联邦统计局发布数据显示，经季调，5 月份工厂订单环比上升 2.6%，同比上升 4.4%。

英国第一季度 GDP 终值环比增长 0.2%。2018 年 6 月 30 日，英国国家统计局发布数据显示，第一季度 GDP 终值环比增长 0.2%，同比增长 1.2%。

法国 2018 年 6 月份 CPI 初值同比上升 2.1%。2018 年 6 月 30 日，法国国家统计局发布数据显示，6 月份 CPI 初值同比上升 2.1%。其中，食品价格同比上升 1.9%；烟草价格同比上升 16.3%；能源价格同比上升 12.2%；制造业价格同比下降 0.2%；服务价格同比上升 1.3%。

瑞士 2018 年 6 月份 CPI 同比上升 1.1%。2018 年 7 月 4 日，瑞士联邦统计局发布数据显示，瑞士 6 月份 CPI 环比持平，同比上升 1.1%。

俄罗斯 2018 年 6 月份原油产量同比增长 1.1%。俄罗斯能源部 7 月 1 日发布数据显示，6 月份俄原油产量为 1106.3 万桶/天，同比增长 1.1%，环比增长 0.8%；原油出口为 534.8 万桶/天，环比下降 1.3%。

4. 亚太

日本 2018 年 6 月份基础货币同比增长 7.4%。2018 年 7 月 3 日，日本央行发布数据显示，日本 6 月份基础货币同比增长 7.4%，环比下降 3.7%。

日本 2018 年 5 月份工业产出指数环比下降 0.2%。2018 年 6 月 29 日，日本经济产业省发布数据显示，经季调，日本 5 月份工业产出指数初值环比下降 0.2%；交货指数环比下降 1.6%；存货指数环比增长 0.6%；存货比率指数环比增长 0.2%。

澳大利亚 2018 年 5 月份贸易账户顺差 8.27 亿澳元。2018 年 7 月 4 日，澳大利亚国家统计局发布数据显示，经季调，澳大利亚 5 月份贸易账户顺差 8.27 亿澳元，环比增长 75%。其中，商品及服务出口总额为 355.62 亿澳元，环比增长 4%；商品及服务进口总额为 347.35 亿澳元，环比增长 3%。

澳洲联储保持政策利率 1.5%不变。2018 年 7 月 3 日，澳大利亚央行发布利率决议声明，维持政策利率 1.5%不变；认为全球经济持续扩张，第一季度澳大利亚经济增长强劲，非矿产业投资和公共基础设施投资持续增长，但家庭消费存在不确定性，通胀指标仍处低位区间；预计 2018 年和 2019 年经济增速将略高于 3%，2018 年通胀率将略高于 2%。

5. 非洲

南非正式签署《非洲大陆自由贸易协定》。2018 年 7 月 1 日，南非总统西里尔·拉马福萨宣布，南非已走完国内法律程序，正式签署《非洲大陆自由贸易协定》，加入非洲自贸区。

二、国际组织

WTO 发布第 19 期 G20 成员贸易限制措施监测报告。2018 年 7 月 4 日，WTO 发布第 19 期 G20 成员国采取贸易限制措施的监测报告，监测期间为 2017 年 10 月中旬至 2018 年 5 月中旬。报告显示，G20 成员国新出台 39 项贸易限制措施，相当于每月新增 6 项，与上一监测期间相比翻了一番。同时，G20 成员国实施了 47 项贸易便利化措施，包括取消或降低关税及简化进出口海关手续。报告还指出，G20 成员国新增贸易限制措施影响范围为 741 亿美元，较上一监测期间扩大至少 1.5 倍，而贸易便利化措施影响规模为 827 亿美元，仅为上一监测期间的一半。WTO 总干事阿泽维多表示，上述现象需国际社会引起重视，贸易限制措施激增造成的不确定性可能会遏制经济复苏势头，也给多边贸易体系带来巨大风险，他呼吁 G20 领导人以更为克制的方式缓和局势，促进贸易进一步复苏。

亚行批准新型融资工具，满足多样化贷款需求。2018 年 7 月 3 日，亚行董事会批准了一系列新型融资工具和机制，包括项目准备阶段融资快速通道、政策性担保、政府和社会资本合作（PPP）融资支持机制以及小额贷款机制。其中，项目准备阶段融资机制将简化贷款项目准备和设计活动的审批程序，将不超过 1500 万美元的项目审批权委托给亚行管理层；小额贷款机制将为咨询服务、引导测试等活动提供融资支持，并简化申请流程；PPP 融资支持机制将帮助 PPP 特许经营者及时获得政府付款。亚行行长中尾武彦指出，亚行新型融资工具和机制将支持即将推出的 2030 战略，满足发展中成员国多样化和不断变化的贷款需求。

WTO 称完善知识产权法律法规对全球发展至关重要。在日内瓦举行的欧洲知识产权研讨会闭幕式上，WTO 总干事阿泽维多表示，知识产权（IP）法律的制定和实施对全球经济增长和社会发展具有重要意义，并为实现可持续发展目标提供不可或缺的创新动力。阿泽维多指出，知识产权保护是促进公共卫生、创新、应对气候变化和发展绿色技术的核心，也是当前主要贸易伙伴之间出现紧张关系的关键原因。世贸组织《贸易相关知识产权协议》（TRIPS 协议）着力推动知识产权制度的完善，维护新技术生产者和使用者的利益。此次研讨会成果将在 WIPO 和 WTO 联合出版物 WIPO - WTO Colloquium Papers 上发布，并提出相关政策建议。

三、国际大宗商品

本周纽约原油期货价格累计下跌 1.52%。截至星期四，本周纽约原油期货累计跌幅 1.52%。星期一纽约原油期货下跌 0.38%，收于每桶 73.97 美元；星期二纽约原油期货上涨 0.42%，收于每桶 74.28 美元；星期三纽约原油期货上涨 0.07%，收于每桶 74.33 美元；星期四纽约原油期货下跌 1.63%，收于每桶 73.12 美元。

本周纽约黄金期货价格累计上涨 0.37%。截至星期四，本周纽约黄金期货价格累计涨幅 0.37%。星期一纽约黄金期货下跌 0.9%，收于每盎司 1242.9 美元；星期二纽约黄金期货上涨 0.89%，收于每盎司 1254 美元；星期三纽约黄金期货上涨 0.33%，收于每盎司 1258.1 美元；星期四纽约黄金期货上涨 0.06%，收于每盎司 1258.8 美元。

四、区域合作

《区域全面经济伙伴关系协定》第 5 次部长级会议在东京举行。2018 年 6 月 30 日至 7 月 1 日，《区域全面经济伙伴关系协定》（RCEP）第 5 次部长级会议在东京举行。会议发表《联合新闻声明》指出，在当前全球贸易面临单边主义挑战的背景下，尽快结束 RCEP 谈判至关重要。各国部长重申将共同努力，致力于完成一个惠及各方的区域一体化协定，希望在年底前形成一揽子成果。

《亚太贸易协定第二修正案》正式生效实施。2018 年 7 月 1 日，《亚太贸易协定》第四轮关税减让成果文件——《亚太贸易协定第二修正案》正式生效实施。

中国、印度、韩国、斯里兰卡、孟加拉国和老挝 6 个成员国将对共计 10312 个税目的产品削减关税，平均降税幅度为 33%。此外，中、韩、印、斯四国还给予协定内最不发达国家孟加拉国共 1259 个产品特惠税率安排，给予老挝 1251 个产品特惠税率安排，平均降税幅度均为 86%。

五、全球宏观经济形势

2018 年 5 月份 OECD 国家通胀率升至 2.6%。2018 年 7 月 6 日，OECD 发布最新数据显示，5 月份 OECD 国家通胀率升至 2.6%，能源价格通胀增速大幅升至 9.1%，比上月通胀增速提升 3 个百分点，食品价格通胀率继续下降，至 1.5%。剔除食品和能源，OECD 年度通胀率为 2%。主要经济体中，德国、法国和意大利通胀率大幅上升，分别从 1.6%、1.6% 和 0.5% 升至 2.2%、2% 和 1%；美国从 2.5% 升至 2.8%；英国和日本通胀率均上升 0.1 个百分点，分别至 2.3% 和 0.7%。2018 年 5 月份 G20 国家整体通胀增速升至 2.9%，其中中国和印度通胀率稳定在 1.8% 和 4%；巴西通胀率则从 2.8% 升至 2.9%。

亚行发布新一期《亚洲债券监测》报告。亚行发布新一期《亚洲债券监测》报告指出，3 月 1 日至 5 月 31 日期间，多数东亚新兴经济体债券收益率呈上升趋势，但中国央行降低银行存款准备金率后，2 年期和 10 年期债券收益率下降。2018 年第一季度，东亚新兴经济体本币债券市场规模季度环比增长 1.1% 至 12.8 万亿美元；本币政府债券占该地区未清偿债券总额 66.9%，达 8.5 万亿美元；企业债券保持稳定，环比增长 0.5% 至 4.2 万亿美元。中国债券市场仍是东亚新兴经济体中最大的市场，中国未清偿人民币债券余额占未清偿债券总额 71.5%。但由于中国政府着力降低信贷风险，债券市场扩张缓慢，2018 年第一季度环比增长仅为 0.7%，而上一季度的环比增长率为 4.0%。报告还指出，东亚新兴经济体债券市场面临诸多风险，包括美国货币政策正常化速度超出预期、全球流动性趋紧、贸易局势紧张等，一些亚洲经济体企业和家庭债务水平高企可能会加剧金融风险。

第28周（2018/07/07—2018/07/13）

2018 年 7 月 7—13 日，国际财经要情有：美公布 2000 亿美元对华商品征税清单；美国 5 月份贸易账户赤字创一年半新低；加拿大央行上调基准利率 25 个基点至 1.5%；欧盟委员会发布夏季预测报告；德国 5 月份贸易顺差 197 亿欧元；日本内阁府发布《中长期经济和财政预测》报告；韩国央行维持基准利率 1.5% 不变；亚投行项目审批向新模式过渡；第五轮中德政府磋商在柏林举行；2018 年 5 月份 OECD 国家失业率降至 5.2%；OECD 地区经济增长势头预计保持稳定。

一、区域观察

1. 北美

美公布 2000 亿美元对华商品征税清单。2018 年 7 月 11 日，美国贸易谈判代表莱特希泽发布声明称，美方将于近期对 2000 亿美元中国输美商品加征 10% 关税。关税清单包含 6031 项商品，涉及包括“中国制造 2025”、服装、电视机配件、冰箱、水产品等诸多领域，但剔除了诸如手机等对消费者利益有重大负面影响的类别。该清单将经过两个月的征询意见期，并于 8 月 20—23 日举行听证会，不会早于 8 月 30 日前生效。

美国 5 月份贸易账户赤字创一年半新低。2018 年 7 月 7 日，美国商务部发布数据显示，经季调，美国 5 月份贸易账户赤字 431 亿美元，环比下降 6.5%，创一年半新低。其中，出口环比增长 1.9% 至 2153 亿美元；进口环比增长 0.4% 至 2584 亿美元。对华贸易逆差环比增长 18.7% 至 332 亿美元。

美国 2018 年 6 月份 CPI 同比上升 2.9%。2018 年 7 月 13 日，美国商务部发布数据显示，6 月份 CPI 同比增长 2.9%，创 2012 年 2 月份以来最大升幅；环比增长 0.1%；核心 CPI 同比增长 2.3%，环比增长 0.2%。

美国 2018 年 6 月份 PPI 同比增幅创 6 年半新高。2018 年 7 月 11 日，美国劳工部发布数据显示，6 月份 PPI 同比增长 3.4%，创 6 年半新高，环比增长 0.3%；

核心 PPI 同比增长 2.8%，远高于前值和预期，环比增长 0.3%。

加拿大央行上调基准利率 25 个基点至 1.5%。2018 年 7 月 11 日，加拿大央行召开货币政策会议，上调基准利率 25 个基点至 1.5%，为 10 年来最高；预计 2018—2020 年经济平均增速为 2%；认为全球贸易不确定性将对加拿大出口和投资产生负面影响。

2. 拉美

巴西 2018 年 5 月份零售销售环比下降 0.6%。2018 年 7 月 12 日，巴西国家地理统计局发布数据显示，5 月份零售销售环比下降 0.6%，为 2018 年以来首次下滑；同比增长 2.7%，连续 14 个月同比增长。

3. 欧洲

欧盟委员会发布夏季预测报告。2018 年 7 月 11 日，欧盟委员会发布夏季预测报告，上调欧元区 2018 年和 2019 年通胀预期至 1.7%，下调欧元区 2018 年经济增长预期 0.2 个百分点至 2.1%；维持 2019 年经济增长预期 2% 不变。

欧元区 2018 年 5 月份工业产出环比增长 1.3%。2018 年 7 月 11 日，欧盟统计局发布数据显示，欧元区 5 月份工业产出环比增长 1.3%，同比增长 2.4%。

德国 2018 年 5 月份贸易顺差 197 亿欧元。2018 年 7 月 9 日，德国联邦统计局发布数据显示，德国 5 月份贸易顺差 197 亿欧元。其中，出口额 1091 亿欧元，同比下降 1.3%；进口额 894 亿欧元，同比增长 0.8%。

德国 2018 年 6 月份 CPI 终值环比增长 0.1%。2018 年 7 月 12 日，德国联邦统计局发布数据显示，6 月份 CPI 终值环比增长 0.1%，同比增长 2.1%，均符合预期。

德国 2018 年 5 月份工业产出环比上升 2.6%。2018 年 7 月 7 日，德国联邦统计局发布数据显示，经季调，德国 5 月份工业产出初值环比上升 2.6%，同比上升 3.1%；其中资本品产出环比上升 0.9%，消费品产出环比上升 6.5%。

英国 2018 年 5 月份工业产出环比下降 0.4%。2018 年 7 月 11 日，英国国家统计局发布数据显示，5 月份工业产出环比下降 0.4%，同比增长 0.8%；制造业产出环比增长 0.4%，同比增长 1.1%。

法国 2018 年 6 月份 CPI 同比增长 2%。2018 年 7 月 12 日，法国国家统计局发布数据显示，6 月份 CPI 终值同比增长 2%，环比持平；调和 CPI 同比增长 2.3%，环比持平。

法国 2018 年 5 月份贸易账户逆差 60.05 亿欧元。2018 年 7 月 7 日，法国国家统计局发布数据显示，5 月份贸易账户逆差 60.05 亿欧元，为 2017 年 2 月以来最高。其中，进口总额环比下降 0.1% 至 465 亿欧元，出口环比下降 2% 至 405 亿欧元。经常账户赤字 29 亿欧元。

法国 2018 年 5 月份工业产出环比下降 0.2%。2018 年 7 月 10 日，法国国家统计局发布数据显示，经季调，法国 5 月份工业产出环比下降 0.2%，其中制造业产出环比下降 0.6%。

意大利 2018 年 5 月份工业产出环比增长 0.7%。2018 年 7 月 10 日，意大利国家统计局发布数据显示，经季调，意大利 5 月份工业产出环比增长 0.7%；同比增长 2.1%。

意大利 2018 年 5 月份零售销售环比增长 0.8%。2018 年 7 月 7 日，意大利国家统计局发布数据显示，5 月份零售销售环比增长 0.8%，同比增长 0.4%。

4. 亚太

日本内阁府发布《中长期经济和财政预测》报告。2018 年 7 月 13 日，日本内阁府发布《中长期经济和财政预测》报告认为，在乐观情景假设下，通胀率将于 2021 财年下半年达到 2% 目标值，比此前预期晚一年；基本预算收支将于 2027 财年前实现盈余；2021 财年可实现 GDP600 万亿日元目标；在基本情景假设下，即中长期实际 GDP 增速略高于 1%，名义 GDP 增速为 1.5%—1.9%，则 2027 财年结束前无法实现基本预算盈余，2022 财年 GDP 可达 600 万亿日元目标。

日本 2018 年 5 月份经常账户同比增长 14.5%。2018 年 7 月 9 日，日本财务省发布数据显示，5 月份经常账户顺差 1.94 万亿日元，同比增长 14.5%；贸易账户逆差 2616 亿日元，同比增长 445%。其中，出口 6.32 万亿日元，同比增长 10.6%；进口 6.63 万亿日元，同比增长 13.7%。

韩国央行维持基准利率 1.5% 不变。2018 年 7 月 12 日，韩国央行召开货币政策会议，维持基准利率 1.5% 不变；认为韩国经济增长持续向好，消费和出口走势良好，就业仍然疲软；下调 2018 年 GDP 增长预期 0.1 个百分点至 2.9%，维持 2018 年通胀预期 1.6% 不变。

印度 2017/2018 财年外商直接投资增速降至 5 年最低。印度工业政策和促进部发布数据显示，印度 2017/2018 财年外商直接投资增长 3% 至 448.5 亿美元，创 5 年来最低增速。

5. 非洲

南非 2018 年 6 月份商业信心指数创新低。2018 年 7 月 10 日，南非工商联合会发布商业信心指数显示，由于零售销售萎靡，汇率大幅下跌，6 月份南非商业信心指数跌至 93.7，连续 5 个月下跌，创 2017 年 9 月份以来新低。

南非劳工部发布《2017 年劳工行动报告》。2018 年 7 月 10 日，南非劳工部发布《2017 年劳工行动报告》显示，2017 年南非罢工次数增长 8%，罢工人数增长 38.6%，均创历史新高；2017 年罢工造成收入损失 2.51 亿兰特。

二、国际组织

亚投行项目审批向新模式过渡。2018 年 7 月 9 日，亚投行董事会批准了新型治理模式，该模式将增强其在制定亚投行政策和战略方面的作用，提高行长对亚投行管理负责的能力。它还将授权行长基于预先确定的标准批准一组选定的项目。这一新模式有望提高效率，促使行长对亚投行的运营及各大股东更加负责。目前亚投行正在建立强大的风险文化和监督机制，作为向新治理框架过渡的一部分。该框架还规定了明确的报告和绩效准则，加强董事会的监督作用。亚投行表示，作为 21 世纪新型多边开发银行，亚投行在制定新的问责框架时，借鉴了国际最佳实践，使管理层和职员在决策方面承担更多责任。这将有助于在银行内部形成问责文化，使其能够对项目成果实施更严格的管理。该框架加强和明确了管理层和董事会的责任，强化了董事会的战略作用，增强了其追究管理责任的能力。亚投行发展日趋强大，国际地位不断提升，一定能够成功完成支持亚洲经济可持续发展的使命。

OECD 称“史无前例”的工资停滞给就业率上升蒙上阴影。OECD 最新发布的《2018 年就业展望》报告称，多个经合组织国家经济增长加快，失业率已创历史最低点，但工资仍继续停滞不前。除非各国能够打破这一循环，否则将削弱公众对于经济复苏的信心，劳动力市场不平等也将进一步扩大。报告显示，截至 2017 年底，经合组织地区就业率达到 61.7%，并有望在今年年底达到 62.1%。大多数国家的失业率都低于或接近危机前水平。预计 2018 年失业率将继续下降，将达到 5.3%，次年达到 5.1%。就业质量和保障方面的情况仍喜忧参半，在劳动适龄人口中，贫困人口却在增加。工资增长仍然缓慢，名义工资增长率仅为十年前的一半，这对低收入人群的影响更大。低薪工作岗位不断增加，兼职员工的平均收入大幅下降。男性和女性之间的年平均劳动收入差距显著下降，但在 2015 年，女性年平均劳动收入仍比男性低 39%。报告指出，协调的劳资双方集体谈判制度，强大自律的社会伙伴和有效的调解机构，都有助于提高就业率，改善工作环境，包括提供更多培训机会，提高劳动力市场抵御冲击的能力。

三、国际大宗商品

本周纽约原油期货价格累计下跌 4.83%。截至星期四，本周纽约原油期货累计跌幅 4.83%。星期一纽约原油期货上涨 0.12%，收于每桶 74.01 美元；星期二纽约原油期货上涨 0.27%，收于每桶 74.21 美元；星期三纽约原油期货下跌

4.85%，收于每桶 70.61 美元；星期四纽约原油期货下跌 0.37%，收于每桶 70.35 美元。

本周纽约黄金期货价格累计下跌 0.65%。截至星期四，本周纽约黄金期货价格累计跌幅 0.65%。星期一纽约黄金期货上涨 0.19%，收于每盎司 1258.3 美元；星期二纽约黄金期货下跌 0.20%，收于每盎司 1255.8 美元；星期三纽约黄金期货下跌 1.11%，收于每盎司 1241.8 美元；星期四纽约黄金期货上涨 0.48%，收于每盎司 1247.7 美元。

四、区域合作

第五轮中德政府磋商在柏林举行。2018 年 7 月 9 日，李克强总理同德国总理默克尔在柏林共同主持第五轮中德政府磋商。双方发表题为“为构建更美好世界做负责任伙伴”联合声明，就新时期和新形势下中德携手合作、维护多边主义、共塑美好未来共同发声。

中阿合作论坛第八届部长级会议在北京举行。2018 年 7 月 10 日，中阿合作论坛第八届部长级会议在北京举行。会议以“共建‘一带一路’、共促和平发展、携手推进新时代中阿战略伙伴关系”为主题。中国和阿盟成员国代表、阿盟秘书长以及中方有关部门负责人等近 300 人出席。

五、全球宏观经济形势

2018 年 5 月份 OECD 国家失业率降至 5.2%。2018 年 7 月 10 日，OECD 发布其成员国最新失业率数据显示，5 月份 OECD 国家失业率降至 5.2%，连续两个月下降。总失业人口 3320 万人，比 2008 年 4 月仅高 50 万人，但与 2013 年 1 月的峰值相比减少 1610 万人。欧元区 5 月份失业率为 8.4%，继续保持稳定。其中意大利为 10.7%，下降 0.3 个百分点；葡萄牙失业率为 7.3%，上升 0.1 个百分点；日本失业率下降 0.3 个百分点至 2.2%；澳大利亚和墨西哥下降 0.2 个百分点，分别至 5.4% 和 3.2%；美国下降 0.1 个百分点，至 3.8%；加拿大失业率趋于稳定，连续 4 个月保持在 5.8%。6 月份数据显示，加拿大和美国失业率环比上升 0.2 个百分点，升至 6.0% 和 4.0%。

OECD 地区经济增长势头预计保持稳定。2018 年 7 月 9 日，OECD 公布最新一期综合领先指数（CLI）显示，主要经济体经济增长势头稳定。美国和日本的综合领先指数分别为 100.2 和 100.0，连续 3 个月持平，预计未来仍将继续保持稳定的增长势头。英国、德国、法国和意大利的 CLI 分别为 99.1、100.2、99.7 和 100.0，连续 4 个月走低，增长势头或将放缓。加拿大 CLI 为 99.6，比上月下降

0.2。主要新兴经济体中，中国 CLI 为 99.6，连续 3 个月上涨，与一月相比上升了 0.7，涨幅较大。除此之外，中国工业部门增长势头也正在增强。俄罗斯 CLI 为 100.7，近 5 个月上下波动幅度小于 0.1，有望继续保持稳定增长。巴西 CLI 波动幅度较大，显现出增长放缓迹象。

第 29 周（2018/07/14—2018/07/20）

2018 年 7 月 14—20 日，国际财经要情有：美联储褐皮书显示美国经济温和扩张；美国上周初请失业金人数创 48 年来新低；欧元区 6 月份调和 CPI 终值同比增长 2%；欧元区 5 月份货物贸易顺差 165 亿欧元；日本 6 月份贸易账户顺差 7214 亿日元；APEC 称仍有机会维护有序的贸易规则；欧盟和日本签署《经济伙伴关系协定》；RCEP 第 23 轮谈判将在泰国举行；IMF 发布最新《全球经济展望报告》。

一、区域观察

1. 北美

美联储褐皮书显示美国经济温和扩张。2018 年 7 月 18 日，美联储发布褐皮书显示，截至 7 月 9 日，全美经济温和扩张，薪资压力有所回升，家庭支出维持稳定，部分地区劳动力和技术工人短缺；由于进口关税推高产品价格，生产成本上升，物价温和上涨；特朗普贸易政策引发美国制造商普遍担忧。

美联储主席鲍威尔出席国会听证会。2018 年 7 月 17 日，美联储主席鲍威尔出席参议院金融委员会听证会，就美国经济和货币政策作证。鲍威尔认为，2018 年上半年美国经济稳步增长，劳动力市场强劲，预计未来几年通胀率将保持在 2% 目标值附近；美联储缩表规模仍待进一步研究确定，预计完成缩表将需 3—4 年时间。

美国在 WTO 发起贸易争端诉讼。2018 年 7 月 16 日，美国贸易代表办公室宣布，已在 WTO 对中国、欧盟、加拿大、墨西哥及土耳其发起贸易争端诉讼，理由为上述国家对美国加征钢铝关税实行的反制措施缺乏法律基础。美国表示，将采取一切行动保护自身利益，希望贸易伙伴建设性地处理钢铝产能过剩问题。

美国将成立国际开发金融公司。2018 年 7 月 17 日，白宫发布消息称，将成立新的发展金融机构：美国国际开发金融公司，以向在欠发达国家进行投资的私营部门提供贷款、担保等服务。声明称该举措符合国家安全战略、2019 财年预算要求以及重塑 21 世纪美国政府计划。

美国 2018 年 6 月份工业产出环比增长 0.6%。2018 年 7 月 17 日，美联储发布数据显示，经季调，美国 6 月份工业产出环比上升 0.6%，同比上升 3.8%；制造业产出环比上升 0.8%，同比上升 1.9%。

美国上周初请失业金人数创 48 年来新低。2018 年 7 月 20 日，美国劳工部发布数据显示，7 月 14 日当周初请失业金人数为 20.7 万人，创 1969 年 12 月份以来新低，显示劳动力市场继续走强。

2. 拉美

委内瑞拉 2018 年 6 月份石油产量创 30 年来新低。2018 年 7 月 19 日，委内瑞拉政府发布报告称，6 月份委内瑞拉原油日产量 134 万桶，创 30 年来最低；委内瑞拉政府将努力提高石油产能，谋求经济脱困。此前 IMF 发布报告，预计 2018 年委内瑞拉经济增速为 -15%，通胀率达 13800%。

3. 欧洲

欧元区 2018 年 6 月份调和 CPI 终值同比增长 2%。2018 年 7 月 18 日，欧盟统计局发布数据显示，6 月份调和 CPI 终值同比增长 2%，环比增长 0.1%；核心调和 CPI 终值同比增长 0.9%。

欧元区 2018 年 5 月份货物贸易顺差 165 亿欧元。2018 年 7 月 16 日，欧盟统计局发布数据显示，欧元区 5 月份货物贸易顺差 165 亿欧元。其中，货物出口总额为 1896 亿欧元，同比下降 0.8%；货物进口总额为 1731 亿欧元，同比增长 0.7%。

德国 2018 年 5 月份制造业就业人数同比增长 2.7%。2018 年 7 月 17 日，德国联邦统计局发布数据显示，5 月份制造业就业人数同比增长 2.7% 至 559.9 万人，雇员薪资收入同比增长 7.4%。

英国 2018 年 6 月份 CPI 同比增长 2.4%。2018 年 7 月 18 日，英国国家统计局发布数据显示，6 月份 CPI 同比增长 2.4%，环比持平，均低于预期；核心 CPI 同比增长 1.9%，创 15 个月新低。

英国 2018 年 3—5 月份失业率为 4.2%。2018 年 7 月 17 日，英国国家统计局发布数据显示，经季调，英国 3—5 月份失业率为 4.2%，环比下降 0.1 个百分点，同比下降 0.3 个百分点。

意大利 2018 年 6 月份 CPI 同比上升 1.3%。2018 年 7 月 17 日，意大利统计局发布数据显示，意大利 6 月份 CPI 环比上升 0.2%，同比上升 1.3%。

意大利 2018 年 5 月份贸易顺差 33.78 亿欧元。2018 年 7 月 16 日，意大利统计局发布数据显示，意大利 5 月份贸易顺差 33.78 亿欧元。其中，出口总额为 405.68 亿欧元，同比减少 0.8%；进口总额为 371.91 亿欧元，同比增加 1.7%。

4. 亚太

日本 2018 年 6 月份贸易账户顺差 7214 亿日元。2018 年 7 月 19 日，日本财务省发布数据显示，6 月份贸易账户顺差 7214 亿日元。其中，进口同比增长 2.5%，出口同比增长 6.7%。日本对美贸易顺差同比增长 0.5% 至 5903 亿日元。其中，对美国出口同比下滑 0.9%，为 17 个月来首次下滑，对美国进口同比下降 2.1%。

日本 2018 年 6 月份 CPI 同比增长 0.7%。2018 年 7 月 20 日，日本总务省发布数据显示，6 月份 CPI 同比增长 0.7%，剔除生鲜的 CPI 同比增长 0.8%，剔除生鲜及能源的 CPI 同比增长 0.2%；货物价格同比增长 1.1%，服务价格同比增长 0.3%；住房价格同比下跌 0.1%。

韩国发布《下半年经济政策方向》。2018 年 7 月 18 日，韩国政府发布《下半年经济政策方向》文件，认为国际贸易和金融市场不稳定性将抑制韩国经济增长势头，计划下半年增加财政支出 35 亿美元，以刺激投资并扶助低收入人群；下调 2018 年韩国经济增长预期 0.1 个百分点至 2.9%，下调 2019 年经济增长预期 0.1 个百分点至 2.8%。

新加坡正式批准《跨太平洋伙伴关系全面进展协定》。2018 年 7 月 19 日，新加坡工贸部发布消息称，已正式批准《跨太平洋伙伴关系全面进展协定》（CPTPP），成为继墨西哥、日本后第三个批准该协议的国家。根据 CPTPP 协议，只要其 11 个签署国中有 6 个国家批准，则协议在 60 天后自动生效。

新西兰第二季度 CPI 同比增长 1.5%。2018 年 7 月 17 日，新西兰国家统计局发布数据显示，第二季度 CPI 同比增长 1.5%，环比增长 0.4%。

澳大利亚 2018 年 6 月份失业率持稳于 5.4%。2018 年 7 月 19 日，澳大利亚国家统计局发布数据显示，6 月份失业率持稳于 5.4%，新增就业人口超过 5 万人，为 2018 年以来最强劲增长。

澳洲联储公布 2018 年 7 月份货币政策会议纪要。2018 年 7 月 17 日，澳洲联储公布 7 月份货币政策会议纪要，认为当前环境下保持利率不变有利于维持经济稳定；2018 年上半年澳主要银行融资成本略有上升；劳动力市场前景积极，但薪资增速依然缓慢；有必要对家庭债务进行谨慎监控；预计 2018 年、2019 年澳经济增速将略高于 3%。

5. 非洲

南非发布《2018 年税法修正案草案》。2018 年 7 月 16 日，南非财政部发布《2018 年税法修正案草案》和《2018 年税收管理法修正案草案》，主要调整了增值税税率、消费税税率、个人所得税税率、医疗税收抵免、遗产税和捐赠税税率，并明确了加密货币征税方式。南非财政部和税务局将就草案内容公开征集意见，并进一步研讨草案内容。

二、国际组织

联合国：释放商业力量以实现全球发展目标。2018 年 7 月 17 日，在联合国经社理事会举办的可持续发展商业论坛上，联合国副秘书长阿米娜·穆罕默德表示，可持续发展目标（SDGs）的实现不能仅依靠政府部门，私人部门也可发挥重要作用，如创造就业岗位、推动技术创新和提供资金支持等。为应对全球最脆弱人群的发展需要，应构建更广泛的伙伴关系，调动工商界积极参与并构建可持续的融资模式。为进一步释放商业潜力，仍需推动诸多系统性改革，包括妇女赋权。联合国将致力于联结所有利益相关者，为监督 SDGs 落实、传播专门知识和技能以及构建伙伴关系提供全球平台。鉴于公共和私人投资领域均存在巨大的资金缺口，联合国秘书长将于 9 月在联合国总部主持召开关于为 2030 年可持续发展议程筹措资金的高级别会议。

IEA 称全球能源投资落后于可持续发展目标。2018 年 7 月 17 日，国际能源署（IEA）称将发布《2018 年世界能源投资报告》，以为政府、能源行业和金融机构制定政策框架、实施商业战略、资助新项目和开发新技术等决策提供丰富数据和政策参考。2017 年，全球能源投资总额为 1.8 万亿美元，与 2016 年相比实际下降 2%。超过 7500 亿美元用于电力部门，715 亿美元用于全球石油和天然气供应。对可再生能源和能源效率的投资在持续几年的增长后于 2017 年下降 3%，其中可再生能源投资下降 7%，且 2018 年可能继续放缓。此外，中国近期对太阳能光伏支持政策出现变化，进一步增加了今年能源投资放缓的风险。

APEC 称仍有机会维护有序的贸易规则。近日，APEC 政策支持小组主任丹尼斯·休指出，亚太地区供应链高度集成，保护主义将增加企业成本，提高消费品价格，降低整体工资水平并提高失业率，亚太地区的强劲增长面临日益增加的风险；但事态并未发展到无可挽回的地步，仍有维护贸易有序发展的机动空间；亚太区域可通过有效的政策设计降低贸易壁垒，确保区域贸易蓬勃发展。1989 年，APEC 经济体平均关税 16.9%，2016 年降至 5.5%，贸易成为经济增长的重要驱动力，预计 2018 年 APEC 区域经济增长 4.1%，2019 年稳定于 4%。APEC 政策支持小组表示，提高贸易壁垒将最大程度地伤害穷人和弱势群体，创造公平竞争环境的最佳方式是降低贸易壁垒，并利用新技术造福民众。

三、国际大宗商品

本周纽约原油期货价格累计下跌 2.19%。截至星期四，本周纽约原油期货累计跌幅 2.19%。星期一纽约原油期货下跌 2.2%，收于每桶 68 美元；星期二纽约原油期货下跌 1.94%，收于每桶 66.68 美元；星期三纽约原油期上涨 1.87%，收于每桶 67.93 美元；星期四纽约原油期货上涨 0.12%，收于每桶 68.01 美元。

本周纽约黄金期货价格累计下跌 1.55%。截至星期四，本周纽约黄金期货价格累计跌幅 1.55%。星期一纽约黄金期货下跌 0.06%，收于每盎司 1241 美元；星期二纽约黄金期货下跌 1.1%，收于每盎司 1227.4 美元；星期三纽约黄金期货下跌 0.01%，收于每盎司 1227.3 美元；星期四纽约黄金期货下跌 0.39%，收于每盎司 1222.5 美元。

四、区域合作

欧盟和日本签署《经济伙伴关系协定》。2018 年 7 月 17 日，欧盟委员会主席容克和日本首相安倍晋三在日本东京签署了《经济伙伴关系协定》（EPA）。协定要求欧盟对约 99% 的日本商品取消关税；日本对约 94% 的欧盟商品取消关税，包括 82% 的农产品和水产品，未来数年日本对欧盟的免征商品范围将从 94% 升至 99%。日方表示，就经济规模而言，日欧 EPA 是迄今最大的自贸协定。

RCEP 第 23 轮谈判将在泰国举行。2018 年 7 月 17—27 日，第 23 轮区域全面经济伙伴关系谈判（RCEP）将在泰国举行。此轮谈判包括货物贸易、服务贸易、投资准入等贸易谈判委员会会议，以及原产地规则、知识产权等其他领域和电商等方面的会议。

CPTPP 11 国将在日本召开首席谈判代表会议。2018 年 7 月 18—19 日，CPTPP 11 国将在日本神奈川县箱根町召开首席谈判代表会议。目前，日本、墨西哥和新加坡已完成国内程序，预计新西兰、澳大利亚和越南将于年内完成，协定有望于 2018 年生效。会议就协定生效后迅速启动参与国扩员谈判达成一致，并讨论了扩员相关措施。同时将进一步明确参与国应共同推进自由贸易体制，以对抗特朗普政府的保护主义贸易政策。

五、全球宏观经济形势

IMF 发布最新《全球经济展望报告》。2018 年 7 月 16 日，IMF 发布最新《全球经济展望报告》，预计 2018 年、2019 年全球经济增速均为 3.9%；其中，发达经济体 2018 年经济增速为 2.4%，2019 年将降至 2.2%，主要由于欧元区和日本在经历了数个季度的高速增长后，增速或将大幅放缓。随着美国国内需求增强，进口额将加速扩大，经常账户逆差增加，全球失衡将进一步加剧，预计美国 2018 年、2019 年经济增速分别为 2.9% 和 2.7%；下调欧元区 2018 年经济增速 0.2 个百分点至 2.2%，下调 2019 年经济增长预期 0.1 个百分点至 1.9%；日本经济将得益于私人消费和外部需求增加以及投资提振，预计 2018 年经济增速为 1%，2019 年为 0.9%；维持新兴市场和发展中经济体 2018 年、2019 年经济增长预期 4.9% 和 5.1% 不变。其中，亚洲地区新兴市场和发展中经济体将保持强劲增长，2018 年、2019 年经济增速将达 6.5%。随着金融部门监管收紧和外部需求减弱，预计中国 2018 年经济增速将下降 0.3 个百分点至 6.6%，2019 年进一步降至 6.4%；由于“废钞令”和税制改革的不利影响逐步得到缓解，预计印度 2018 年经济增速将上升 0.6 个百分点至 7.3%，2019 年进一步升至 7.5%。

第 30 周（2018/07/21—2018/07/27）

2018 年 7 月 21—27 日，国际财经要情有：美众议院通过《外国投资风险评估现代化法案》；欧央行维持三大利率不变；日本 6 月份核心 CPI 同比增长 0.8%；拉加德敦促各国通过合作应对全球风险；世贸组织成员近期贸易限制措施增加；G20 财长和央行行长会议在阿根廷召开；金砖国家领导人第十次会晤在南非举行；OECD 发布 2018 年第一季度就业数据。

一、区域观察

1. 北美

美众议院通过《外国投资风险评估现代化法案》。2018 年 7 月 27 日，《外国投资风险评估现代化法案》作为 2019 财年国防授权法案修正案的一部分，以 359 : 54 票获众议院通过。该法案大幅扩大 CFIUS 审查权限，并设立跨部门程序加强出口管控。参议院将于近日投票，通过后送总统签署生效。

美国 2018 年 6 月份耐用品订单环比增长 1%。2018 年 7 月 27 日，美国商务部发布数据显示，6 月份耐用品订单环比增长 1%，结束两个月的连续下跌；扣除运输类耐用品订单环比增长 0.4%；扣除飞机的非国防资本耐用品订单环比增长 0.6%；国防新订单环比上涨 20.2%，连续 3 个月大幅增长；汽车和零部件订单环比增长 4.4%，创 2015 年 3 月份以来最大增幅；民用飞机订单环比增长 4.3%。

加拿大 2018 年 6 月份 CPI 环比上升 0.1%。2018 年 7 月 21 日，加拿大统计局发布数据显示，经季调，6 月份 CPI 环比上升 0.1%，同比上升 2.5%，创 2012 年 2 月份以来最高。其中，食品价格环比上升 0.6%；住房价格环比上升 0.1%；家具和家用器具价格环比下降 0.3%；医疗服务价格环比上升 0.2%；交通运输和通信价格环比上升 0.1%。6 月份核心 CPI 环比上升 0.2%。

加拿大 2018 年 5 月份零售销售环比上升 2%。2018 年 7 月 21 日，加拿大统计局发布数据显示，经季调，加拿大 5 月份零售销售额 507.6 亿加元，环比上升

2%，同比上升 3.6%；核心零售销售额 370 亿加元，环比上升 1.4%，同比上升 4.1%。

2. 拉美

阿根廷 2018 年 5 月份经济增速同比下滑 5.8%。2018 年 7 月 25 日，阿根廷国家统计局发布数据显示，由于干旱影响大豆、玉米等农作物产量，阿根廷 5 月份经济增速同比下滑 5.8%，环比下滑 1.4%，创 9 年来最大经济降幅。农业、畜牧和林业是阿根廷主要经济支柱。

巴西谷物生产将在未来 10 年增长 30%。2018 年 7 月 23 日，巴西农业部长布莱罗·马吉表示，经农业部测算，2027/2028 财年巴西谷物生产将达 3.02 亿吨，比 2017/2018 财年增长 30%；肉制品生产 3500 万吨，比 2017/2018 财年增长 27%；预计 2027/2028 财年出口谷物 1.39 亿吨、肉制品 880 万吨。

3. 欧洲

欧央行维持三大利率不变。2018 年 7 月 26 日，欧央行召开货币政策会议宣布，维持主要再融资利率 0.0%，隔夜贷款利率 0.25%，隔夜存款利率 -0.40% 不变，维持每月 300 亿欧元购债规模至 2018 年 9 月份，自 10 月份起将每月购债规模降至 150 亿欧元，将于 12 月底停止净资产购买计划；如有必要，将对到期债券进行再投资，再投资会持续到 QE 结束后很长一段时间。

欧元区 2018 年 5 月份经常账户盈余 220 亿欧元。2018 年 7 月 21 日，欧央行发布数据显示，经季调，欧元区 5 月份经常账户盈余 220 亿欧元。其中，货物账户盈余 210 亿欧元；服务账户盈余 80 亿欧元；初次收入账户盈余 30 亿欧元；二次收入账户赤字 100 亿欧元。

欧元区 2018 年 7 月份消费者信心指数环比持平。2018 年 7 月 23 日，欧委会发布数据显示，欧元区 7 月份消费者信心指数初值为 -0.6，环比持平；欧盟 7 月份消费者信心指数初值为 -0.7，环比上升 0.6 个点。

德国 2018 年 6 月份 PPI 环比增长 0.3%。2018 年 7 月 21 日，德国联邦统计局发布数据显示，6 月份 PPI 环比增长 0.3%，同比增长 3.0%。其中，能源价格同比增长 6.2%；中间品价格同比增长 3.2%；非耐用消费品价格同比增长 0.5%；耐用消费品价格同比增长 1.6%。

法国 2018 年 6 月份 PPI 环比增长 0.1%。2018 年 7 月 25 日，法国国家统计局发布数据显示，6 月份 PPI 环比增长 0.1%，同比增长 3.4%。

英国 2018 年 6 月份政府收支短差 133 亿英镑。2018 年 7 月 21 日，英国国家统计局发布数据显示，英国 6 月份政府收支短差为 133 亿英镑，公共部门净借款 54 亿英镑。

土耳其央行维持基准利率 17.75% 不变。2018 年 7 月 26 日，土耳其央行召开货币政策会议，维持一周回购利率 17.75% 不变，以防止借贷成本升高和本币暴跌，维持 GDP 增长。2018 年第一季度土耳其经济同比增长 7.4%，市场预期该经济增速不可持续。

4. 亚太

日本 2018 年 6 月份核心 CPI 同比增长 0.8%。2018 年 7 月 21 日，日本总务省发布数据显示，6 月份核心 CPI 同比增长 0.8%，连续 18 个月增长；价格涨幅较大的仍是能源类商品，6 月份汽油价格同比增长 16.1%，煤油价格同比增长 20.5%；去除生鲜食品和能源价格后，6 月份 CPI 仅同比增长 0.2%。

印度下调部分商品消费税税率。印度政府宣布下调 88 种商品消费税税率。下调冰箱、洗衣机等家用电器税率 10 个百分点至 18%，下调燃油机动车税率 16 个百分点至 12%；下调手工地毯等纺织地板覆盖物税率 7 个百分点至 5%。印度临时财政部长皮尤什·戈亚尔表示，此举将推动就业和经济增长。

澳大利亚第二季度 CPI 环比增长 0.4%。2018 年 7 月 25 日，澳大利亚统计局发布数据显示，第二季度 CPI 环比增长 0.4%，同比增长 2.1%；核心 CPI 环比增长 0.5%，同比增长 1.9%；失业率持稳于 5.4%。

澳大利亚第二季度出口价格指数环比上涨 1.9%。2018 年 7 月 26 日，澳大利亚统计局发布数据显示，第二季度出口价格指数环比上涨 1.9%，同比上涨 6.6%。其中，天然气和天然气制成品价格环比上涨 10.8%，同比上涨 18.8%；石油、石油产品及相关材料价格环比上涨 8.5%，同比上涨 34.2%；煤炭、焦炭和煤球价格环比上涨 0.9%，同比上涨 8.5%。

5. 非洲

埃及实施“出口全面促进计划”。2018 年 7 月 23 日，埃及贸工部长阿姆鲁·纳赛尔表示，埃及正实施对非洲市场，尤其是西非市场的“出口全面促进计划”，以开发埃及建材产品、机械工业产品、化学和塑料产品在非洲及海湾阿拉伯国家的巨大市场潜力；同时全力推进东—南非共同市场、南部非洲发展共同体和东非共同体自由贸易协议谈判工作，增加埃及对 26 个非洲国家的出口。

二、国际组织

拉加德敦促各国通过合作应对全球风险。2018 年 7 月 22 日，IMF 总裁拉加德在 G20 财长和央行行长会议上表示，全球经济面临越来越大的风险，尤其是短期内贸易紧张局势加剧，新兴经济体财政压力上升及部分欧元区国家主权风险回归，希望政策制定者能以合作精神共同应对挑战，维护开放的国际贸易体系，保持近期强劲的增长势头。拉加德建议，经常账户赤字的国家应避免顺周期的财政政策，防止债务规模继续扩大；经常账户盈余的国家可更多地投资于人力和物质资本，提高潜在产出并促进私人投资；为应对金融市场波动，应继续保持汇率政策的灵活性。拉加德还表示，数字化、人工智能和自动化领域的新技术带来了巨大的发展机遇和重大挑战，应通过全面和协调的政策来响应技术变革，包括继续投资于教育、终身学习和社会安全网等领域。

WTO 呼吁为维护全球贸易体系发声。2018 年 7 月 24 日，WTO 总干事阿泽维多在成员国全体会议上呼吁每一个相信贸易能够创造福祉的人为维护全球贸易体系积极发声。阿泽维多指出，日益紧张的全球贸易形势将对全球经济以及所有国家的增长和就业产生重大影响，中长期看，如各国开始适应针锋相对、以牙还牙的“新常态”，全球贸易体系将面临系统性威胁。阿泽维多表示，WTO 一直在与各成员国探讨如何应对当前贸易紧张形势，并与相关国家议会、商界、智库和媒体进行沟通，提高其对潜在风险的认知。阿泽维多肯定各成员近期加大对 WTO 机制的重视和投入，更加关注如何完善 WTO 职能，呼吁各成员尽快采取行动，解决 WTO 仲裁体系面临的僵局。

世贸成员近期贸易限制措施增加。2018 年 7 月 25 日，WTO 发布报告显示，自 2017 年 10 月中旬至 2018 年 5 月中旬，WTO 成员实施了比前一监测期（2016 年 10 月中旬至 2017 年 10 月中旬）更多的贸易限制措施。报告显示，世贸组织成员在监测期内实施了 75 项新的贸易限制措施，包括提高关税、数量限制、征收进口税和更严格的海关条例，平均每月 11 项，高于上一监测期每月 9 项的水平。同期，世贸组织成员实施了 89 项旨在促进贸易的措施，包括降低或取消关税、简化海关手续、减少进口税和取消进口禁令等。此次监测期内，促进进口措施的贸易规模（1073 亿美元）超过了限制进口措施（845 亿美元），但两者之比较前一监测期显著下降。监测期内，世贸组织成员国启动贸易救济措施的规模约为 527 亿美元，几乎是 2016—2017 年同期的两倍。

三、国际大宗商品

本周纽约原油期货价格累计下跌 1.1%。截至星期四，本周纽约原油期货累计跌幅 1.1%。星期一纽约原油期货下跌 3.57%，收于每桶 67.8 美元；星期二纽约原油期货上涨 1.42%，收于每桶 68.76 美元；星期三纽约原油期货上涨 0.73%，收于每桶 69.26 美元；星期四纽约原油期货上涨 0.4%，收于每桶 69.54 美元。

本周纽约黄金期货价格累计下跌 0.02%。截至星期四，本周纽约黄金期货价格累计跌幅 0.02%。星期一纽约黄金期货下跌 0.6%，收于每盎司 1224.5 美元；星期二纽约黄金期货持平，收于每盎司 1224.5 美元；星期三纽约黄金期货上涨 1.35%，收于每盎司 1241 美元；星期四纽约黄金期货下跌 0.76%，收于每盎司 1231.6 美元。

四、区域合作

G20 财长和央行行长第三次会议召开。2018 年 7 月 21—22 日，G20 财长和央行行长第三次会议在阿根廷首都布宜诺斯艾利斯召开。会议发表公报指出，全球经济增长持续强劲，失业率位于 10 年来的低点。但各经济体增长日趋不同步，短期和中期经济下行风险加剧。这些风险包括贸易和地缘政治紧张局势升级、金融体系脆弱性上升等。国际贸易和投资是促进经济增长、提高劳动生产率、推动创新和创造就业的重要引擎，各国应通过加强对话与合作降低风险，增强信心。

金砖国家领导人第十次会晤在南非举行。2018 年 7 月 25—27 日，金砖国家领导人第十次会晤在南非约翰内斯堡举行。本次峰会主题为“金砖国家在非洲：在第四次工业革命中共谋包容增长和共同繁荣”。峰会发表《金砖国家领导人约翰内斯堡宣言》，就维护多边主义、反对保护主义发出明确信号，并决定启动金砖国家新工业革命伙伴关系，深化经贸金融、政治安全、人文交流等领域合作。

五、全球宏观经济形势

OECD 发布 2018 年第一季度最新就业数据。OECD 发布成员国最新就业率数据显示，2018 年第一季度 OECD 整体就业率升至 68.2%，增长 0.2 个百分点，其中有 28 个国家就业率实现增长；劳动参与率增长 0.1 个百分点，升至 72.2%，与就业率实现同步增长；新增就业人数为 5.67 亿人。欧元区就业率持续上升至 66.9%，环比增速有所下降。从国别来看，日本就业率上升 0.6 个百分点至 76.3%；美国就业率上升 0.2 个百分点至 70.5%；加拿大就业率降至 73.7%；冰岛就业率降至 85.2%，但仍为 OECD 国家最高水平；英国和墨西哥就业率均上升 0.3 个百分点，分别升至 74.7%和 61.4%。从不同年龄段就业率看，15—24 岁劳动者就业率增长 0.5 个百分点至 41.9%，就业改善情况更为明显；25—54 岁劳动者就业率升至 78.3%；55—64 岁劳动者就业率升至 61.0%。

第31周（2018/07/28—2018/08/03）

2018 年 7 月 28 日—8 月 3 日，国际财经要情有：美国贸易代表办公室称将对 2000 亿美元中国进口商品加征 25% 关税；美联储维持联邦基金利率 1.75%—2% 不变；欧元区第二季度 GDP 同比增长 2.1%；日本 6 月份失业率为 2.4%；AMRO 称中国与东盟经济联系和溢出效应增强；IMF 称中非共同体经济前景改善；RCEP 第 23 轮谈判部分章节取得重要进展；WTO 发布《2018 年世界贸易统计报告》。

一、区域观察

1. 北美

美国贸易代表办公室称将对 2000 亿美元中国进口商品加征 25%关税。美国贸易代表莱特希泽发表声明称，将对 2000 亿美元中国进口商品征税的税率从 10% 提高至 25%，由于涉及税率提高，公众征询意见期将从 8 月 30 日延长至 9 月 5 日。美仍准备就 301 报告中列出的问题与中国进行谈判。

美联储维持联邦基金利率 1.75%—2%不变。2018 年 8 月 1 日，美联储召开货币政策会议，维持联邦基金利率 1.75%—2% 不变，认为美国经济活动持续扩张，就业市场强劲，通胀率接近 2% 目标值；重申将继续渐进地加息。

美国 2018 年 6 月份耐用品订单环比增长 0.8%。2018 年 8 月 1 日，美国商务部发布数据显示，6 月份耐用品订单环比增长 1%；核心耐用品订单环比增长 0.6%，均不及预期。

美国 2018 年 6 月份核心 PCE 物价指数同比增长 2.2%。2018 年 8 月 1 日，美国商务部发布数据显示，6 月份美国 PCE 物价指数同比增长 2.2%，环比增长 0.1%；核心 PCE 物价指数同比增长 1.9%，环比增长 0.1%；6 月份个人收入环比增长 0.4%，个人消费支出环比增长 0.4%，实际个人消费支出环比增长 0.3%。

2. 拉美

巴西第二季度失业率 12.4%。2018 年 8 月 1 日，巴西国家地理统计局发布数据显示，巴西第二季度失业率 12.4%，环比下降 0.7 个百分点；失业人口 1300 万人，环比下降 5.3%，同比下降 3.9%。

3. 欧洲

欧元区第二季度 GDP 同比增长 2.1%。2018 年 7 月 31 日，欧盟统计局发布数据显示，第二季度 GDP 同比增长 2.1%，不及预期；经季调，第二季度 GDP 环比增长 0.3%，为两年来最慢；核心调和 CPI 同比增长 1.1%。

欧元区 2018 年 6 月份 PPI 同比增长 3.6%。2018 年 8 月 2 日，欧盟统计局发布数据显示，欧元区 6 月份 PPI 同比增长 3.6%，环比增长 0.4%；核心 PPI 同比增长 1.6%，环比增长 0.3%，均远超预期。

德国 2018 年 7 月份失业率 5.2%。2018 年 7 月 31 日，德国联邦统计局发布数据显示，7 月份失业人数减少 0.6 万人，失业率 5.2%。

德国 2018 年 6 月份实际零售销售同比增长 0.4%。2018 年 7 月 31 日，德国联邦统计局发布数据显示，6 月份实际零售销售同比增长 0.4%，环比增长 1.3%。

英国央行加息 25 个基点至 0.75%。2018 年 8 月 2 日，英国央行召开货币政策会议，宣布加息 25 个基点至 0.75%；预计 2018 年英国经济增长 1.4%，2019 年经济增长 1.8%，2020 年经济增长 1.7%。

法国 2018 年 7 月份 CPI 同比增长 2.3%。2018 年 7 月 31 日，法国国家统计局发布数据显示，7 月份通胀率同比增长 2.3%，环比下滑 0.1%。

西班牙 2018 年 7 月份 CPI 同比增长 2.2%。2018 年 7 月 30 日，西班牙国家统计局发布数据显示，西班牙 7 月份 CPI 同比增长 2.2%，环比下降 0.7%。

4. 亚太

日本央行维持政策利率 -0.1% 不变。2018 年 7 月 31 日，日本央行发布货币政策声明称，日本经济温和扩张。其中，出口稳步增长，企业固定投资持续增加，企业利润和商业情绪整体向好，私人消费温和增长，住房和公共投资保持平稳，工业产出不断增加，劳动力市场持续趋紧，通胀预期基本不变。为此，央行决定维持政策利率 -0.1% 不变。

日本 2018 年 6 月份失业率为 2.4%。2018 年 7 月 31 日，日本国家统计局发布数据显示，经季调后，日本 6 月份失业率为 2.4%。失业总人数为 168 万人，同比下降 12.5%。就业总人数为 6687 万人，同比增加 1.6%。

日本 2018 年 6 月份零售销售额同比上升 1.8%。2018 年 7 月 30 日，日本经济产业省发布数据显示，日本 6 月份零售销售额同比上升 1.8%，经季调后，环比上升 1.5%。

日本 2018 年 6 月份工业产出指数初值环比下降 2.1%。2018 年 7 月 31 日，日本经济产业省发布数据显示，经季调后，日本 6 月份工业产出指数初值环比下降 2.1%；交货指数环比下降 0.2%；存货指数环比下降 1.8%；存货比率指数环比增长 2.4%。

韩国 2018 年 7 月份 CPI 同比增长 1.5%。2018 年 8 月 1 日，韩国国家统计局发布数据显示，韩国 7 月份 CPI 同比增长 1.5%，环比增长 0.2%。

韩国 2018 年 7 月份贸易账户顺差 70.1 亿美元。2018 年 8 月 1 日，韩国产业通商资源部发布数据显示，7 月份贸易账户顺差 70.1 亿美元；其中，出口额 518.8 亿美元，同比增长 6.2%；进口额 448.8 亿美元，同比增长 16.2%；

澳大利亚 2018 年 6 月份营建许可环比增长 6.4%。2018 年 7 月 31 日，澳大利亚国家统计局发布数据显示，经季调后，澳大利亚 6 月份营建许可环比增长 6.4%。

5. 非洲

南非第二季度失业率为 27.2%。2018 年 8 月 21 日，南非统计局发布数据显示，第二季度失业率 27.2%；其中，制造业失业人数环比增加 10.5 万人，社会工作失业人数环比增长 4.5 倍；矿业失业人数环比增长 3.8 万人。

二、国际组织

AMRO 称中国与东盟经济联系和溢出效应增强。2018 年 8 月 1 日，AMRO 发布的最新报告显示，随着中国经济发展和经济结构的进一步调整，中国与东盟国家的经济联系不断增强，并通过不同渠道产生溢出效应。2000 年，中国 GDP 占东盟与中日韩的 19%；2016 年快速增长至 57%，并且预计未来 5 年内，这一比例将升至 60% 以上。与此同时，中国对外贸易在过去 30 年中也迅速增长。截至 2016 年底，中国占该区域的贸易份额由 1996 年约 27% 上升至 52%。报告指出，中国与东盟国家通过不同渠道加强经济联系，其中货物贸易是最重要的渠道。1990 年，东盟对中国货物出口仅占其出口总额的 2%，但到 2016 年这一比例增至 12% 以上。中国消费占其 GDP 的比例从 2010 年的 48% 上升至 2016 年的 54%，而投资却在下降。这种消费驱动型增长模式，也对东盟对华出口产生了影响。东盟对中国的出口总额中，消费品、电子和工业部件所占比例持续增长。另一方面，东盟从中国进口的商品也大幅增加。1990 年，中国产品仅占东盟进口的 2.2%；到了 2016 年，这一比例上升至 20.7%。近年来，中国对外直接投资（ODI）大幅增长。2016 年，中国 ODI 总额上升至 183 亿美元。2007—2015 年，对东盟的 ODI 占中国 ODI 总额的比例由 3% 升至 6%。中国对东盟的 ODI 累计总额从 2007 年的 40 亿美元增加至 2015 年的 630 亿美元。区域金融中心在促进中国 ODI 进入东盟发挥了重要的中介作用。2014—2016 年，中国在新加坡的 ODI 占中国对东盟 ODI 总额的 51%。

IMF 称中非共同体经济前景改善。IMF 发布对中非经济和货币共同体

（CEMAC）最新经济评估报告指出，该区域经济和财政状况在过去一年有所改善，但实际经济增速仍远低于潜在增速，增长前景依然脆弱。报告显示，2018 年 CEMAC 经济增长率预计将从 2017 年不足 1% 增至约 2.75%。这一增长主要源于石油产量的反弹；非石油部门的增长率约为 2%，仍然相对较低。与此同时，通过财政整顿、油价上涨、紧缩的货币政策和加强监管等措施，该地区财政和外部失衡已得到缓解，但外汇储备在 2018 年仍未达到目标。报告指出，未来 CEMAC 经济和财政状况有望进一步改善，但仍面临潜在风险。选举压力可能影响财政改革力度；油价下降将给财政和外部平衡带来额外的压力；安全形势恶化也可能对经济增长产生负面影响；此外，低于预期的外部融资支持也是一个潜在的风险因素。鉴于经济前景的不确定性和该地区仍然脆弱的财政状况，油价上涨带来的额外政府收入应主要用于减少债务、增加储备和偿还国内欠款。

三、国际大宗商品

本周纽约原油期货价格累计下跌 0.13%。截至星期四，本周纽约原油期货累计跌幅 0.13%。星期一纽约原油期货上涨 1.52%，收于每桶 70.09 美元；星期二纽约原油期货下跌 2.64%，收于每桶 68.24 美元；星期三纽约原油期货下跌 0.57%，收于每桶 67.85 美元；星期四纽约原油期货上涨 1.62%，收于每桶 68.95 美元。

本周纽约黄金期货价格累计下跌 1.35%。截至星期四，本周纽约黄金期货价格累计跌幅 1.35%。星期一纽约黄金期货下跌 0.03%，收于每盎司 1230.2 美元；星期二纽约黄金期货上涨 0.22%，收于每盎司 1232.9 美元；星期三纽约黄金期货下跌 0.68%，收于每盎司 1224.5 美元；星期四纽约黄金期货下跌 0.7%，收于每盎司 1215.9 美元。

四、区域合作

RCEP 第 23 轮谈判部分章节取得重要进展。RCEP 第 23 轮谈判就货物、服务、投资、原产地规则、海关程序与贸易便利化、卫生与植物卫生措施、技术法规与合格评定程序、贸易救济、金融、电信、知识产权、电子商务、法律机制、政府采购等领域进行了全面磋商，完成海关程序与贸易便利化、政府采购章节，在技术法规与合格评定程序、卫生与植物卫生措施等章节的谈判取得重要进展。各方将于 2018 年 8 月 30—31 日在新加坡再次举行部长级会议，旨在为谈判提供更明确的指导，从较高层面为谈判注入动力，推动谈判尽早结束。

五、全球宏观经济形势

WTO 发布《2018 年世界贸易统计报告》。2018 年 7 月 30 日，WTO 发布《2018 世界贸易统计报告》。报告显示，2017 年全球商品贸易量增长 4.7%，为 6 年来最高；商品贸易额增长 11%。除中东以外，所有地区商品贸易量都出现增长，其中亚洲贸易量增幅最大（8.1%）。工业制成品占所有商品出口的比重达 70%，化工产品、办公用品和通信产品及汽车产品占制成品出口的 44%。排名前三位的商品贸易国分别是中国、美国和德国，三国商品出口总额约为 5.3 万亿美元，占全球总出口的 30%。欧盟仍是最具活力的自由贸易区，占全球出口的比重达 1/3；欧盟和北美合计占全球制成品出口的 48%。2017 年，全球服务贸易全面复苏，服务贸易出口增长 8%，进口增长 6%。运输行业服务贸易出口增长 9%；知识产权（IP）相关服务出口增长 10%，并带动其他商业服务出口增长。排名前三的商业服务出口国分别为美国、英国和德国，出口总额约为 1400 亿美元；美国、中国和德国则是排名前三的进口国。与 IP 相关的服务贸易以发达国家之间的贸易为主，但一些发展中经济体服务贸易规模增长迅速。新加坡年增长率为 36%，中国年增长率为 28% 位居第二。最不发达国家在全球服务贸易出口中所占份额为 0.6%，自 2005 年以来仅增长了 0.3 个百分点。

OCED 国家 2018 年 6 月份通胀率升至 2.8%。2018 年 8 月 2 日，OECD 公布最新数据显示，6 月份 OECD 国家整体通胀率上升至 2.8%。剔除食品和能源，6 月份 OECD 的通胀率稳定在 2.0%。主要经济体中，加拿大、意大利和美国通胀率实现小幅上涨，分别从 2.2%、1.0% 和 2.8% 升至 2.5%、1.3% 和 2.9%；法国（2.0%）、日本（0.7%）和英国（2.3%）保持稳定；德国通胀率略有下降，从 2.2% 降至 2.1%。欧元区通胀率升至 2.0%。欧盟统计局预测，随着能源价格上涨，7 月份通胀率将升至 2.1%。G20 国家整体通胀率升至 3.1%。其中，中国从 1.8% 升至 1.9%，俄罗斯、印度和沙特阿拉伯分别从 2.4%、4.0% 和 2.3% 降至 2.3%、3.9% 和 2.1%。

第 32 周（2018/08/04—2018/08/10）

2018 年 8 月 4—10 日，国际财经要情有：美国对 160 亿美元中国进口商品加征 25% 关税；美国 6 月份贸易账户逆差 463 亿美元；美国 7 月份失业率为 3.9%；德国 6 月份贸易账户顺差 218 亿欧元；日本 6 月份经常账户盈余 1.176 万亿日元；澳大利亚维持基准利率 1.5% 不变；WTO 发布最新全球贸易景气指数；世行提议全面改革投资争端解决规则；第 73 届联合国大会主席埃斯皮诺萨出访中国；OECD 成员国经济增势或将放缓。

一、区域观察

1. 北美

美国对 160 亿美元中国进口商品加征 25% 关税。2018 年 8 月 8 日，美国贸易代表办公室宣布对 160 亿美元中国进口商品加征 25% 关税，8 月 23 日起生效。当日，中国国务院关税税则委员会宣布对原产于美国的 160 亿美元进口商品加征 25% 关税，8 月 23 日起生效。

美国 2018 年 6 月份贸易账户逆差 463 亿美元。2018 年 8 月 4 日，美国商务部发布数据显示，6 月份贸易账户逆差 463 亿美元，环比增长 7.4%，同比增长 73.4%。其中，出口额为 2138 亿美元，环比下降 0.7%；进口额为 2602 亿美元，环比上升 0.6%。

美国 2018 年 7 月份失业率为 3.9%。2018 年 8 月 4 日，美国劳工部发布数据显示，7 月份失业率为 3.9%，环比下降 0.1 个百分点；劳动参与率为 62.9%，环比持平；非农就业人口环比增加 15.7 万人。

美国 2018 年 7 月份 PPI 环比零增长。2018 年 8 月 9 日，美国商务部发布数据显示，7 月份 PPI 环比零增长，同比增长 3.3%；核心 PPI 环比增长 0.1%，同比增长 2.7%

加拿大 2018 年 6 月份贸易账户逆差 6.26 亿加元。2018 年 8 月 4 日，加拿大统计局发布数据显示，经季调，6 月份贸易账户赤字 6.26 亿加元。其中，出口 507 亿加元，环比增长 4.1%，同比增长 9.2%；进口 513 亿加元，环比下降 0.2%，同比上升 4.2%。

2. 拉美

巴西央行维持基准利率 6.5% 不变。2018 年 8 月 4 日，巴西央行货币政策委员会宣布，维持基准利率 6.5% 不变。巴西通胀前景温和，预测 2018 年通胀率为 4.2%。

3. 欧洲

欧元区 2018 年 6 月份零售销售环比上升 0.3%。2018 年 8 月 4 日，欧盟统计局发布数据显示，经季调，欧元区 6 月份零售销售环比上升 0.3%，同比上升 1.2%；欧盟 6 月份零售销售环比持平，同比上升 1.9%。

德国 2018 年 6 月份贸易账户顺差 218 亿欧元。2018 年 8 月 7 日，德国联邦统计局发布数据显示，6 月份贸易账户顺差 218 亿欧元。其中，出口额 1155 亿欧元，同比增长 7.8%；进口额 937 亿欧元，同比增长 10.2%。

德国 2018 年 6 月份工业产出环比下降 0.9%。2018 年 8 月 7 日，德国联邦统计局发布数据显示，经季调，6 月份工业产出初值环比下降 0.9%，同比上升 2.5%。其中资本品产出环比下降 0.6%，消费品产出环比上升 1.6%。

德国 2018 年 6 月份制造业新订单环比下降 4%。2018 年 8 月 6 日，德国联邦统计局发布数据显示，经季调，6 月份制造业新订单初值环比下降 4%，同比下降 0.8%。其中，国内订单环比下降 2.8%，国外订单环比下降 4.7%。

法国 2018 年 6 月份贸易账户逆差 62 亿欧元。2018 年 8 月 7 日，法国海关发布数据显示，6 月份贸易账户逆差 62 亿欧元。其中，出口额 409 亿欧元，同比增长 4.4%；进口额 472 亿欧元，同比增长 6%。

意大利 2018 年 6 月份工业产出环比增长 0.5%。2018 年 8 月 4 日，意大利统计局发布数据显示，经季调，6 月份工业产出环比增长 0.5%，同比增长 1.7%。

瑞士 2018 年 7 月份 CPI 环比下降 0.2%。2018 年 8 月 4 日，瑞士联邦统计局发布数据显示，7 月份 CPI 环比下降 0.2%，同比上升 1.2%。

瑞士 2018 年 7 月份失业率为 2.6%。2018 年 8 月 9 日，瑞士联邦统计局发布数据显示，经季调，7 月份失业率为 2.6%，未经季调的失业率为 2.4%。

土耳其预计 2018 年财政赤字 GDP 占比将低于 2%。2018 年 8 月 9 日，土耳其财政部发表声明称，预测 2018 年财政赤字 GDP 占比将低于 2%，土耳其银行和企业不存在流动性风险，2019 年土耳其经济增速预计为 3%—4%，低于此前预期。8 月 6 日，土耳其里拉兑美元下跌 6.7%，创 2008 年 10 月份以来最大跌幅；当日土耳其央行下调外汇稳定准备金机制，将外汇交存比例上限由 45% 下调至 40%，为银行业注入约 22 亿美元流动性。2018 年以来里拉累计跌幅超 30%。

4. 亚太

日本 2018 年 6 月份经常账户盈余 1.176 万亿日元。2018 年 8 月 8 日，日本财务省发布数据显示，6 月份经常账户盈余 1.176 万亿日元，同比增长 27.1%；贸易账户顺差 6453 亿日元，同比增长 44.8%。其中，出口 6.98 万亿日元，同比增长 9.3%；进口 6.15 万亿日元，同比增长 4.9%。

日本 2018 年 6 月份核心机械订单环比下跌 8.8%。2018 年 8 月 9 日，日本内阁府发布数据显示，6 月份核心机械订单环比下滑 8.8%，创 6 个月以来最大跌幅；同比上升 0.3%，增幅远低于市场预期。

澳大利亚维持基准利率 1.5%不变。2018 年 8 月 9 日，澳大利亚联储召开货币政策会议，决定维持隔夜拆借利率 1.5% 不变；预计 2018 年 CPI 将跌至 1.5%，经济增速略高于 3%，薪资增速持续低靡。

澳大利亚 2018 年 6 月份零售销售环比增长 0.4%。2018 年 8 月 4 日，澳大利亚国家统计局发布数据显示，经季调，6 月份零售销售环比增长 0.4%。其中，服装鞋类环比增长 2.2%，食品零售环比增长 0.3%，家庭用品环比增长 0.1%。

新西兰联储维持基准利率 1.75%不变。2018 年 8 月 9 日，新西兰联储发布政策声明，维持基准利率 1.75% 至 2020 年；重申货币政策将在很长一段时间内保持宽松；下调 2018 年第二季度经济增长预期至 0.5%。

5. 非洲

南非 2018 年 6 月份贸易账户盈余 120 亿兰特。2018 年 8 月 4 日，南非央行发布数据显示，6 月份贸易账户盈余 120 亿兰特，同比增长 38%，远超市场预期。其中出口 1101.5 亿兰特，环比增长 7.1%；进口 981.5 亿兰特，环比增长 0.9%。

二、国际组织

WTO 发布最新全球贸易景气指数。2018 年 8 月 9 日，WTO 发布最新全球贸易景气指数（WTOI）。数据显示，第三季度全球贸易景气指数为 100.3，低于第二季度 101.8，逼近指数荣枯线，预测 2018 年第三季度全球贸易增速将继续放缓。由于贸易冲突升级，出口订单指数延续前两个季度的下滑趋势，汽车生产和销售指数与上季度持平，两指数均低于荣枯线水平。此外，航空货物运输、集装箱吞吐量以及电子元器件指数较上季度均下降，增长动能不足，但仍高于荣枯线。农业原材料指数有所上升。

世行提议全面改革投资争端解决规则。世行解决投资争端国际中心（ICSID）提议就投资争端解决规则进行全面改革，并提出 50 多年来改革力度最大的拟议修正案，其主要内容包括四点。第一，通过实现申请全流程电子化、重新设定各步骤时限及提供可选的快速仲裁程序，减少仲裁耗时和成本；第二，通过信息公开使判例法更加透明；第三，加强对仲裁员潜在利益冲突的披露；第四，案件登记后立即帮助争议双方申请第三方资助，并披露当事人是否与出资者有任何关联。ICSID 成员国将于 2018 年 9 月 26 日至 27 日在华盛顿举行会议，讨论拟议修正案；2018 年 12 月 28 日前，各国和公众可就修正案提交书面意见。该修正案的通过需 2/3 ICSID 成员国的批准。

亚行与韩国加强金融领域合作。2018 年 8 月 6 日，亚行行长中尾武彦在马尼拉会见韩国金融监管局（FSS）局长尹淑勋，双方就金融市场的新趋势以及金融服务对社区发展的重要作用进行了讨论，以及如何加强合作、支持亚行发展中成员金融部门发展，包括构建有效的金融架构和监管框架、发展普惠金融。中尾武彦指出，金融创新需要平衡监管、竞争和金融稳定之间的关系，发展伙伴应帮助发展中成员保护消费者利益，防止洗钱、恐怖主义融资等非法活动，改善网络安全和数据保护。尹淑勋指出，韩国金融监管局致力于推动金融科技创新，同时解决消费者保护、可持续融资和网络安全等问题。期间，FSS 和亚洲开发银行签署了一项旨在支持亚洲及太平洋地区普惠金融发展的合作协议，该协议将为亚行与 FSS 进一步加强合作奠定基础，共同帮助亚太地区新兴市场和发展中经济体构建健全和包容的金融体系。

三、国际大宗商品

本周纽约原油期货价格累计下跌 2.88%。截至星期四，本周纽约原油期货累计跌幅 2.88%。星期一纽约原油期货上涨 0.32%，收于每桶 68.9 美元；星期二纽约原油期货上涨 0.28%，收于每桶 69.09 美元；星期三纽约原油期货下跌 3.34%，收于每桶 66.78 美元；星期四纽约原油期货下跌 0.12%，收于每桶 66.7 美元。

本周纽约黄金期货价格累计下跌 0.16%。截至星期四，本周纽约黄金期货价格累计跌幅 0.16%。星期一纽约黄金期货下跌 0.52%，收于每盎司 1215.6 美元；星期二纽约黄金期货上涨 0.26%，收于每盎司 1218.8 美元；星期三纽约黄金期上涨 0.25%，收于每盎司 1221.8 美元；星期四纽约黄金期货下跌 0.15%，收于每盎司 1220 美元。

四、区域合作

第 73 届联合国大会主席埃斯皮诺萨出访中国。2018 年 8 月 8 日，中国国务院总理李克强在北戴河会见第 73 届联合国大会主席埃斯皮诺萨。埃斯皮诺萨表示，首次出访选择中国是因为看到中国在加强多边主义方面发挥的重要作用，以及支持联合国工作所作的巨大贡献。联合国愿同中方以及世界各国共同维护以规则为基础的国际秩序，促进在国际法和世界贸易组织框架下的自由贸易。

中非合作论坛北京峰会将于 2018 年 9 月举行。2018 年中非合作论坛北京峰会将于 9 月举行。峰会将以“合作共赢，携手构建更加紧密的中非命运共同体”为主题，重点将中非共建“一带一路”、联合国 2030 年可持续发展议程、非盟《2063 年议程》同非洲各国的发展战略相结合，在更高质量、更高水平上实现中非共同发展，为新时代的中非关系发展注入强劲动力。

五、全球宏观经济形势

OECD 成员国经济增势或将放缓。2018 年 8 月 8 日，经合组织（OECD）发布最新一期综合领先指数（CLIs）显示，OECD 主要经济体增长势头或将放缓。数据显示，加拿大、英国、德国、法国和意大利的 CLIs 分别为 99.7、99.0、100.1、99.7 和 100.1，环比均较上个月下降 0.1；美国和日本的 CLIs 分别为 100.0 和 99.8，增长势头连续 3 个月和 2 个月持平；主要新兴经济体中，中国和印度的 CLIs 分别为 99.8 和 101.4，两国有望继续保持增长势头，其中印度连续 5 个月上涨；巴西 CLIs 波动较大，潜在增长势头或将放缓；俄罗斯 CLIs 为 100.4，连续 5 个月走低。

第 33 周（2018/08/11—2018/08/17）

2018 年 8 月 11—17 日，国际财经要情有：美国 7 月份核心 CPI 同比上升 2.4%；阿根廷央行上调基准利率 500 个基点至 45%；欧元区第二季度 GDP 同比增长 2.2%；德国第二季度 GDP 同比增长 2.3%；英国 7 月份 CPI 同比增长 2.5%；俄罗斯第二季度 GDP 同比增长 1.8%；日本第二季度实际 GDP 同比增长 1.9%；印度尼西亚央行上调基准利率 25 个基点至 5.5%；南非央行称将维持基准利率 6.5% 不变。

一、区域观察

1. 北美

美国 2018 年 7 月份核心 CPI 同比上升 2.4%。2018 年 8 月 11 日，美国劳工部发布数据显示，经季调，7 月份 CPI 环比上升 0.2%，核心 CPI 环比上升 0.2%；7 月份 CPI 同比上升 2.9%，核心 CPI 同比上升 2.4%。

美国第二季度非农生产率同比增长 2.9%。2018 年 8 月 15 日，美国劳工部发布数据显示，第二季度非农生产率同比增长 2.9%，创 3 年来新高；7 月份工业产出环比增长 0.1%，制造业产出环比增长 0.3%，设备使用率 78.1%。

美国 2018 年 7 月份零售销售环比增长 0.5%。2018 年 8 月 15 日，美国劳工部发布数据显示，7 月份零售销售环比增长 0.5%，连续 6 个月增长；核心零售销售环比增长 0.6%，远高于预期。

加拿大 2018 年 7 月份失业率 5.8%。2018 年 8 月 11 日，加拿大国家统计局发布数据显示，经季调，加拿大 7 月份失业率为 5.8%，环比下降 0.2%。就业总人数 1868 万人，同比上升 1.3%；失业总人数 116 万人，同比下降 6.0%。

2. 拉美

阿根廷央行上调基准利率 500 个基点至 45%。2018 年 8 月 13 日，阿根廷央行宣布上调基准利率 500 个基点至 45%，并将维持该利率至 10 月份。今年以来阿根廷比索已累计下跌 35%。

3. 欧洲

欧盟第二季度 GDP 环比增长 0.4%。2018 年 8 月 14 日，欧盟统计局发布数据显示，经季调，欧元区和欧盟第二季度 GDP 均环比增长 0.4%，同比增长 2.2%。

欧元区 2018 年 6 月份贸易账户顺差 225 亿欧元。2018 年 8 月 16 日，欧盟统计局发布数据显示，欧元区 6 月份贸易账户顺差 225 亿欧元，同比下降 12%；季调后贸易账户顺差 167 亿欧元；1—6 月份对美出口同比增长 3.9%，从美进口同比下滑 2.4%。

欧元区 2018 年 6 月份工业产出环比下降 0.7%。2018 年 8 月 15 日，欧盟统计局发布数据显示，欧元区 6 月份工业产出环比下降 0.7%，同比增长 2.5%。

德国第二季度 GDP 同比增长 2.3%。2018 年 8 月 14 日，德国联邦统计局发布数据显示，第二季度未季调 GDP 同比增长 2.3%，较前值提高 0.7 个百分点；环比增长 0.5%，较前值提高 0.2 个百分点。

德国 2018 年 7 月份 CPI 环比增长 0.3%。2018 年 8 月 14 日，德国联邦统计局发布数据显示，7 月份 CPI 环比增长 0.3%，同比增长 2%；调和 CPI 环比增长 0.4%，同比增长 2.1%。

英国第二季度 GDP 同比增长 1.3%。2018 年 8 月 11 日，英国国家统计局发布数据显示，英国第二季度 GDP 环比增长 0.4%，同比增长 1.3%。其中，服务业环比增长 0.5%，建筑业环比增长 0.9%，家庭支出环比增长 0.3%，企业投资环比增长 0.5%。

英国 2018 年 7 月份 CPI 同比增长 2.5%。2018 年 8 月 15 日，英国国家统计局发布数据显示，7 月份 CPI 环比持平，同比增长 2.5%；核心 CPI 环比持平，同比增长 1.9%；7 月份 PPI 环比持平，同比增长 3.1%；核心 PPI 环比持平，同比增长 2.2%；零售物价指数环比增长 0.1%，同比增长 3.2%；核心零售物价指数同比增长 3.3%。

英国 2018 年 6 月份贸易账户逆差 114 亿英镑。2018 年 8 月 11 日，英国国家统计局发布数据显示，英国 6 月份贸易账户逆差 114 亿英镑。其中，出口额 291 亿英镑，环比下降 4.3%，同比上升 6.3%；进口额 405 亿英镑，环比上升 0.1%，同比上升 3.8%。

英国 2018 年 7 月份零售销售环比增长 0.7%。2018 年 8 月 16 日，英国国家统计局发布数据显示，经季调，7 月份零售销售环比增长 0.7%，同比增长 3.5%；核心零售销售环比增长 0.9%，同比增长 3.7%。

法国 2018 年 6 月份工业产出环比增长 0.6%。2018 年 8 月 11 日，法国统计局发布数据显示，经季调，6 月份工业产出环比增长 0.6%；其中制造业产出环比增长 0.6%，建筑业产出环比增长 3.9%。

意大利 2018 年 7 月份 CPI 同比增长 1.5%。2018 年 8 月 13 日，意大利统计局发布数据显示，7 月份 CPI 同比增长 1.5%，环比增长 0.3%；核心 CPI 同比增长 0.7%；HICP 同比增长 1.9%，环比增长 1.4%。

意大利 2018 年 6 月份贸易顺差 50.71 亿欧元。2018 年 8 月 11 日，意大利统计局发布数据显示，意大利 6 月份贸易顺差 50.71 亿欧元。其中，出口 421.71 亿欧元，同比增长 6.6%，环比增长 4.6%；进口 371 亿欧元，同比增长 5.9%，环比增长 0.3%。

俄罗斯第二季度 GDP 同比增长 1.8%。2018 年 8 月 11 日，俄罗斯联邦统计局发布数据显示，第二季度 GDP 同比增长 1.8%，较前值提高 0.5 个百分点；预计 2018 年经济增速为 1.9%，2019 年为 1.4%。

4. 亚太

日本第二季度实际 GDP 同比增长 1.9%。2018 年 8 月 11 日，日本内阁府发布数据显示，第二季度实际 GDP 同比增长 1.9%，环比增长 0.5%；其中，私人消费同比增长 3%；公共需求增长 0.7%；商品和服务出口增长 0.8%，进口增长 3.9%。

日本 2018 年 7 月份贸易账户逆差 2310 亿日元。2018 年 8 月 14 日，日本财务省发布数据显示，7 月份贸易账户逆差 2310 亿日元。其中，对美出口同比下降 5%，对美贸易顺差同比下降 22% 至 5027 亿日元；对华出口同比增长 3.9%，连续 20 个月上涨，对华贸易逆差 2120 亿日元。

日本 2018 年 6 月份工业产出环比下降 1.8%。2018 年 8 月 14 日，日本经济产业省发布数据显示，经季调，日本 6 月份工业产出环比下降 1.8%。

韩国 2018 年 7 月份进口价格指数同比增长 12.2%。2018 年 8 月 14 日，韩国央行发布数据显示，韩国 7 月份进口价格指数同比增长 12.2%，环比增长 1.7%；出口价格指数同比增长 2.6%，环比增长 2.3%。

印度尼西亚央行上调基准利率 25 个基点至 5.5%。2018 年 8 月 15 日，印度尼西亚央行宣布上调基准利率 25 个基点至 5.5%，为 5 月份以来第四次加息；下调 2018 年经济增长预期 0.1 个百分点至 5.0%—5.4%，预计第二季度 GDP 同比增长 5.3%。

澳大利亚 2018 年 7 月份失业率创 6 年新低。2018 年 8 月 16 日，澳大利亚统计局发布数据显示，7 月份失业率为 5.3%，环比下降 0.1 个百分点，创 6 年来新低；就业人数环比减少 3900 人，就业参与率环比下降 0.2 个百分点至 65.5%。

5. 非洲

南非央行称将维持基准利率 6.5%不变。2018 年 8 月 14 日，南非央行发布声明称，将维持基准利率 6.5% 不变；认为 2018 年南非经济增速将低于预期，重申将保持通胀率在 3%—6% 的目标区间内。8 月 13 日南非兰特大幅贬值近 10%。

南非 2018 年 6 月份零售销售同比增长 0.7%。2018 年 8 月 15 日，南非统计局发布数据显示，6 月份零售销售同比增长 0.7%，较前值下降 1.2 个百分点。

二、国际组织

联合国：多边主义是解决全球性问题的唯一途径。2018 年 8 月 14 日，联合国发布 2018 年工作报告，强调多边主义是解决日益加剧的全球性问题并实现可持续发展目标的最佳途径。当前劳动生产率有所提高，电力和互联网发展卓有成效，但发展仍不均衡，难以在 2030 年前实现可持续发展目标。为此，联合国呼吁各成员国、国际组织及民间组织加强合作。截至 6 月，为实现 17 个可持续发展目标，来自不同部门的合作伙伴已在联合国可持续发展目标在线平台登记构建了 3834 个伙伴关系。

非开行与加拿大深化合作。2018 年 8 月 14 日，非洲开发银行（AfDB）宣布，加拿大国际发展部部长玛丽·克洛德·比博将应邀访问科特迪瓦，加强与非开行的合作关系。加拿大是非开行第五大股东，此次访问是加拿大国际开发部部长首次访问非开行，也是非开行行长阿德西纳与加拿大政府进行的第一次正式会议，将为双方探讨女性赋权、可再生能源、气候变化等重要议题提供契机。非开行预期，此次造访将为加拿大与非开行在贸易、投资等方面深化合作搭建良好平台。

三、国际大宗商品

本周纽约原油期货价格累计下跌 3.5%。截至星期四，本周纽约原油期货累计跌幅 3.5%。星期一纽约原油期货下跌 0.5%，收于每桶 67.41 美元；星期二纽约原油期货下跌 1.16%，收于每桶 66.63 美元；星期三纽约原油期货下跌 2.6%，收于每桶 64.9 美元；星期四纽约原油期货上涨 0.85%，收于每桶 65.45 美元。

本周纽约黄金期货价格累计下跌 3.1%。截至星期四，本周纽约黄金期货价格累计跌幅 3.1%。星期一纽约黄金期货下跌 1.53%，收于每盎司 1200.5 美元；星期二纽约黄金期货上涨 0.05%，收于每盎司 1201.1 美元；星期三纽约黄金期下跌 1.61%，收于每盎司 1181.8 美元；星期四纽约黄金期货下跌 0.07%，收于每盎司 1181 美元。

四、区域合作

APEC：加快数字化建设，提升贸易便利化水平。2018 年 8 月 13 日，亚太经合组织（APEC）海关手续分委会同意大力促进数字化建设，简化贸易流程，促进亚太地区外贸企业发展，提升贸易便利化水平。APEC 建议重点建设符合进出口清关要求的一站式服务平台，即“单一窗口”系统，为货物跨境流动创造便利，降低航运延误成本。当前，APEC 成员国已着手落实相关建设工作，2014—2017 年，APEC 成员国平均出口用时从 3 天减至 2.5 天，降幅达 16%，成本降至 436 美元，降幅达 8%。目前“单一窗口”系统的建设尚处起步阶段，继续完善法律及监管框架、简化贸易流程及调整数据标准，是进一步精简海关手续的关键。

东盟发布最新 2025 年综合战略行动计划。2018 年 8 月 14 日，东盟发布最新东盟经济共同体（AEC）2025 年综合战略行动计划（CSAP）。计划主要内容包括：2016—2025 年税收合作战略行动计划、2017—2025 年东盟电子商务工作计划、2025 年 AEC 贸易便利化战略行动计划、2016—2017 年东盟良好监管实践工作计划等。CSAP 将对 2015 年东盟通过的《2025 年东盟经济共同体蓝图》进行更结构化的监测和报告。10 年内，CSAP 将定期进行审查和更新。《2025 年东盟经济共同体蓝图》旨在帮助 AEC 于 2025 年达成 5 个目标：高度一体化；更具有竞争性、创造性和活力；加强互通与合作；更具有韧性、包容性和以人为本；提升全球化水平。

五、全球宏观经济形势

AMRO 发布最新经济展望报告。2018 年 8 月 13 日，AMRO 发布最新经济展望报告。数据显示，2018 年第二季度，美国 GDP 增长 4.1%，为近 4 年最快增速，核心通胀升至 2.4%，失业率降至 3.9%，工资水平稳步上升，预计第三季度经济增长保持强劲；欧元区 GDP 增速进一步放缓至 2.1%，预计第三季度有所改善；英国经济略有反弹，预计第三季度趋于稳定；中国经济温和增长，第二季度 GDP 增速 6.7%，PMI 指标显示工厂产出疲软，预计第三季度新出口订单将减少；日本经济增长势头走强，第二季度 GDP 增速 1.9%，通胀水平持续低迷，进入 7 月份，经济增长势头有所放缓；东盟经济增长放缓，但出口增长稳健，预计第三季度有望实现温和增长。全球贸易前景的不确定性和美元再度走强将使资产价格面临下行压力。近期，工资及通胀水平潜在上升或将使美联储加息速度快于预期。

第 34 周 （2018/08/18—2018/08/24）

2018 年 8 月 18—24 日，国际财经要情有：美联储公布 8 月份货币政策会议纪要；阿根廷央行上调存款准备金率至 31%；英国 7 月份财政收支盈余 192 亿英镑；韩国 7 月份失业率 3.7%；联合国会议探讨用多边主义理念应对全球性问题；APEC 称过去两年亚太地区营商环境改善 7.3%；OECD 称第一季度实际家庭人均收入季环比增长 0.7%。

一、区域观察

1. 北美

美联储公布 2018 年 8 月份货币政策会议纪要。2018 年 8 月 23 日，美联储公布 8 月份货币政策会议纪要显示，多数委员认为美国经济活动增长强劲，但持续的贸易分歧将给经济带来巨大风险，预计 GDP 增速将于下半年放缓，但仍高于趋势水平。

美国 2018 年 8 月 18 日当周初请失业金 21 万人。2018 年 8 月 24 日，美国劳工部发布数据显示，当周初请失业金 21 万人，预期 21.5 万人。

加拿大 2018 年 7 月份 CPI 环比增长 0.5%。2018 年 8 月 18 日，加拿大国家统计局发布数据显示，经季调，7 月份 CPI 环比增长 0.5%，同比增长 3.0%。

加拿大 2018 年 6 月份批发销售环比下降 0.8%。2018 年 8 月 21 日，加拿大统计局发布数据显示，经季调，加拿大 6 月份批发销售额为 606.9 亿加元，环比下降 0.8%，同比上升 3.9%；批发库存额为 796.1 亿加元，环比上升 1.8%，同比上升 7.7%。

加拿大 2018 年 6 月份外资证券购买额为 115 亿加元。2018 年 8 月 18 日，加拿大国家统计局发布数据显示，加拿大 6 月份外资证券购买额为 115 亿加元，环比增长 85 亿加元；加拿大购买外国证券总额为 113 亿加元，为 2018 年 1 月以来最高。

2. 拉美

阿根廷央行上调存款准备金率至 31%。2018 年 8 月 18 日，阿根廷央行宣布，上调存款准备金率 3 个百分点至 31%，预计将吸纳市场流动资金 20.1 亿美元，缓解短期债务给通胀带来的压力。

3. 欧洲

欧元区 2018 年 7 月份 HICP 同比增长 2.1%。2018 年 8 月 18 日，欧盟统计局发布数据显示，欧元区 7 月份 HICP 同比增长 2.1%，环比下降 0.3%；欧盟 7 月份 HICP 同比增长 2.2%，环比下降 0.2%。

德国 2018 年 7 月份 PPI 环比增长 0.2%。2018 年 8 月 20 日，德国联邦统计局发布数据显示，德国 7 月份 PPI 环比增长 0.2%，同比增长 3%。其中，能源价格同比增长 6.5%，中间品价格同比增长 3.2%，耐用消费品价格同比增长 1.6%，非耐用消费品价格同比增长 0.4%，资本品价格同比增长 1.3%。

英国 2018 年 7 月份零售销售环比增长 0.7%。2018 年 8 月 17 日，英国国家统计局发布数据显示，7 月份零售销售环比增长 0.7%，同比增长 3.5%；核心零售销售环比增长 0.9%，同比增长 3.7%。

英国 2018 年 7 月份财政收支盈余 192 亿英镑。2018 年 8 月 21 日，英国国家统计局发布数据显示，7 月份财政收支盈余 192 亿英镑，公共部门净借款盈余 20 亿英镑；预计 2018 年全年净借款总额为 237 亿英镑，低于 2017 年的 394 亿英镑。

俄罗斯 2018 年 7 月份失业率 4.7%。2018 年 8 月 20 日，俄罗斯联邦统计局发布数据显示，经季调，7 月份失业率 4.7%，连续 3 个月保持历史低位。其中，失业人口环比增长 1.7% 至 360.3 万人，同比下降 30.4 万人；实际工资同比增长 8%，实际可支配收入同比增长 2%。

4. 亚太

日本 2018 年 7 月份 CPI 同比增长 0.9%。2018 年 8 月 24 日，日本总务省发布数据显示，7 月份 CPI 同比增长 0.9%，环比增长 0.3%；核心 CPI 同比增长 0.8%。

日本 2018 年 6 月份产业活动环比下降 0.8%。2018 年 8 月 22 日，日本经济产业省发布数据显示，经季调，日本 6 月份产业活动环比下降 0.8%。其中，建筑业活动环比下降 2.5%；工业产出环比下降 1.8%；第三产业环比下降 0.5%。

韩国 2018 年 7 月份失业率 3.7%。2018 年 8 月 18 日，韩国统计局发布数据显示，7 月份失业率同比上升 0.3 个百分点至 3.7%，就业人口同比增长 5000 人，至 2708.3 万人；就业率同比下滑 0.3 个百分点至 61.3%，失业人口 103.9 万人。

韩国 2018 年 7 月份 PPI 环比增长 0.4%。2018 年 8 月 21 日，韩国央行发布数据显示，韩国 7 月份 PPI 环比增长 0.4%，同比增长 2.9%。

澳洲联储公布货币政策会议纪要。2018 年 8 月 21 日，澳洲联储公布 8 月份货币政策会议纪要显示，当前货币政策将继续支持经济增长，推动失业率下降，维持基准利率 1.5% 不变；澳大利亚经济稳定；非矿产业投资进一步提振，消费稳定增长，商业条件持续向好，公共需求和资源出口强劲，劳动力市场持续收紧。预计 2018 年和 2019 年澳大利亚 GDP 增速将略高于 3%；2018 年第三季度通胀率小幅下降，2020 年或升至 2.25%。

新西兰第二季度零售销售环比增长 1.1%。2018 年 8 月 22 日，新西兰国家统计局发布数据显示，经季调，第二季度零售销售环比增长 1.1%。

5. 非洲

南非 2018 年 7 月份 CPI 同比增长 5.1%。2018 年 8 月 22 日，南非统计局发布数据显示，7 月份 CPI 同比增长 5.1%，高于预期。其中，燃油价格同比上涨 25.3%，增幅最大。

南非第二季度批发贸易同比增长 0.1%。2018 年 8 月 18 日，南非统计局发布数据显示，第二季度批发贸易同比增长 0.1%，6 月份批发贸易额为 1471 亿兰特，同比下降 0.5%，环比增长 1.4%。

二、国际组织

IMF 称劳动力市场放松管制导致劳动力份额下降。IMF 发布报告指出，放松对劳动力市场的管制虽有助于提高生产率和就业率，但实际导致了 1990 年以来大多数发达经济体劳动力份额下降。IMF 对 26 个发达经济体近 40 年劳动力管制政策进行研究，发现劳动力市场放松管制在国家和产业两个层面对劳动力份额产生显著负面影响，尤其是在劳动力调整频繁和资本—劳动替代弹性低的行业。IMF 呼吁研究劳动力份额下降的驱动因素应多关注劳动力市场管制、技术管制放松和全球化的影响，在改革劳动力市场政策时，要对生产率、就业、产出、工资和劳动力份额等因素的宏观经济影响进行评估，并注重公平与效率的权衡。

联合国会议探讨用多边主义理念应对全球性问题。2018 年 8 月 22 日，第 67 届联合国新闻部非政府组织会议在纽约联合国总部开幕。会议探讨如何加强联合国与非政府组织之间合作，并提倡用多边主义理念解决当前全球面临的重大问题。会议主席温妮·比亚尼马指出，当今世界面临包括气候变化、国家间冲突、发展不均衡、大规模移民等诸多问题，这些都需要全球性的解决方案。本次会议着力弘扬多边主义价值，强化联合国与公民社会的伙伴关系，以唤起人类共同推动 2030 年议程的热情。

APEC 继续深化结构性改革。APEC 表示将继续推进结构性改革，促进竞争，完善市场经济，消除人民生活和经济发展的障碍，为亚太地区提供新的发展机会，促进相互包容。APEC 指出，当前人均收入水平上升，绝对贫困水平下降，但经济增长不平衡、收入差距日益扩大等因素将破坏国际贸易秩序，阻碍国际贸易长期增长和经济可持续发展。结构性改革有望使青年、女性、中小企业及社会各阶层参与经济增长，提升经济发展的包容性。此次 APEC 结构性改革主要包括三大部分，一是发展更加开放、透明和充分竞争的市场；二是提高社会各阶层参与度；三是制定可持续的社会政策。

三、国际大宗商品

本周纽约原油期货价格累计上涨 2.91%。截至星期四，本周纽约原油期货累计涨幅 2.91%。星期一纽约原油期货下跌 0.73%，收于每桶 65.44 美元；星期二纽约原油期货上涨 0.96%，收于每桶 66.07 美元；星期三纽约原油期货上涨 3.09%，收于每桶 68.11 美元；星期四纽约原油期货下跌 0.4%，收于每桶 67.84 美元。

本周纽约黄金期货价格累计持平。截至星期四，本周纽约黄金期货价格累计持平。星期一纽约黄金期货上涨 0.46%，收于每盎司 1197.3 美元；星期二纽约黄金期货上涨0.33%，收于每盎司 1201.2 美元；星期三纽约黄金期上涨0.11%，收于每盎司 1202.5 美元；星期四纽约黄金期货下跌 0.89%，收于每盎司 1191.8 美元。

四、区域合作

APEC 称过去两年亚太地区营商环境改善 7.3%。APEC 政策支持小组发布报告显示，过去两年亚太地区营商环境改善 7.3%，其中，获得贷款成为取得最大突破的领域。APEC 经济体积极推进改善营商环境计划，重点关注获得贷款、创业、处理施工许可、执行合同及跨境贸易五大优先领域，目标是到 2019 年底，亚太地区营商环境在 2015 年的基础上改善 10%。过去两年，APEC 经济体能够获得贷款信息的成年人比例从 74% 提升至 77% 以上；在跨境贸易领域，企业出口平均耗时从 70 小时减至约 65 小时，降幅达 6.5%；处理施工许可耗时减少一天。

五、全球宏观经济形势

OECD 称 2018 年第一季度实际家庭人均收入季环比增长 0.7%。2018 年 8 月 20 日，OECD 发布报告显示，2018 年第一季度经合组织实际家庭人均收入增速从 2017 年第四季度的 0.4% 升至 0.7%，超过实际人均 GDP 增速，但各经济体之间差异较大。第一季度，美国和德国实际家庭人均收入增长 0.9%，远高于同期实际人均 GDP 增速。英国实际家庭人均收入继上季度下降 0.6% 之后增长 0.2%。加拿大实际家庭人均收入与上季度持平，实际人均 GDP 增长 0.1%。法国实际家庭人均收入下降 0.6%，实际人均 GDP 增速从上一季度的 0.6% 降至 0.1%；意大利实际家庭人均收入下降 0.2%，实际人均 GDP 增速稳定在 0.3%。欧盟实际家庭人均收入下降 0.1%，落后于实际人均 GDP 增速。欧元区实际人均 GDP 增速放缓至 0.3%，连续三个季度超过实际家庭人均收入增速。

联合国发布《2018 年拉丁美洲和加勒比地区经济概览》。2018 年 8 月 23 日，联合国发布《2018 年拉丁美洲和加勒比地区经济概览》。报告指出，在全球经济面临不确定性和波动性的背景下，由于国内需求反弹，尤其是私人消费和投资小幅增加，拉丁美洲和加勒比地区经济 2018 年增长率为 1.5%，该地区平均整体增长呈积极态势。其中，南美洲 2018 年经济增长率为 1.2%，中美洲增长率为 3.4%，加勒比地区增长率为 1.7%。多米尼加共和国和巴拿马带动地区增长，两国 GDP 增速分别为 5.4% 和 5.2%。报告显示，拉丁美洲 6 月份平均通胀率与预期相符，为 6.5%。得益于新增薪酬工作机会，该地区城市失业率停止上升，止于 9.2%。

第35周（2018/08/25—2018/08/31）

2018 年 8 月 25—31 日，国际财经要情有：美国第二季度 GDP 终值环比增长 4.2%；美国 7 月份商品贸易逆差创 3 年来新高；欧元区经济指数连续 8 个月下滑；德国第二季度 GDP 终值环比增长 0.5%；法国第二季度 GDP 终值环比增长 0.2%；日本 7 月份 CPI 同比上涨 0.9%；IMF 称提高财政透明度有助于提升主权债券吸引力；美国和墨西哥就更新 NAFTA 达成初步原则性协议；中日财长对话将于 8 月 31 日在北京举行；OECD 称第二季度 G20 国家商品贸易萎缩。

一、区域观察

1. 北美

美国第二季度 GDP 终值环比增长 4.2%。2018 年 8 月 29 日，美国商务部发布数据显示，第二季度实际 GDP 终值年率环比增长 4.2%，高于预期，为 2014 年第三季度以来最快。

美国 2018 年 7 月份商品贸易逆差创三年来新高。2018 年 8 月 29 日，美国商务部发布数据显示，7 月份商品贸易逆差为 722 亿美元，环比增长 6.3%，创 3 年来新高。其中，出口额下降 1.7% 至 1400 亿美元，连续两个月下滑；进口额增长 0.9% 至 2122 亿美元。

美国 2018 年 7 月份耐用品订单初值环比下降 1.7%。2018 年 8 月 23 日，美国商务部发布数据显示，7 月份耐用品订单环比下降 1.7%，为 2018 年以来最大跌幅；扣除运输类耐用品订单初值环比上升 0.2%，扣除飞机的非国防类耐用品订单环比上升 1.4%。

加拿大 2018 年 6 月份 GDP 终值同比增长 2.4%。2018 年 8 月 30 日，加拿大统计局发布数据显示，6 月份 GDP 终值环比持平，同比增长 2.4%。

2. 拉美

阿根廷央行出售美元期货以支撑比索。2018 年 8 月 29 日，阿根廷央行出售美元期货以支撑比索，但当日比索兑美元汇率仍下跌 8%，创 3 年来最大跌幅；阿根廷总统马克里呼吁 IMF 加快援助拨款。

3. 欧洲

欧元区经济指数连续 8 个月下滑。2018 年 8 月 30 日，欧委会公布月度调查显示，8 月份欧元区经济景气指数连续 8 个月小幅下滑；企业景气指数下降 0.08 至 1.22，工业景气指数下降 0.3 至 5.5。

德国第二季度 GDP 终值环比增长 0.5%。2018 年 8 月 25 日，德国联邦统计局发布数据显示，经季调，德国第二季度 GDP 终值环比增长 0.5%，同比增长 2.3%。

德国 2018 年 8 月份失业率持稳于 5.2%。2018 年 8 月 30 日，德国联邦劳工局发布数据显示，经季调，德国 8 月份失业率持稳于 5.2%，为 1990 年以来最低；失业人数下降 8000 人至 233 万人。

英国称将加大对非投资。2018 年 8 月 28 日，英国首相特雷莎·梅访问非洲期间表示，将加大对非投资，争取 2022 年前成为 G7 中最大对非投资国。

法国第二季度 GDP 终值环比增长 0.2%。2018 年 8 月 29 日，法国国家统计局发布数据显示，第二季度 GDP 终值环比增长 0.2%，同比增长 1.7%；家庭消费支出环比增长 0.1%，同比增长 0.2%。

法国上调 2018 年财政赤字率至 2.6%。2018 年 8 月 27 日，法国财政部发布数据认为，受经济增长乏力和政府接管国营铁路公司巨额债务影响，法国 2018 年财政赤字率将达 2.6%。

4. 亚太

日本 2018 年 7 月份 CPI 同比上涨 0.9%。2018 年 8 月 25 日，日本总务省发布数据显示，7 月份 CPI 同比上涨 0.9%，环比上涨 0.3%；核心 CPI 同比上升 0.8%，连续 19 个月同比上升，环比上升 0.1%；其中，能源类商品涨幅最大，煤油价格同比上涨 22.2%，汽油价格同比上涨 16.8%。

日本 2018 年 7 月份零售销售同比增长 1.5%。2018 年 8 月 30 日，日本总务省发布数据显示，7 月份零售销售同比增长 1.5%，连续 9 个月同比增长，远超预期。

日本 2018 年 8 月份家庭消费者信心指数同比下降 0.2 个点。2018 年 8 月 29 日，日本内阁府发布数据显示，经季调，日本 8 月份家庭消费者信心指数为 43.3，同比下降 0.2。

印度央行发布 2018/2019 年度经济报告。2018 年 8 月 29 日，印度央行发布 2018/2019 年度经济报告，预计印度 2018/2019 财年经济增速为 7.4%，重申货币政策将以实现 4% 的中期通胀目标为方向，确保经济增长与通胀间的平衡。

韩国公布 2019 年预算案。2018 年 8 月 28 日，韩国财政部公布 2019 年预算案显示，2019 年财政总支出增长 9.7% 至 470.5 万亿韩元，创 2009 年以来最大增幅；其中，为促进就业投资 23.5 万亿韩元，对研发投资提高 3.7% 至 20 万亿韩元。

新西兰 2018 年 7 月份贸易账户逆差 1.43 亿纽元。2018 年 8 月 24 日，新西兰国家统计局发布数据显示，新西兰 7 月份贸易账户逆差 1.43 亿纽元，其中进口额为 55 亿纽元，同比增长 21%；出口额为 53 亿纽元，同比增长 16%。

5. 非洲

南非公布最新《长期能源计划》。2018 年 8 月 27 日，南非能源部公布最新《长期能源计划》显示，2030 年前不会增加核能使用，预计 2030 年南非煤电装机容量为 3.4 万兆瓦，占总装机量 46%；核电 1860 兆瓦，占总装机量 2.5%；水电 4696 兆瓦，占总装机量 6%；风力 1.14 万兆瓦，总装机量 15%；太阳能 600 兆瓦，占总装机量 1%；天然气 1.19 万兆瓦，占总装机量 16%。

二、国际组织

亚投行就可持续城市发展战略开展公众咨询。2018 年 8 月 27 日，亚投行就可持续城市发展战略草案开展公众咨询。该战略草案概述了亚投行对于建设经济、环境、社会可持续发展城市愿景。据联合国估计，到 2050 年，亚洲将增加 12 亿城市人口，届时亚洲城市人口将占世界城市人口的 50% 以上。随着亚洲城市人口的增长，城市和自然资源将日益紧张，需要开发新的城市并对现有城市进行改造，以提高民众生活水平。亚投行表示，亚投行致力于成为值得信赖的合作伙伴，为亚洲城市发展提供融资服务。亚投行将秉持客户驱动、结果驱动和财务可行的原则，以循序渐进和突出重点的方式进行城市基础设施投资。此外，对于已证明有利于城市可持续发展的技术创新，亚投行将加大支持力度，并与合作伙伴和城市发展专家紧密合作，促进亚洲城市的可持续发展。

IMF 称提高财政透明度有助于提升主权债券吸引力。IMF 发布《财政透明度、借贷成本与外国持有主权债券》报告，以 33 个新兴经济体为对象，从预算过程的公开度、财政数据透明度和财政问责制三个维度，分析财政透明度对借贷成本以及国外对其主权债券需求的影响。结果显示，财政透明度降低了各主权债券利差，提高了投资者对新兴经济体债券的配置意愿。对于新兴经济体而言，推动预算过程公开可以降低主权借贷成本，而财政数据的透明度则有助于提高投资者对其主权债券的需求。报告还指出，统一标准的财政数据和较高的对比便利度（尤其是资产负债表），可以便利国外投资者进行决策，增加其对新兴经济体主权债务的配置意愿。

NDB 获标普 AA+评级，展望稳定。2018 年 8 月 29 日，标普全球评级（S&P）宣布金砖银行（NDB）长期信用评级为 AA+，短期为 A-1+，展望稳定。同在本月，惠誉（Fitch）授予 NDB 的长期外国与本国货币发行人违约评级（IDR）AA + 评级，展望稳定，短期 IDR 为 F1 +。标普表示，NDB 将促进金砖成员国减少基础设施赤字，当前 NDB 的财务状况非常良好，具有充足的资本和流动性。而强有力的股东支持是 NDB 获此评级的关键因素。NDB 行长卡马特表示，此次评级是 NDB 迈向顶级多边开发金融机构的重要一步。标普和惠誉的 AA + 评级，使 NDB 能够以有竞争力的利率调动金融资源，大大提高了对于成员国的贷款能力。也意味着 NDB 将逐步成为国际资本市场中的基准发行人，向客户提供全面的金融产品。同时，AA + 评级也反映了两个信用评级机构对 NBD 优良的财务状况，以及审慎的发展规划、健全的风险管理的认可。

三、国际大宗商品

本周纽约原油期货价格累计上涨 2.89%。截至星期四，本周纽约原油期货累计涨幅 2.89%。星期一纽约原油期货上涨 0.58%，收于每桶 68.92 美元；星期二纽约原油期货下跌 0.57%，收于每桶 68.53 美元；星期三纽约原油期货上涨 1.71%，收于每桶 69.7 美元；星期四纽约原油期货上涨 1.15%，收于每桶 70.5 美元。

本周纽约黄金期货价格累计下跌 0.54%。截至星期四，本周纽约黄金期货价格累计跌幅 0.54%。星期一纽约黄金期货上涨 0.42%，收于每盎司 1217.4 美元；星期二纽约黄金期货下跌 0.85%，收于每盎司 1207 美元；星期三纽约黄金期上涨 0.48%，收于每盎司 1212.8 美元；星期四纽约黄金期货下跌 0.58%，收于每盎司 1205.8 美元。

四、区域合作

美国和墨西哥就更新 NAFTA 达成初步原则性协议。2018 年 8 月 27 日，美国和墨西哥就更新 NAFTA 达成初步原则性协议，双方均作出一定的让步。在汽车制造领域，墨西哥同意美方部分要求，比如 4 年内实现北美地区所产汽车 75% 组成部件产自美国、墨西哥和加拿大，在现行规定 62.5% 的基础上大幅提高；40%—45% 的汽车零部件由时薪不低于 16 美元的工人制造，或弱化墨西哥劳动力成本较低的优势，促进制造业岗位回流至美国。此外，墨方不再坚持设立贸易争端调解工作组。美国方面，同意将增补“日落条款”的更新版协定有效期设为 16 年，6 年后重新评估，如评估通过可将期限再延长 16 年。

第七次中日财长对话今天在北京钓鱼台国宾馆举行。中国财政部部长刘昆和日本副首相兼财务大臣麻生太郎各自率相关政府官员就税制改革、公共债务管理、预算管理、开展第三方市场合作等话题进行对话。刘昆部长在发言中提出三点建议，即共同维护中日关系改善势头、合作应对全球及区域发展面临的风险挑战，以及积极释放双边财政和金融合作的巨大潜力。

五、全球宏观经济形势

OCED 成员国第二季度 GDP 环比增速小幅提高。2018 年 8 月 27 日，OCED 发布成员国第二季度 GDP 统计数据显示，2018 年第二季度 OCED 国家 GDP 环比增速小幅升至 0.6%，与上一季度相比增长 0.1 个百分点。在 G7 经济体中，美国 GDP 增长强劲，环比增长 0.5%；日本 GDP 从上一季度的 0.2% 升至 0.5%；德国和英国则分别从 0.4%、0.2% 增至 0.5% 和 0.4%；法国 GDP 增速稳定在 0.2%；欧盟与欧元区 GDP 增速均保持稳定；而意大利则从 0.3% 微降至 0.2%。OECD 国家 2018 年第二季度 GDP 同比增速为 2.5%，较上一季度降低 0.1 个百分点。G7 经济体中，美国 GDP 同比增长最快，增速达 2.8%；日本则最低，为 1.0%。

OECD 称第二季度 G20 国家商品贸易萎缩。2018 年 8 月 29 日，OECD 发布报告显示，2018 年第二季度 G20 国家出口下降 0.6%，进口下降 0.9%。这是 G20 国际商品贸易在连续 8 个季度的增长后首次出现下滑。出口方面，沙特阿拉伯增幅最大，达 9.7%；印度增长 5.7%，排名第二位；美国和加拿大增长 4.4%；俄罗斯和澳大利亚增幅较小，为 1.2%。出口萎缩最严重的国家是阿根廷，下降 19.9%；巴西和英国分别下降 9% 和 6.9%；中国和欧盟则分别下降 2.8% 和 1.9%。进口方面，仅印度、加拿大、墨西哥、日本和印度尼西亚有所增长，其他 G20 成员均出现不同程度下滑。其中，土耳其降幅最大，达 9.4%；巴西则下降 6.5%。报告指出，国际商品贸易萎缩部分由于第二季度一些新兴经济体货币对美元大幅贬值，尤其是阿根廷比索，下跌 18%；土耳其里拉，下跌 15%；以及巴西雷亚尔，下跌 11%。

第 36 周（2018/09/01—2018/09/07）

2018 年 9 月 1—7 日，国际财经要情有：美国 7 月份贸易账户逆差创 5 个月来新高；欧元区 7 月份失业率 8.2%；韩国第二季度 GDP 环比增长 0.6%；印度第二季度 GDP 同比增长 8.2%；澳大利亚第二季度 GDP 环比增长 0.9%；南非第二季度 GDP 环比下滑 0.7%；OECD 称跨境基础设施投资需尊重全球标准；世行称经济联通对欧洲和中亚经济发展至关重要；2018 年中非合作论坛北京峰会举行；OCED 国家 7 月份通胀水平升至 2.9%。

一、区域观察

1. 北美

美国 2018 年 7 月份贸易账户逆差创 5 个月来新高。2018 年 9 月 5 日，美国商务部发布数据显示，7 月份贸易账户逆差 501 亿美元，为 5 个月来最高；其中，出口环比下降 1% 至 2111 亿美元，进口环比增长 0.9% 至 2612 亿美元；1—7 月份贸易账户逆差累计 3380 亿美元，同比增长 6.5%；分国别看，7 月份与中国商品贸易逆差环比上升 10% 至 368 亿美元，与墨西哥贸易逆差环比缩小 25.3% 至 55 亿美元，与加拿大贸易逆差环比扩大 57.5% 至 31 亿美元，与欧盟贸易逆差环比扩大 50% 至 176 亿美元。

美国 2018 年 7 月份耐用品订单创今年以来最大跌幅。2018 年 9 月 6 日，美国商务部发布数据显示，7 月份耐用品订单终值环比下降 1.7%，创今年以来最大跌幅。其中，工厂订单环比下降 0.8%，扣除运输的工厂订单环比增长 0.2%。

加拿大央行维持基准利率 1.5% 不变。2018 年 9 月 5 日，加拿大央行召开货币政策会议，宣布维持基准利率 1.5% 不变；预计三季度 GDP 增速将放缓。

2. 拉美

巴西 2018 年 7 月份工业产值环比下降 0.2%。2018 年 9 月 4 日，巴西国家地理统计局发布数据显示，巴西 7 月份工业产值环比下降 0.2%，主要由于劳动力市场恶化、行业信心水平下降和家庭消费不足；7 月份工业产值同比增长 4%；1—7 月份工业产值同比增长 16.9%。

3. 欧洲

欧元区 2018 年 7 月份失业率 8.2%。2018 年 9 月 1 日，欧盟统计局发布数据显示，经季调，欧元区 7 月份失业率 8.2%，为 2008 年 11 月份以来最低；欧盟失业人口 1682 万人，同比减少 195 万人，环比减少 8.2 万人；欧元区失业人口 1338 万人，同比减少 137 万人，环比减少 7.3 万人。

德国 2018 年 7 月份零售销售环比下降 0.4%。2018 年 9 月 1 日，德国联邦统计局发布数据显示，经季调，德国 7 月份零售销售环比下降 0.4%，同比上升 0.8%。

德国 2018 年 7 月份工厂订单环比下降 0.9%。2018 年 9 月 6 日，德国联邦统计局发布数据显示，7 月份工厂订单环比下降 0.9%，主要由于外国订单减少。其中，德国以外订单环比下降 3.4%，欧元区以外订单环比下降 4%；德国国内订单环比增长 2.4%。

法国 2018 年 8 月份 CPI 初值同比上升 2.3%。2018 年 9 月 1 日，法国国家统计局发布数据显示，法国 8 月份 CPI 初值同比上升 2.3%，环比上升 0.5%；HICP 初值同比上升 2.6%，环比上升 0.6%。

意大利 2018 年 8 月份 CPI 初值同比上升 1.7%。2018 年 9 月 1 日，意大利统计局发布数据显示，意大利 8 月份 CPI 初值同比上升 1.7%，环比上升 0.5%。

土耳其 2018 年 8 月份 CPI 环比上升 2.3%。2018 年 9 月 3 日，土耳其国家统计局发布数据显示，土耳其 8 月份 CPI 环比增长 2.3%，同比增长 17.9%，创 2003 年 9 月以来新高。

4. 亚太

日本 2018 年 7 月份失业人数同比减少 9.9%。2018 年 9 月 1 日，日本国家统计局发布数据显示，日本 7 月份失业总人数为 172 万，同比减少 9.9%；劳动参与率为 61.5%，同比增长 0.7 个百分点；经季调，失业率为 2.5%，同比增长 0.1 个百分点。

日本第二季度企业资本支出同比增长 12.8%。2018 年 9 月 3 日，日本财务省发布数据显示，日本第二季度企业资本支出为 10.7 万亿日元，同比增长 12.8%。

日本 2018 年 7 月份工业产出指数环比下降 0.1%。2018 年 9 月 1 日，日本经济产业省发布数据显示，经季调，日本 7 月份工业产出指数环比下降 0.1%；交货指数环比下降 1.9%；存货指数环比下降 0.2%；存货比率指数环比增长 0.4%。

韩国第二季度 GDP 环比增长 0.6%。2018 年 9 月 4 日，韩国央行发布数据显示，韩国第二季度 GDP 环比增长 0.6%，同比增长 2.8%；国民收入环比减少 1.0%，同比增长 1.5%。

韩国 2018 年 8 月份 CPI 同比增长 1.4%。2018 年 9 月 4 日，韩国国家统计局发布数据显示，韩国 8 月份 CPI 同比增长 1.4%，环比增长 0.5%；核心 CPI 同比增长 1.0%，环比增长 0.2%。

印度第二季度 GDP 同比增长 8.2%。2018 年 9 月 4 日，印度中央统计局发布数据显示，第二季度 GDP 同比增长 8.2%，为 2016 年第一季度以来最快，主要由于制造业和农业稳步扩张，消费者支出不断增强。

澳大利亚第二季度 GDP 环比增长 0.9%。2018 年 9 月 5 日，澳大利亚国家统计局发布数据显示，澳大利亚第二季度 GDP 环比增长 0.9%，同比增长 3.4%。

澳大利亚 2018 年 7 月份贸易账户顺差 15.51 亿澳元。2018 年 9 月 6 日，澳大利亚国家统计局发布数据显示，经季调，7 月份贸易账户顺差 15.51 亿澳元，环比下降 3.86 亿澳元。其中，出口环比下降 3.62 亿澳元至 360.7 亿澳元，进口环比增长 0.24 亿澳元至 345.19 亿澳元。

澳大利亚第二季度经常账户赤字环比下降 15%。2018 年 9 月 4 日，澳大利亚国家统计局发布数据显示，经季调，澳大利亚第二季度经常账户赤字 134.72 亿美元，环比下降 15%。

5. 非洲

南非第二季度 GDP 环比下滑 0.7%。2018 年 9 月 4 日，南非统计局发布数据显示，南非第二季度 GDP 环比下滑 0.7%，主要由于自然灾害导致农业受损严重。其中，运输、仓储和通信业环比下降 4.9%，采矿业环比增长 4.9%，金融、房地产和商业服务环比增长 1.9%。

二、国际组织

世行称经济联通对欧洲和中亚经济发展至关重要。2018 年 9 月 5 日，世界银行发布报告称，通过贸易、投资、移民、通信和交通运输等方式实现的跨境联通，可以帮助企业通过提高生产率，对欧洲和中亚经济发展至关重要。世行资深经济学家汉斯蒂莫表示，更紧密的经济联通有助于知识的传播和社会收入增长，改善底层收入者生活状况。报告显示，经济联通帮助欧洲和中亚地区每年的实际 GDP 增长了近 0.5%。在欧洲和中亚地区，联通程度最高的区域是西欧，其次是北欧、中欧和南欧；联通程度最低的是巴尔干半岛西部、中亚和南高加索地区。报告强调，各国应通过多种渠道创造机会，以实现更高水平的互联互通。

IMF 称东南亚有望保持经济发展势头。近日，IMF 发布报告分析东南亚经济发展前景、挑战及对策。文章指出，东南亚一体化进程发展迅速，如《东盟经济共同体蓝图 2025》，结合各国实际情况进行长期规划，改善了区域商品、服务、资本、数据和人员流动。但与全球经济的融合将使东南亚金融市场面临更多冲击，

"一带一路"倡议等则增强了中国对该区域的影响。此外，气候变化应对能力和经济韧性都是制约东南亚经济发展的不确定性因素。近年来，东南亚人口增速减缓，老龄化趋势加剧，出口导向型和劳动密集型产业所依赖的廉价劳动力在减少。未来可承接制造业转移获得更强劲的经济动能，通过技术变革寻求新的经济增长点。在工业总体规划、开发工业区及吸引外国投资等政策驱动下，东南亚将出现更多具有全球竞争力的活跃产业集群。

三、国际大宗商品

本周纽约原油期货价格累计下跌 2.84%。截至星期四，本周纽约原油期货累计跌幅 2.84%。星期一纽约原油期货上涨 0.31%，收于每桶 70.1 美元；星期二纽约原油期货下跌 1.04%，收于每桶 68.53 美元；星期三纽约原油期货上涨 0.16%，收于每桶 68.64 美元；星期四纽约原油期货下跌 1.09%，收于每桶 67.89 美元。

本周纽约黄金期货价格累计下跌 0.13%。截至星期四，本周纽约黄金期货价格累计跌幅 0.13%。星期一纽约黄金期货上涨 0.01%，收于每盎司 1207 美元；星期二纽约黄金期货下跌 0.82%，收于每盎司 1197.1 美元；星期三纽约黄金期上涨 0.43%，收于每盎司 1202.3 美元；星期四纽约黄金期货上涨 0.25%，收于每盎司 1205.3 美元。

四、区域合作

2018 年中非合作论坛北京峰会于 9 月 3—4 日举行。2018 年 9 月 3—4 日，中非合作论坛北京峰会圆桌会议在人民大会堂举行。与会各方重点就推进中非关系、深化各领域合作、构建更加紧密的中非命运共同体、共建"一带一路"以及共同关心的国际和地区问题发表看法。会议通过了《关于构建更加紧密的中非命运共同体的北京宣言》和《中非合作论坛—北京行动计划（2019—2021 年）》。

中国和毛里求斯签署自贸协定。2018 年 9 月 2 日，中国和毛里求斯签署自贸协定，这是我国和非洲国家商签的第一个自贸协定。协定范围涵盖货物贸易、服务贸易、投资、经济合作等领域。货物贸易领域，双方零关税的税目比例和贸易额占比均将超过 90%；服务贸易领域，双方承诺开放部门均超过 100 个，中毛自贸协定是毛方迄今在服务领域开放水平最高的自贸协定；投资领域，协定将对 1996 年中毛双边投资保护协定进行升级，这是我国首次与非洲国家升级以前的投资保护协定。

五、全球宏观经济形势

OCED 国家 2018 年 7 月份通胀水平升至 2.9%。2018 年 9 月 4 日，OCED 公布最新数据显示，2018 年 7 月份 OCED 国家的整体通胀率上升至 2.9%。剔除食品和能源，2018 年 7 月份 OCED 的通胀率上升至 2.1%。主要经济体中，加拿大、法国、意大利和日本的通货胀率有所上升，分别从 2.5%、2.0%、1.3% 和 0.7% 升至 3.0%、2.3%、1.5% 和 0.9%；美国（2.9%）和英国（连续第三个月为 2.3%）保持稳定；德国通胀率略有下降，从 2.1% 降至 2.0%。欧元区的通胀率上升至 2.1%，剔除食品和能源，欧元区通货膨胀率上升至 1.1%。G20 国家整体通胀率从 6 月的 3.1% 升至 3.4%。在 G20 新兴经济体中，阿根廷、印度和南非通胀率快速上升，分别从 29.5%、3.9% 和 4.4% 升至 31.2%、5.6% 和 5.0%。中国、巴西、印度尼西亚和沙特阿拉伯通胀率小幅上涨，分别从 1.9%、4.4%、3.1% 和 2.1% 升至 2.1%、4.5%、3.2% 和 2.2%。俄罗斯从 2.5% 降至 2.3%。

第37周 (2018/09/08—2018/09/14)

2018 年 9 月 8—14 日，国际财经要情有：美联储发布最新经济形势褐皮书；美国 8 月份财政赤字 2140 亿美元；美国 8 月份失业率为 3.9%；欧央行维持三大利率不变；欧盟第二季度 GDP 环比增长 0.4%；英国央行维持基准利率 0.75% 不变；日本第二季度实际 GDP 同比增长 3.0%；WTO 呼吁成员国维护现行多边体系；第四届东方经济论坛在俄罗斯举行；OECD 国家经济增势放缓。

一、区域观察

1. 北美

美联储发布最新经济形势褐皮书。2018 年 9 月 12 日，美联储发布最新经济形势褐皮书称，受贸易紧张局势影响，多个地区企业缩减或推迟资本投资；加征关税的影响看似温和，但各行业对贸易前景的忧虑和不确定性普遍增大；经济仍以温和步伐扩张，就业市场趋紧导致全国出现劳工短缺。

美国 2018 年 8 月份财政赤字 2140 亿美元。2018 年 9 月 14 日，美国财政部发布数据显示，美联邦政府 8 月份财政赤字 2140 亿美元，同比增长 98.7%。其中，财政收入同比减少 3%，财政支出同比增长 30%；8 月份关税收入总计 42 亿美元，约占美联邦政府收入的 2%。

美国 2018 年 8 月份失业率为 3.9%。2018 年 9 月 7 日，美国劳工统计局发布数据显示，美国 8 月份失业率为 3.9%，失业人数为 620 万人，环比基本持平；劳动参与率为 62.7%。

加拿大 2018 年 8 月份失业率为 6.0%。2018 年 9 月 7 日，加拿大统计局发布数据显示，加拿大 8 月份就业人数环比下降 5.2 万人；失业率为 6.0%，环比上升 0.2 个百分点。

2. 拉美

阿根廷央行称维持基准利率 60% 不变。2018 年 9 月 11 日，阿根廷央行宣布，维持基准利率 60% 不变，并至少持续至今年 12 月份；央行将采取任何必要措施控制通胀，并保证继续履行偿债责任。

3. 欧洲

欧央行维持三大利率不变。2018 年 9 月 13 日，欧央行召开货币政策会议，维持主要再融资利率 0%，存款利率 -0.4%，边际贷款利率 0.25% 不变；预计至少在 2019 年夏季结束前维持三大利率不变；维持 9 月份 300 亿欧元购债规模不变，计划 10—12 月份缩减 QE 规模至 150 亿欧元，并于 12 月底结束购债。

欧盟第二季度 GDP 环比增长 0.4%。2018 年 9 月 8 日，欧盟统计局发布数据显示，经季调后，欧盟和欧元区第二季度 GDP 环比均增长 0.4%，同比均增长 2.1%。

英国央行维持基准利率 0.75% 不变。2018 年 9 月 13 日，英国央行召开货币政策会议，维持基准利率 0.75% 不变，维持企业购债规模 100 亿英镑、资产购买规模 4350 亿英镑不变；预计第三季度经济环比增长 0.5%。

英国 2018 年 7 月份 GDP 环比增长 0.3%。2018 年 9 月 10 日，英国国家统计局发布数据显示，英国 7 月份 GDP 环比增长 0.3%，5—7 月份 GDP 环比增长 0.6%。

英国 2018 年 7 月份失业率为 4.0%。2018 年 9 月 11 日，英国国家统计局发布数据显示，经季调，英国 16 岁及以上人口 7 月份失业率为 4.0%；16 岁至 64 岁人口就业率为 75.5%。

英国 2018 年 7 月份工业产出环比增长 0.1%。2018 年 9 月 10 日，英国国家统计局发布数据显示，英国 7 月份工业产出环比增长 0.1%。其中，制造业产出环比下降 0.2%。

法国 2018 年 7 月份贸易赤字为 35 亿欧元。2018 年 9 月 8 日，法国财政部发布数据显示，法国 7 月份贸易赤字为 35 亿欧元。出口环比增长 1.2%，进口环比减少 4.4%。

瑞士第二季度 GDP 环比增长 0.7%。2018 年 9 月 8 日，瑞士联邦统计局发布数据显示，经季调，瑞士第二季度 GDP 环比增长 0.7%，制造业环比增长 1.5%，能源业环比增长 4.8%，货物出口总额环比增长 2.6%。

瑞士 2018 年 8 月份失业率为 2.4%。2018 年 9 月 7 日，瑞士联邦统计局发布数据显示，瑞士 8 月份失业率为 2.4%。8 月底登记失业人数为 10789 人，环比增加 1841 人，同比减少 27685 人。

土耳其央行上调基准利率至 24%。2018 年 9 月 13 日，土耳其央行召开货币政策会议，上调基准利率 625 个基点至 24%；受此消息影响，土耳其里拉兑美元大涨 4%。

4. 亚太

日本第二季度实际 GDP 同比增长 3.0%。2018 年 9 月 10 日，日本内阁府发布数据显示，日本第二季度实际 GDP 同比增长 3.0%，创 2016 年以来新高；环比增长 0.7%。其中，私人需求环比增长 1.1%；公共需求环比增长 0.2%；商品和服务出口环比增长 0.2%，进口环比增长 0.9%。

日本 2018 年 7 月份劳工现金收入同比增长 1.5%。2018 年 9 月 8 日，日本厚生劳动省发布数据显示，日本 7 月份劳工现金收入为 37.63 万日元，同比增长 1.5%。其中，建筑业劳工现金收入为 50.87 万日元，同比增长 13%；制造业劳工现金收入为 54.30 万日元，同比增长 2.3%。

韩国 2018 年 8 月份失业率 4.2%。2018 年 9 月 13 日，韩国统计局发布数据显示，8 月份失业率环比上升 0.4 个百分点至 4.2%，创 2010 年以来最高。

菲律宾通胀率升至 6.4%。2018 年 9 月 8 日，菲律宾国家统计局发布数据显示，8 月份菲通胀率为 6.4%，创 2009 年 3 月份以来新高；距菲央行的 2%—4% 目标仍有距离。

澳大利亚 2018 年 8 月份失业率 5.3%。2018 年 9 月 13 日，澳大利亚统计局发布数据显示，8 月份失业率 5.3%，季调后，8 月份就业人口增加 4.4 万人，就业参与率为 65.7%。

5. 非洲

南非第二季度经常账户赤字收窄至 1638 亿兰特。2018 年 9 月 8 日，南非央行发布数据显示，南非第二季度经常账户赤字环比缩小 556 亿兰特至 1638 亿兰特，GDP 占比缩小 1.3 个百分点至 3.3%；第二季度贸易账户盈余 419 亿兰特，较第一季度 152 亿兰特赤字明显改善。

二、国际组织

WTO 呼吁成员国维护现行多边体系。2018 年 9 月 11 日，WTO 总干事阿泽维多表示，WTO 成员国应继续积极有力地维持和加强现行贸易体系。当前，日益加剧的贸易紧张局势可能造成重大经济影响，危及所有国家的就业和经济增长。在改革 WTO 的过程中，各成员国首先应坚持当前路线，继续就相关问题进行商讨；其次要共同致力于打破上诉机构的僵局；最后应就更广泛的议题展开讨论。阿泽维多强调，如果脱离多边贸易体系，恢复到 1995 年前的关税水平，贸易量将减少 60%，其对 GDP 的冲击要大于 2008 年金融危机。

OECD 发布《2018 年税收政策改革》报告。2018 年 9 月 5 日，经合组织（OECD）发布《2018 年税收政策改革》报告显示，经合组织成员国及伙伴国正通过税收改革降低企业和个人税收，以促进投资、消费和劳动力市场发展。报告指出，由于企业税改革，企业所得税税率继续呈下降趋势，经合组织国家平均企业所得税税率从 2000 年的 32.5% 降至 2018 年的 23.9%。此外，经合组织成员还积极推动个人所得税减免，以减轻低收入和中等收入者的税收负担，改善劳动力市场参与度并提高税制累进性。报告指出，社会保险税改革进展有限，这些缴费将继续影响各国居民的收入水平；增值税税率保持稳定，南非是 2018 年唯一上调增值税税率的国家；除了继续提高烟草和酒精的消费税税率外，各国将征收新的消费税，以遏制不良消费；环境税改革继续以能源税为重点，但其他相关改革（如对垃圾、塑料袋或化学品征税）较少。经合组织强调，随着经济形势的好转，财政政策的选择应避免过度顺周期，重点关注支持经济增长和社会公平的长期驱动因素。此外，继续开展国际合作对于持续打击跨国公司避税行为非常重要。

联合国粮农组织：2018 年 8 月份食品价格指数保持稳定。2018 年 9 月 6 日，联合国粮农组织（UNFAO）发布月度食品价格指数显示，植物油和糖的价格虽有所下跌，但谷物价格出现反弹，因此 8 月份食品价格指数保持稳定。数据显示，8 月份粮农组织谷物价格指数上涨 4%。由于欧盟和俄罗斯收成前景恶化，小麦价格上涨两倍。国际玉米报价涨幅超过 3%。植物油指数环比下跌 2.6%，为 3 年以来最低。乳制品价格指数连续 3 个月下跌，在季节性需求相对疲软的情况下跌 1.5%。受主要出口国巴西和印度货币持续贬值影响，糖类价格指数环比下跌 5.4%，为 10 年来最低。由于中国对猪肉和羊肉进口需求强劲，其价格上涨对冲了家禽和牛肉价格因美国出口激增而下跌的影响，肉类价格指数基本保持不变。

三、国际大宗商品

本周纽约原油期货价格累计上涨 1.36%。截至星期四，本周纽约原油期货累计涨幅 1.36%。星期一纽约原油期货下跌 0.49%，收于每桶 67.53 美元；星期二纽约原油期货上涨 3.52%，收于每桶 69.91 美元；星期三纽约原油期货上涨 0.56%，收于每桶 70.3 美元；星期四纽约原油期货下跌 2.12%，收于每桶 68.81 美元。

本周纽约黄金期货价格累计上涨 0.09%。截至星期四，本周纽约黄金期货价格累计涨幅 0.09%。星期一纽约黄金期货下跌 0.07%，收于每盎司 1201 美元；星期二纽约黄金期货上涨 0.22%，收于每盎司 1203.6 美元；星期三纽约黄金期上涨 0.66%，收于每盎司 1211.6 美元；星期四纽约黄金期货下跌 0.43%，收于每盎司 1206.4 美元。

四、区域合作

第四届东方经济论坛在俄罗斯举行。2018 年 9 月 11 日，为期三天的第四届东方经济论坛在俄罗斯符拉迪沃斯托克开幕。本届论坛聚焦区域经济发展与合作，与会方规格、洽谈规模及推介设置等方面均超过往届。中国国家主席习近平、俄罗斯总统普京、蒙古国总统巴特图勒嘎、日本首相安倍晋三、韩国总理李洛渊等出席。习近平发表了题为《共享远东发展新机遇 开创东北亚美好新未来》的致辞，强调中方愿同地区国家一道，维护地区和平安宁，实现各国互利共赢，巩固人民传统友谊，实现综合协调发展，促进本地区和平稳定和发展繁荣。

第 15 届中国—东盟博览会在广西南宁开幕。2018 年 9 月 12 日，第 15 届中国—东盟博览会在广西南宁国际会展中心开幕，中共中央政治局常委、国务院副总理韩正出席开幕大会并发表主旨演讲。韩正表示，中国和东盟正在携手迈入共同发展、共同繁荣的新时代。中国愿与东盟一道打造更高水平的战略伙伴关系，迈向更为紧密的命运共同体。柬埔寨首相洪森、缅甸副总统敏瑞、越南副总理王庭惠、老挝副总理宋迪、坦桑尼亚桑给巴尔副总统伊迪出席开幕式并分别致辞。

五、全球宏观经济形势

OECD 国家经济增势放缓。2018 年 9 月 10 日，OECD 发布最新综合领先指数（CLIs）显示，5 月起，OECD 国家 CLIs 持续低于 100，7 月为 99.7，环比下降 0.11%，其整体经济增势放缓。其中，德国、法国、英国、意大利和整个欧元区经济增势放缓，美国、日本及加拿大经济增势稳健。主要新兴经济体中，巴西和俄罗斯经济增势放缓，中国和印度经济增势巩固。7 月份中国 CLIs 为 99.9，环比增长 0.32%；印度 CLIs 为 101.6，环比增长 0.23%。

第 38 周（2018/09/15—2018/09/21）

2018 年 9 月 15—21 日，国际财经要情有：美国第二季度经常账户赤字创 3 年来新低；阿根廷央行上调存款准备金率 5 个基点；欧元区 8 月份 CPI 同比增长 2%；欧元区 7 月份贸易账户顺差创 4 年来最低；俄罗斯央行上调基准利率 25 个基点至 7.5%；日本央行维持基准利率不变；日本 8 月份商品贸易账户赤字 4446 亿日元；AMRO 发布最新东盟“10+3”区域经济展望；IMF 发布 2018 英国第四条款磋商陈述；美加贸易谈判于 9 月 20 日在华盛顿举行；OECD 称 G20 第二季度 GDP 增长率为 1.0%。

一、区域观察

1. 北美

美国第二季度经常账户赤字创 3 年来新低。2018 年 9 月 20 日，美国商务部发布数据显示，第二季度经常账户赤字 1015 亿美元，创 2015 年第四季度以来新低；货物与服务账户赤字 1338 亿美元，初级收入账户余额 608.5 亿美元；经常账户赤字 GDP 占比 2%。

美国 2018 年 8 月份零售销售环比增长 0.1%。2018 年 9 月 15 日，美国商务部发布数据显示，8 月份零售销售环比增长 0.1%，创 6 个月来最小增幅；进口价格指数环比下降 0.6%，创 2016 年 1 月份以来最大跌幅。

美国 2018 年 8 月份工业产出环比增长 0.4%。2018 年 9 月 15 日，美联储发布数据显示，美国 8 月份工业产出环比增长 0.4%，同比增长 4.9%。其中，制造业产出环比增长 0.2%，同比增长 3.1%；采矿业产出环比增长 0.7%，同比增长 14.1%；设备使用率为 78.1%。

加拿大 2018 年 7 月份制造业销售环比增长 0.9%。2018 年 9 月 19 日，加拿大统计局发布数据显示，经季调，7 月份制造业销售环比增长 0.9% 至 586.14 亿加元，连续 3 个月环比增长；同比增长 10.5%。扣除汽车及零部件的制造业销售环比增长 0.7% 至 505.4 亿加元，同比增长 10.3%。

2. 拉美

阿根廷央行上调存款准备金率 5 个基点。2018 年 9 月 15 日，阿根廷央行宣布，自 9 月 19 日起上调银行存款准备金率 5 个基点。

阿根廷财政部预计 2018 年财政赤字 GDP 占比 2.6%。2018 年 9 月 18 日，阿根廷财政部向众议院提交 2019 年预算案，预计 2018 年财政赤字 GDP 占比为 2.6%，2019 年实现财政收支平衡；预计 2018 年经济下滑 2.4%，2019 年下滑 0.5%。

3. 欧洲

欧元区 2018 年 8 月份 CPI 同比增长 2%。2018 年 9 月 18 日，欧盟统计局发布数据显示，8 月份 CPI 同比增长 2%，环比增长 0.2%。

欧元区 2018 年 7 月份贸易账户顺差 176 亿欧元。2018 年 9 月 15 日，欧盟统计局发布数据显示，欧元区 7 月份贸易账户顺差 176 亿欧元，创 4 年来最低。其中，出口同比增长 9.4% 至 1946 亿欧元，进口同比增长 13.4% 至 1771 亿欧元；季调后贸易账户顺差 128 亿欧元。

欧元区 2018 年 7 月份 HICP 同比增长 2.0%。2018 年 9 月 17 日，欧盟统计局发布数据显示，欧元区 7 月份 HICP 同比增长 2.0%，环比增长 0.2%；欧盟 7 月份 HICP 同比增长 2.1%，环比增长 0.2%。

德国 2018 年 7 月份制造业就业人口同比增长 2.7%。2018 年 9 月 17 日，德国联邦统计局发布数据显示，7 月份制造业就业人口同比增长 2.7% 至 564.5 万人，创 2005 年 1 月份以来新高；制造业雇员收入同比增长 5.8%。

英国 2018 年 8 月份 CPI 同比增长 2.7%。2018 年 9 月 19 日，英国国家统计局发布数据显示，8 月份 CPI 同比增长 2.7%，创 6 个月最高。

意大利 2018 年 7 月份工业订单环比下降 2.3%。2018 年 9 月 18 日，意大利统计局发布数据显示，经季调，意大利 7 月份工业订单环比下降 2.3%，同比上升 2.8%；工业销售环比下降 1.0%，同比上升 2.9%。

意大利 2018 年 7 月份经常账户顺差 86 亿欧元。2018 年 9 月 20 日，意大利央行发布数据显示，7 月份经常账户盈余同比增长 9.4% 至 86.07 亿欧元。其中，服务贸易账户盈余 11.16 亿欧元，同比增长 44%；商品贸易账户盈余 75.54，同比增长 6%。

挪威央行上调基准利率 25 个基点至 0.75%。2018 年 9 月 20 日，挪威央行宣布，上调基准利率 25 个基点至 0.75%，7 年来首次加息。

俄罗斯央行上调基准利率 25 个基点至 7.5%。2018 年 9 月 15 日，俄罗斯央行召开货币政策会议，宣布上调基准利率 25 个基点至 7.5%，为 2014 年 12 月份以来首次加息。

俄罗斯 2018 年 8 月份失业率 4.6%。2018 年 9 月 20 日，俄罗斯联邦统计局发布数据显示，8 月份失业率降至 4.6%，创纪录新低；失业人数环比下降 2.7% 至 350.6 万人，实际工资收入同比增长 7%，实际可支配收入同比下降 0.9%。

4. 亚太

日本央行维持基准利率不变。2018 年 9 月 19 日，日本央行召开货币政策会议，维持基准利率 -0.1% 不变，并称将在很长一段时间内保持极低利率。

日本 2018 年 7 月份工业产出环比下降 0.2%。2018 年 9 月 15 日，日本经济产业省发布数据显示，经季调，日本 7 月份工业产出环比下降 0.2%；交货指数环比下降 2.0%；存货指数环比下降 0.2%；存货比率环比增长 0.4%。

日本 2018 年 8 月份商品贸易账户赤字 4446 亿日元。2018 年 9 月 19 日，日本财务省发布数据显示，8 月份商品贸易账户赤字 4446 亿日元，其中，出口同比增长 6.6%，对中国出口同比增长 12.1%，对美出口同比增长 5.3%；进口同比增长 15.4%；季调后，商品贸易账户赤字 1903.58 亿日元。

韩国 2018 年 8 月份进口物价指数同比增长 10%。2018 年 9 月 14 日，韩国央行发布数据显示，韩国 8 月份进口物价指数同比增长 10%，环比下降 0.2%；出口物价指数同比增长 2.1%，环比下降 0.1%。

澳洲联储公布 2018 年 9 月份货币政策会议纪要。2018 年 9 月 18 日，澳洲联储公布 9 月份货币政策会议纪要，认为就业市场表现积极，青年失业率显著下滑，虽然近期无加息必要，但如经济按预期发展，预计下一步将加息；预计未来几年 GDP 增速将高于潜在水平。

新西兰第二季度 GDP 环比增幅创两年来新高。2018 年 9 月 20 日，新西兰统计局发布数据显示，第二季度 GDP 环比增长 1%，创两年来新高；同比增长 2.8%，远超预期。

巴基斯坦 2018 年 8 月份经常账户赤字 6 亿美元。2018 年 9 月 20 日，巴基斯坦发布数据显示，8 月份经常账户赤字环比收缩 72% 至 6 亿美元，同比增长 10%。

5. 非洲

南非 2018 年 8 月份 CPI 同比增长 4.9%。2018 年 9 月 19 日，南非统计局发布数据显示，8 月份 CPI 同比增长 4.9%，核心 CPI 同比增长 4.2%，均低于市场预期。数据发布后，南非兰特兑美元汇率走高。

二、国际组织

AMRO 发布最新东盟“10+3”区域经济展望。2018 年 9 月 17 日，AMRO 发布最新东盟“10+3”区域经济展望指出，中国经济增长保持平稳态势，生产和私人投资持续扩大，但 8 月新出口订单指数显现颓势，预计第三季度制造业产出增速有所放缓；日本受出口及资本支出拉动，经济增势强劲，考虑到 7 月以来消费疲软及自然灾害的潜在负面影响，预计第三季度经济增速将放缓；区域内其他经济体第二季度增速减慢，预计这一温和增势将继续保持。受中美贸易紧张局势及全球金融市场波动加剧的影响，新兴市场出现避险情绪，2018 年年初以来，新兴市场外国资本流入转向净流出。

IMF 发布 2018 英国第四条款磋商陈述。2018 年 9 月 17 日，IMF 发布 2018 英国第四条款磋商陈述，分析评估了英国的经济金融形势。英国脱欧公投以来，经济增速放缓。英镑大幅贬值后，高于目标的通胀抑制了收入和消费增长，商贸投资也低于预期，但外部需求强劲，就业率创新高。若对英国脱欧条款谈判结果乐观预测，2018—2019 年英国经济增长率约为 1.5%。IMF 指出，英国财政预算将面临经济压力下行、人口老龄化等诸多挑战，应继续维持稳健的财政政策，减少政府债务，并适当收紧货币政策。IMF 预测，2023—2043 年英国的医疗保健和养老福利支出将增加 4%，需削减赤字并进行税制改革。脱欧过程不确定性尚存，英国政府应降低金融风险，维持宏观经济稳定运行。

2018 年夏季达沃斯论坛于 9 月 18—20 日在天津举行。2018 年 9 月 18—20 日，2018 年夏季达沃斯论坛在天津梅江会展中心举行，主题为“在第四次工业革命中打造创新型社会”。论坛分别设立了全球创新前景展望、将区块链应用于供应链、让数字全球化造福社会和人工智能全球对话等分论坛，与会代表将围绕主题，探讨世界经济形势，研究全球经济治理等相关问题。

三、国际大宗商品

本周纽约原油期货价格累计上涨 2.07%。截至星期四，本周纽约原油期货累计涨幅 2.07%。星期一纽约原油期货下跌 0.32%，收于每桶 68.53 美元；星期二纽约原油期货上涨 1.34%，收于每桶 69.45 美元；星期三纽约原油期货上涨 2.26%，收于每桶 71.02 美元；星期四纽约原油期货下跌 1.2%，收于每桶 70.17 美元。

本周纽约黄金期货价格累计上涨 1.13%。截至星期四，本周纽约黄金期货价格累计涨幅 1.13%。星期一纽约黄金期货上涨 0.65%，收于每盎司 1206.1 美元；星期二纽约黄金期货下跌 0.27%，收于每盎司 1202.9 美元；星期三纽约黄金期上涨 0.48%，收于每盎司 1208.7 美元；星期四纽约黄金期货上涨 0.26%，收于每盎司 1211.9 美元。

四、区域合作

美加贸易谈判于 2018 年 9 月 20 日在华盛顿举行。2018 年 9 月 20 日，美加贸易谈判在华盛顿举行。加拿大外交部部长弗里兰与美国贸易代表莱特希泽会面，双方称将努力争取在 9 月底之前达成 NAFTA 2.0。加拿大表示不会由于特朗普政府或共和党议员的压力而达成协议，希望双方的谈判更具灵活性。当前美加谈判难点主要集中在贸易争端解决机制以及加拿大乳制品、出版和媒体业市场准入方面。

五、全球宏观经济形势

OECD 称 G20 第二季度 GDP 增长率为 1.0%。2018 年 9 月 17 日，OECD 发布最新数据显示，2018 年第二季度 G20 国家 GDP 增长率升至 1.0%。日本 GDP 增长率继第一季度下降 0.2% 后，第二季度反弹至 0.7%。美国、俄罗斯、中国 GDP 增长率显著上升，分别由 0.5%、0.4%、1.4% 升至 1.0%、0.9%、1.8%。此外，加拿大由 0.4% 升至 0.7%；英国由 0.2% 升至 0.4%。澳大利亚增长率则明显放缓，由 1.1% 降至 0.9%；韩国和印度分别从 1.0%、2.0% 下降至 0.6% 和 1.9%；墨西哥和南非 GDP 增长率下降 0.2%。印度尼西亚和法国 GDP 增长率则保持稳定。

第39周（2018/09/22—2018/09/28）

2018年9月22—28日，国际财经要情有：美联储宣布上调联邦基金利率；美国2018年第二季度FDI转负；欧元区9月份制造业PMI初值环比下降1.3%；日本8月份失业率为2.4%；古特雷斯呼吁各国维护多边主义；阿泽维多称全面贸易战将使全球经济增速下降1.9%；美日欧贸易部长会议在纽约举行；亚行称亚太地区贸易摩擦风险隐现。

一、区域观察

1. 北美

美联储宣布上调联邦基金利率。2018年9月26日，美联储宣布将联邦基金利率上调25个基点，目标区间升至2%—2.25%，这是美联储年内第三次加息。同日发布的季度经济预测显示，2018年美国经济增速将达3.1%，高于6月份预测值2.8%；预计2019年经济增速为2.5%，比6月份预测值高0.1个百分点。

美国2018年第二季度FDI转负。2018年9月24日，国际投资组织（OFII）发布报告显示，第二季度美国FDI从第一季度的580亿美元降为负82亿美元。

美国2018年8月份失业率为3.9%。2018年9月22日，美国劳工统计局发布数据显示，8月份失业率为3.9%，环比持平，同比下降0.5%。

美国第二季度PCE物价指数环比上升2.0%。2018年9月27日，美国经济分析局发布数据显示，经价格因素调整，美国第二季度个人消费支出（PCE）物价指数环比上升2.0%，剔除食品和能源价格因素，核心PCE环比上升2.1%。

加拿大2018年8月份CPI同比增长2.8%。2018年9月22日，加拿大统计局发布数据显示，8月份CPI同比增长2.8%。若不计汽油价格，CPI同比上涨2.2%，与7月份持平；经季调，环比上涨0.1%。

2. 拉美

2018年巴西经济增长预期下调至1.4%。2018年9月27日，巴西央行发布报告，将2018年巴西经济增长预期从1.6%下调至1.4%，预计2019年经济增速将升至 2.4%。

3. 欧洲

欧元区 2018 年 9 月份制造业 PMI 初值环比下降 1.3%。2018 年 9 月 22 日，Markit 发布数据显示，欧元区 9 月份制造业采购经理指数（PMI）初值为 53.3，环比下降 1.3 个点；服务业 PMI 初值为 54.7，环比上升 0.3 个点；综合 PMI 初值为 54.2，环比下降 0.3 个点。

法国第二季度 GDP 环比增长 0.2%。2018 年 9 月 22 日，法国国家统计局发布数据显示，经季调，法国第二季度 GDP 环比增长 0.2%。其中，家庭消费支出环比减少 0.1%，政府消费支出环比增长 0.2%；固定资本形成总额环比增长 0.8%；进口环比增长 0.7%，出口环比增长 0.1%。

法国第二季度房价环比上涨 0.9%。2018 年 9 月 26 日，法国国家统计局发布数据显示，法国第二季度房价同比上涨 2.8%，环比上涨 0.9%。其中，二手房价格同比上涨 2.8%，环比上涨 0.9%；新房价格同比上涨 2.6%，环比上涨 0.8%。

法国 2018 年 9 月份消费者信心指数创近两年新低。2018 年 9 月 26 日，法国国家统计局发布数据显示，法国 9 月份消费者信心指数为 94，环比下降 2 个点，为 2016 年 4 月份以来最低。

德国 2018 年 9 月份商业景气指数小幅回落。2018 年 9 月 24 日，德国伊弗经济研究所发布数据显示，经季调，德国 9 月份商业景气指数为 103.7，环比下降 0.2 个点；商业现况指数为 106.4，环比下降 0.1 个点；商业预期指数为 101.0，环比下降 0.3 个点。

4. 亚太

日本 2018 年 8 月份失业率为 2.4%。2018 年 9 月 28 日，日本国家统计局发布数据显示，经季调，日本 8 月份失业率为 2.4%；失业总人数为 170 万人，同比下降 10.1%；就业总人数为 6682 万人，同比增加增加 1.7%。

日本 2018 年 7 月份领先指数环比下降。2018 年 9 月 25 日，日本内阁府发布数据显示，日本 7 月份领先指数终值为 103.9，环比下降 0.8 个点；一致指数终值为 116.1，环比下降 0.3 个点；滞后指数终值为 117.5，环比上升 0.6 个点。

澳大利亚第二季度投资总额创历史新高。2018 年 9 月 27 日，澳大利亚国家统计局发布数据显示，澳大利亚第二季度投资总额达 1202 亿澳元，超过 2017 年第四季度 1188 亿澳元，创历史新高。

5. 非洲

南非第二季度家庭消费支出环比下降 1.3%。2018 年 9 月 25 日，南非储备银行发布数据显示，南非第二季度家庭消费支出环比下降 1.3%，为两年来首次下降；汽车、家电等耐用品消费环比下降 11.2%；8 月份商品价格与服务价格均上涨 5%；7 月份生产物价指数增至 6.1%。

南非 2018 年 8 月份 PPI 同比上涨 6.3%。2018 年 9 月 27 日，南非统计局发布数据显示，南非 8 月份生产者价格指数（PPI）同比上涨 6.3%，较 7 月份进一步提高。

二、国际组织

古特雷斯呼吁各国践行多边主义。2018 年 9 月 25 日，第 73 届联合国大会一般性辩论在联合国总部开幕。100 多位国家元首、政府首脑和高级代表就全球共同面临的重大威胁与挑战商讨应对之策。联合国秘书长古特雷斯强调，当前多边主义受到严峻挑战，各国领导人有责任支持经过改革完善的多边体系。各方应致力于重新建立以规则为基础的全球秩序，以联合国为中心，并通过不同的机构和条约使《联合国宪章》得以落实。

阿泽维多称全面贸易战将使全球经济增速下降 1.9%。2018 年 9 月 25 日，WTO 总干事阿泽维多在柏林会见德国总理默克尔，双方就全球贸易发展、缓解贸易紧张局势和改革世贸组织等议题进行了讨论。阿泽维多表示，健康的全球贸易和稳定开放的市场都对世界各国经济发展发挥了至关重要的作用，但近期主要经济体之间贸易紧张局势正在迅速升级，2018 年以来新征关税规模已涵盖数千亿美元。虽然这对当前全球贸易总量的影响不到 2.5%，且全球贸易在金融危机后仍保持着强劲增长，但由于贸易限制措施影响的滞后性，一旦形势持续升级，将对稳定、就业和经济增长构成更大威胁。已有数据显示，企业正在推迟可创造就业机会的投资，出口订单也在下降。据测算，全球性贸易战将使全球贸易增长下降 17%，全球 GDP 增速下降 1.9%。贸易战中没有赢家，各区域经济增长也将受到不同程度影响，欧盟 GDP 增速预计下降约 1.7%。对此，阿泽维多呼吁加强多双边对话，通过多边贸易体系解决争端，并表示世贸组织正着手进行一系列改革。

世行称南亚应着力消除贸易壁垒。2018 年 9 月 24 日，世行发布《南亚区域贸易展望》报告称，深化区域贸易往来和互联互通能够使南亚区域贸易规模增长 3 倍以上。报告显示，南亚区域内贸易额仅占其贸易总额的 5%，印度与南亚潜在商品贸易规模预计为 620 亿美元，而实际贸易额仅为 190 亿美元，仅占印度外贸总额的 3%；印度和巴基斯坦之间的贸易额仅为 20 亿美元，如果没有各种形式的贸易壁垒，这一数字将升至 370 亿美元。报告指出，2016 年南亚平均关税为 13.6%，是世界平均水平（6.3%）的两倍多，为主要次区域中最高。报告建议，南亚国家应采取开放的区域合作战略，并将区域内贸易视为进一步促进全球化的阶梯和补充。鉴于其复杂的历史、经济规模的不对称性和信任赤字，世行建议采用渐进性举措并保持政策延续性。此外，“10 + 3” 区域的合作经验可为南亚提供参考。

三、国际大宗商品

本周纽约原油期货价格累计上涨 2.09%。截至星期四，本周纽约原油期货累计涨幅 2.09%。星期一纽约原油期货上涨 2.21%，收于每桶 72.27 美元；星期二纽约原油期货下跌 0.26%，收于每桶 72.08 美元；星期三纽约原油期货下跌 0.06%，收于每桶 72.04 美元；星期四纽约原油期货上涨 0.21%，收于每桶 72.19 美元。

本周纽约黄金期货价格累计下跌 1.4%。截至星期四，本周纽约黄金期货价格累计跌幅 1.4%。星期一纽约黄金期货上涨 0.01%，收于每盎司 1203.4 美元；星期二纽约黄金期货上涨 0.19%，收于每盎司 1205.7 美元；星期三纽约黄金期下跌 0.6%，收于每盎司 1198.5 美元；星期四纽约黄金期货下跌 1.01%，收于每盎司 1186.4 美元。

四、区域合作

美日欧贸易部长会议在纽约举行。2018 年 9 月 25 日，美日欧贸易部长会议在纽约举行，旨在讨论中国的非市场经济政策和改革 WTO 规则。莱特希泽在会上指出，WTO 仍是一个重要的机构，但 WTO 规则是为市场驱动型经济体制定的，而非中国等国企主导型经济体。由于 WTO 改革必须所有成员国就规则变化达成一致，如何让中国同意新规则，迫使其改变政策将是最大“难题”。

美韩签署双边贸易修订协议。2018 年 9 月 25 日，美国总统特朗普和韩国总统文在寅在纽约签署修订版美韩自贸协定，这是特朗普执政以来达成的首个重大贸易协定。美韩双方在联合声明中承诺将采取措施使更新后的自贸协定尽快生效。特朗普指出，这是一个“全新的协定”，未来美国汽车、医药品和农产品将更容易进入韩国市场。文在寅则表示，希望新协定能为两国提供一个更好的双边合作平台。

五、全球宏观经济形势

亚行称亚太地区贸易摩擦风险隐现。2018 年 9 月 26 日，亚行发布《2018 年亚洲发展展望》更新版称，由于各经济体内需强劲、油气价格上涨以及印度经济反弹，多数亚洲发展中国家增长势头保持稳定；贸易紧张局势和全球流动性紧缩则给各经济体带来下行风险。亚行预测，亚洲发展中国家 2018 年及 2019 年的 GDP 增速分别为 6.0% 和 5.8%。上半年，中国国内消费稳中有升，服务行业快速发展，经济表现强劲，预计 2018 年增速为 6.6%；受内需增速减缓和贸易摩擦影响，下调 2019 年增速预测至 6.3%。印度经济保持强劲表现，预计 2018 年增速为 7.3%；随着货币和税制改革的短时影响逐步消退，2019 年增速预计可达 7.6%。半数东盟国家增速放缓，预计 2018 年及 2019 年分别增长 5.1% 和 5.2%。中亚地区受油气价格上涨、出口和投资增加等因素驱动，预计今年增速微增至 4.1%。太平洋地区预计增长则为 1.1%，仅为前预测值一半。报告还指出，美联储超预期加息将带来金融风险，但亚太地区面临的最大风险依旧是贸易局势持续恶化对跨境生产和商业投资的影响。尽管东南亚部分经济体能因贸易布局调整在中期内获益，但贸易摩擦间接影响会降低整个区域的发展和投资信心。

第 40 周　（2018/09/29—2018/10/08）

2018 年 9 月 29 日—10 月 8 日，国际财经要情有：美国 8 月份贸易逆差增至 532 亿美元；美国 9 月份失业率降至 3.7%；加拿大 9 月份失业率降至 5.9%；欧元区 9 月份通胀率升至 2.1%；日本 8 月份景气一致指数 4 个月来首次上升；WTO 称技术创新将拉动全球贸易每年增长 2.0%；世行下调 2018 年东亚和太平洋地区经济增速至 6.3%；美、墨、加三国签署 USMCA；OECD 国家 2018 年 8 月份通胀率稳定在 2.9%。

一、区域观察

1. 北美

美国 2018 年 8 月份贸易逆差增至 532 亿美元。2018 年 10 月 5 日，美国商务部发布数据显示，美国 8 月份出口环比下降 0.8% 至约 2094 亿美元，进口环比上升 0.6% 至约 2627 亿美元，当月贸易逆差为 532 亿美元，升至近 6 个月以来最高水平，较上月修正值提升 6.4%。

美国 2018 年 9 月份失业率降至 3.7%。2018 年 10 月 5 日，美国劳工部发布数据显示，9 月份失业率降至 3.7%，达 1969 年以来最低水平，新增非农就业岗位 13.4 万个。此外，9 月份美国员工时薪较上月增加 0.08 美元至 27.24 美元。

美国 2018 年 8 月份核心 PCE 物价指数年率上涨 2%。2018 年 9 月 29 日，美国商务部发布数据显示，美国 8 月份核心 PCE 物价指数同比上涨 2%，与预期持平，为 2012 年 4 月以来最大增幅。

加拿大 2018 年 9 月份失业率降至 5.9%。2018 年 10 月 5 日，加拿大统计局发布数据显示，9 月份失业率由 8 月份的 6.0% 降至 5.9%，就业岗位增加 6.33 万个。

加拿大 2018 年 7 月份 GDP 增长超预期。2018 年 9 月 29 日，加拿大统计局发布数据显示，经季调，7 月份 GDP 环比增长 0.2%，高于市场预期值 0.1%；7 月份 GDP 同比增长 2.4%，高于预测值 2.2%。

2. 拉美

巴西 2018 年 6—8 月失业率下降。2018 年 9 月 29 日，巴西地理统计局发布数据显示，巴西 6—8 月失业率为 12.1%，同比下降 0.5%，环比下降 0.2%。

巴西 2018 年 9 月份制造业 PMI 降至 50.9。2018 年 10 月 1 日，Markit 发布数据显示，巴西 9 月份制造业 PMI 由 8 月份的 51.1 降至 50.9，略高于荣枯线。

3. 欧洲

欧元区 2018 年 9 月份通胀率升至 2.1%。2018 年 9 月 29 日，欧盟统计局发布数据显示，欧元区 9 月份通胀率由上月的 2.0% 小幅上升至 2.1%。

英国 2018 年 9 月份制造业 PMI 反弹。2018 年 10 月 1 日，Markit 发布数据显示，英国 9 月份制造业 PMI 由 8 月份的 52.8 升至 53.8。

法国 2018 年 9 月末官方外汇储备下降。2018 年 10 月 5 日，法国经济和财政部与法国央行联合发布数据显示，截至 9 月末，法国官方外汇储备总额为 1436.44 亿欧元（约合 1662.83 亿美元），较 8 月末的 1472.56 亿欧元（约合 1715.69 亿美元）减少 36.12 亿欧元。

法国 2018 年 8 月份商品贸易逆差进一步扩大。2018 年 10 月 5 日，法国海关发布数据显示，经季调，法国 8 月份商品贸易逆差由 7 月份的 34 亿欧元增至 56 亿欧元，环比增长 22 亿欧元。

法国 2018 年 9 月份 CPI 年率初值增长。2018 年 9 月 28 日，法国国家统计局发布数据显示，9 月份 CPI 年率初值增长 2.2%，CPI 月率初值下降 0.2%。

德国 2018 年 8 月份工业订单环比增加。2018 年 10 月 5 日，德国联邦统计局发布数据显示，经季调，德国 8 月份工业订单环比增加 2%，增幅超出市场预期。

德国 2018 年 9 月份失业率创历史新低。2018 年 9 月 29 日，德国联邦劳工局发布数据显示，经季调，9 月份德国失业人数环比减少 2.3 万人，失业率由上月的 5.2% 降至 5.1%，创历史新低。

4. 亚太

日本 2018 年 8 月份景气一致指数 4 个月来首次上升。2018 年 10 月 5 日，日本内阁府发布数据显示，日本 8 月份景气一致指数环比上升 1.4 至 117.5，这是该指标自今年 5 月份以来首次上升。

韩国 2018 年 9 月份 CPI 环比微升。2018 年 10 月 5 日，韩国国家统计局发布数据显示，9 月份 CPI 为 105.60，环比上涨 0.7%，同比上涨 1.9%。除食品和能源外，核心 CPI 为 104.71，环比下降 0.1%，同比上涨 1.0%。

澳大利亚 2018 年 8 月份贸易顺差超预期。2018 年 10 月 4 日，澳大利亚统计局发布数据显示，经季调，8 月份商品和服务贸易顺差达 16.04 亿澳元，超过预期值 14.5 亿澳元，环比增加 5600 万澳元。此外，8 月份进口月率持平，出口月率增长 1%。

印度维持基准利率不变。2018 年 10 月 5 日，印度储备银行宣布维持基准利率 6.5% 不变。

菲律宾 2018 年 9 月份通胀率升至 6.7%。2018 年 10 月 5 日，菲律宾国家统计局发布数据显示，菲律宾 9 月份通胀率升至 6.7%，为 2009 年 2 月份以来最高水平。

5. 非洲

肯尼亚 2018 年第二季度 GDP 增长 6.3%。2018 年 9 月 29 日，肯尼亚国家统计局发布数据显示，肯尼亚 2018 年第二季度 GDP 增长 6.3%，高于去年同期的 4.7%。

二、国际组织

WTO 称技术创新将拉动全球贸易每年增长 2.0%。2018 年 10 月 4 日，WTO 发布《2018 年全球贸易报告》称，由于全球贸易成本下滑，截至 2030 年技术创新将拉动全球贸易每年增长 1.8%—2.0%，相当于 2015—2030 年贸易总额累积增长 31%—34%。WTO 总干事阿泽维多表示，区块链、人工智能、物联网等前沿技术将从根本上改变贸易方式。这些结构性革新将对全球贸易产生持续影响。报告认为，若政策得当且技术扩散、监管相关问题得到解决，贸易成本下降对中小企业和发展中国家的企业将极为有利，很可能提升发展中国家在全球贸易中的份额，预测将从 2015 年的 46% 增至 2030 年的 57%。

世行下调 2018 年东亚和太平洋地区经济增速至 6.3%。2018 年 10 月 4 日，世行发布报告指出，受贸易紧张局势和资本流动不稳定的影响，2018 年东亚和太平洋地区（EAP）发展中经济体经济增速将从 2017 年的 6.6% 降至 6.3%，2019 年将降至 6.0%，低于上期预测值 6.1%。报告预测，2018 年中国经济增速降至 6.5%，2019 年将进一步降至 6.2%，略低于上期预测值 6.3%。世行表示，当前经济增长的主要风险包括：贸易保护主义升级、金融市场动荡加剧以及财政和金融脆弱性的相互影响。报告建议，EAP 经济体应利用审慎的结构性政策应对外部冲击，提升潜在经济增速。

IMF 呼吁管理全球风险，建设现代化多边体系。2018 年 10 月 1 日，IMF 总裁拉加德发表讲话指出，尽管当前全球经济增长处于危机后最高水平，但经济扩张的国家越来越少，增长可能停滞不前。贸易壁垒不仅损害全球贸易，还会影响投资与制造业发展。当前美国经济正强劲增长，但指标显示随着贸易摩擦加剧，中国增速或进一步放缓。很多经济体正面临美元升值和金融市场收紧的压力，部分国家出现资本外流。拉加德建议，首先应建立更好的全球贸易体系。通过研究国家补贴带来的扭曲效应，为全球贸易建立“更明智的规则”。最新分析表明，若服务贸易成本降低 15%，2018 年 G20 国家 GDP 总量将至少提升 3500 亿美元。其次应防范财政和金融动荡，加快落实金融监管措施。全球债务（包括公共和私人债务）已达 182 万亿美元，债务增长使政府和企业更容易受金融环境收紧的影响。拉加德认为，发达经济体需减少政府赤字，逐步降低公共债务。

三、国际大宗商品

本周纽约原油期货价格累计上涨 0.99%。截至星期五，本周纽约原油期货累计涨幅 0.99%。星期一纽约原油期货上涨 2.6%，收于每桶 75.47 美元；星期二纽约原油期货下跌 0.57%，收于每桶 75.04 美元；星期三纽约原油期货上涨 1.57%，收于每桶 76.22 美元；星期四纽约原油期货下跌 2.09%，收于每桶 74.63 美元；星期五纽约原油期货下跌 0.46%，收于每桶 74.29 美元。

本周纽约黄金期货价格累计上涨 0.88%。截至星期五，本周纽约黄金期货价格累计涨幅 0.88%。星期一纽约黄金期货下跌 0.3%，收于每盎司 1192.6 美元；星期二纽约黄金期货上涨 1.23%，收于每盎司 1207.3 美元；星期三纽约黄金期下跌 0.51%，收于每盎司 1201.1 美元；星期四纽约黄金期货上涨 0.22%，收于每盎司 1203.7 美元；星期五纽约黄金期货上涨 0.25%，收于每盎司 1206.7 美元。

四、区域合作

美、墨、加三国签署 USMCA。2018 年 10 月 1 日，加拿大外长弗里兰和美国贸易代表莱特希泽发表联合声明，美、墨、加三国达成贸易协议，新协议命名为 USMCA（美国—墨西哥—加拿大协议），取代已实施 24 年的 NAFTA。美国贸易代表办公室发布新协议文本，包括市场准入、原产地规则、农业、贸易救济、投资、数字贸易、争端解决、知识产权等 30 多章，还包括美墨、美加就部分问题达成的附加双边协议。

五、全球宏观经济形势

OECD 国家 2018 年 8 月份通胀率稳定在 2.9%。2018 年 10 月 2 日，OECD 公布最新数据显示，2018 年 8 月份 OECD 国家整体通胀率稳定在 2.9%。剔除食品和能源，通胀率稳定在 2.1%。主要经济体中，英国、意大利和日本通胀率实现小幅上涨，分别从 2.3%、1.5% 和 0.9% 升至 2.4%、1.6% 和 1.3%；法国

（2.3%）和德国（2.0%）保持稳定；美国和加拿大通胀率略有下降，分别从2.9%、3.0%降至2.7%、2.8%。欧元区通胀率降至2.0%。G20国家整体通胀率则实现上涨，升至3.5%。其中，中国、俄罗斯和阿根廷分别从2.1%、2.5%和31.2%升至2.3%、3.1%和34.4%；印度和印度尼西亚均保持稳定；巴西和南非则分别从4.5%、5.0%降至4.2%、4.8%。

第 41 周 （2018/10/09—2018/10/12）

2018 年 10 月 9—12 日，国际财经要情有：美国 9 月份 CPI 同比上升 2.3%；英国近期 GDP 增速超预期；IMF 与世行年会在印度尼西亚举行；IMF 发布《全球金融稳定报告》和《财政监测报告》；中国—东盟纪念建立战略伙伴关系 15 周年；IMF 下调全球经济增长预期；OECD 国家近期经济增长继续放缓。

一、区域观察

1. 北美

美国 2018 年 9 月份 CPI 同比上升 2.3%。2018 年 10 月 11 日，美国劳工部发布数据显示，9 月份未季调 CPI 同比上升 2.3%，未季调核心 CPI 同比上升 2.2%，低于预期值 0.1 个百分点。经季调后，9 月份城市居民消费者价格指数（CPI－U）环比上升 0.1%。

美国 2018 年 9 月份 PPI 环比上升 0.2%。2018 年 10 月 10 日，美国劳工部发布数据显示，经季调后，9 月份生产者价格指数（PPI）环比上升 0.2%，同比上升 2.6%，为 2017 年 12 月以来最小增幅。

美国 2018 年 9 月份平均时薪环比上涨 0.3%。2018 年 10 月 11 日，美国劳工部发布数据显示，经季调后，9 月份平均时薪环比上涨 0.3%，同比上涨 0.5%。

美国 2018 年 10 月 5 日当周 API 原油库存创 20 个月最大增幅。2018 年 10 月 11 日，美国石油协会（API）发布数据显示，截至 10 月 5 日当周 API 原油库存增加 975 万桶，远超预期的 264.7 万桶，创 20 个月最大增幅。

加拿大第二季度职位空缺率创 2015 年来新高。2018 年 10 月 11 日，加拿大国家统计局发布数据显示，第二季度职位空缺数达 547300 个，同比上升 18.9%。其中，全职空缺数同比上升 23.2%。职位空缺率达 3.4%，同比上升 0.5%，为 2015 年初以来新高。

2. 拉美

巴西 2018/2019 作物季大豆产量预计略增。2018 年 10 月 10 日，巴西植物油工业协会发布数据显示，2018/2019 财年作物季巴西大豆产量预计达 1.195 亿吨，略高于上季 1.18 亿吨的产量。

3. 欧洲

英国 2018 年 8 月份 GDP 增速与上月持平。2018 年 10 月 10 日，英国国家统计局发布数据显示，8 月份 GDP 环比增幅为 0%，低于预期值 0.1%，但 6 月份至 8 月份 3 个月的 GDP 环比增幅为 0.7%，高于预期值 0.6%。

英国 2018 年 8 月份工业产出环比上升 0.2%。2018 年 10 月 10 日，英国国家统计局发布数据显示，8 月份工业产出环比上升 0.2%，高出预期值 0.1 个百分点，同比上升 1.3%，高出预期值 0.3 个百分点。

英国 2018 年 8 月份贸易逆差扩大。2018 年 10 月 10 日，英国国家统计局发布数据显示，8 月份货物贸易逆差由 7 月份的 104 亿英镑扩大至 112 亿英镑（合 146.7 亿美元）。6 月份至 8 月份 3 个月的贸易逆差总额由 47 亿英镑收窄至 28 亿英镑。

法国 2018 年 8 月份工业产出环比上升 0.3%。2018 年 10 月 10 日，法国国家统计局发布数据显示，经季调，8 月份工业产出环比上升 0.3%。其中，制造业产出环比上升 0.6%。

德国 2018 年 8 月份货物进出口同比上升。2018 年 10 月 9 日，德国联邦统计局发布数据显示，经季调，德国 8 月份货物贸易顺差为 183 亿欧元，较 7 月份顺差 159 亿欧元有所扩大。其中，出口额为 1103 亿欧元，环比下降 0.1%，同比上升 2.2%；进口额为 920 亿欧元，环比下降 2.7%，同比上升 6.2%。

意大利 2018 年 8 月份工业产出环比上升 1.7%。2018 年 10 月 10 日，意大利国家统计局发布数据显示，经季调，意大利 8 月份工业产出环比上升 1.7%。

4. 亚太

日本 2018 年 8 月份私人部门核心机械订单环比增长 6.8%。2018 年 10 月 10 日，日本内阁府发布数据显示，经季调，日本 8 月份机械订单总额环比增长 1.8%。其中，私人部门核心机械订单总额环比增长 6.8%；政府部门订单总额环比下降 21.1%；海外订单总额环比增长 7.8%；代理订单总额环比下降 5.2%。

日本 2018 年 8 月份进出口同比上升。2018 年 10 月 9 日，日本财务省发布数据显示，8 月份经常项目盈余为 1.84 万亿日元（约合人民币 1120 亿元），同比下降 23.4%。8 月份货物贸易逆差初值为 2193 亿日元，其中，出口额为 6.65 万亿日元，同比上升 7.6%；进口额为 6.87 万亿日元，同比上升 17.5%。

韩国 2018 年 9 月份失业率同比上升 0.3%。2018 年 10 月 12 日，韩国国家统计局发布数据显示，9 月份就业人数同比增加 0.2%，就业率为 61.2%，同比下降 0.2%。9 月份失业人数同比增加 9.9%，失业率为 3.6%，同比上升 0.3%。

澳大利亚 2018 年 9 月份商业条件指数小幅上涨。2018 年 10 月 9 日，澳大利亚国民银行发布数据显示，9 月份商业条件指数小幅上涨 1 个基点至 +15 点，商业信心指数也上涨 1 个基点至 +6 点，接近其长期平均水平。

5. 非洲

南非 2018 年 8 月份制造业产出同比增加 1.3%。2018 年 10 月 11 日，南非国家统计局发布数据显示，8 月份制造业产出同比增加 1.3%，经季调，8 月份制造业产出环比增加 0.1%，6—8 月份 3 个月的制造业产出环比增加 1.9%。

二、国际组织

IMF 与世行年会在印度尼西亚举行。2018 年国际货币基金组织（IMF）与世界银行秋季年会于 10 月 8—13 日在印度尼西亚巴厘岛举行，此次会议在全球经济不确定性日益上升的背景下举行，内容聚焦如何应对贸易保护主义、脆弱的新兴市场和破纪录的负债水平等问题。针对全球贸易紧张局势，IMF 总裁拉加德表示不希望看到贸易战或货币战的发生与升级，这将伤害全球经济的所有参与者，并牵连许多无辜的旁观者。世界银行行长金墉则表示，贸易紧张可能加剧贫困，中美不断升级的贸易战可能会破坏全球在帮助摆脱极端贫困方面取得的成绩。

ADB 和 OECD 共同推进亚太伙伴关系。2018 年 10 月 10 日，ADB 和 OECD 签署了谅解备忘录，旨在深化合作并促进亚太地区高效发展。双方承诺将在 2019—2023 年间加强政策对话、绩效管理、知识共享等方面的交流，其中包括对反腐、税收征管、宏观经济政策以及数据的收集和分析。2013 年，双方就已签署过谅解备忘录，承诺共同提供研究报告、组织会议、展开私营部门磋商和交流经济数据，并提出能力建设倡议，取得了 ADB - OECD 反腐倡议等一系列合作成果。在新的谅解备忘录下，双方将继续就宏观经济政策、亚洲中期增长、东南亚经济前景和亚洲区域统计等主题开展研究交流，并尝试开展双方人员的长期相互借调。

WTO、IMF、OECD 和世行共同呼吁缓解贸易紧张局势。2018 年 10 月 10 日，WTO、IMF、OECD 和世界银行四个国际组织的负责人共同呼吁缓和贸易紧张局势，并重申贸易和多边体系在促进经济增长方面的重要性。IMF 提出当前 3 个优先事项：一是解决当前的贸易争端；二是共同修复和完善全球贸易体系；三是完善国内政策，确保全球贸易更好地惠及全体民众。

IMF 发布《全球金融稳定报告》和《财政监测报告》。2018 年 10 月 10 日，IMF 发布《全球金融稳定报告》称，全球金融系统面临的短期风险有所上升。由于部分经济体的政策不确定性和地缘政治，以及贸易紧张局势的不断升级，长期宽松货币政策所积累的金融脆弱性或将显现。各国应及时完善金融监管改革，加强国际合作以维护金融稳定。同日，IMF 发布半年一度的《财政监测报告》称，2017 年全球债务水平达到 182 万亿美元，创历史新纪录，其规模在过去 10 年间增长了 50%。在发达经济体内部，全球金融危机之前，私人债务快速增长，但公共债务基本稳定；而全球金融危机后，这种情况发生了逆转，财政刺激措施的实施等因素让公共债务急剧增加。新兴市场经济体则有所不同，其私人债务正快速增长，而公共债务则基本稳定。

三、国际大宗商品

本周纽约原油期货价格累计下跌 4.63%。截至星期四，本周纽约原油期货累计跌幅 4.63%。星期一纽约原油期货下跌 0.09%，收于每桶 74.22 美元；星期二纽约原油期货上涨 0.61%，收于每桶 74.67 美元；星期三纽约原油期货下跌 2.73%，收于每桶 72.63 美元；星期四纽约原油期货下跌 2.45%，收于每桶 70.85 美元。

本周纽约黄金期货价格累计上涨 1.74%。截至星期四，本周纽约黄金期货价格累计涨幅 1.74%。星期一纽约黄金期货下跌 1.26%，收于每盎司 1191.5 美元；星期二纽约黄金期货上涨 0.13%，收于每盎司 1193.1 美元；星期三纽约黄金期上涨 0.42%，收于每盎司 1198.1 美元；星期四纽约黄金期货上涨 2.47%，收于每盎司 1227.7 美元。

四、区域合作

中国—东盟纪念建立战略伙伴关系 15 周年。2018 年 10 月 8 日，国务院总理李克强与东盟轮值主席国新加坡总理李显龙互致贺电，纪念中国—东盟建立战略伙伴关系 15 周年。双方均表示，15 年来，在中国和东盟国家共同努力下，双方关系保持健康稳定发展势头，政治互信不断增强，经贸联系日益密切，互利合作成果丰硕，人文交流空前活跃。中国—东盟关系迈入提质升级的成熟期，双方合作深度和广度不断拓展，正面临新的发展机遇。东盟与中国致力于提升互联互通水平，将加强《东盟互联互通总体规划 2025》与“一带一路”倡议对接。期待第 21 次领导人会议通过《东盟—中国战略伙伴关系 2030 年愿景》，为双方关系未来发展指明战略方向。

李克强总理启程访问亚欧三国。李克强总理于 2018 年 10 月 11 日开启为期 9 天的亚欧之行，届时将出席在比利时布鲁塞尔举行的第十二届亚欧首脑会议和在塔吉克斯坦杜尚别举行的上海合作组织成员国政府首脑（总理）理事会第十七次会议。本届亚欧会议主题为“全球伙伴应对全球挑战”，欧方借此呼吁亚欧各方团结协作，特别是通过多边合作来共同应对全球面临的挑战。此访将进一步推动上合组织务实合作以及深化同相关国家友好关系，深化中欧全面战略伙伴关系和务实合作，为亚欧合作注入新动力、作出新贡献。

五、全球宏观经济形势

IMF 发布最新《世界经济展望》报告。2018 年 10 月 9 日，IMF 发布最新一期《世界经济展望》报告，基于全球贸易问题及新兴市场风险，将 2018 年、2019 年全球经济增长预期均由 3.9% 下调至 3.7%，低于 2018 年 7 月预测的 3.9%，并指出世界经济增长进入了平顶期。同时，IMF 将 2019 年中国增长预期由 6.4% 下调至 6.2%，维持 2018 年预期 6.6% 不变；将 2019 年美国增长预期由 2.7% 下调至 2.5%，维持 2018 年预期 2.9% 不变；将 2018 年欧元区增长预期由 2.2% 下调至 2.0%，维持 2019 年预期 1.9% 不变；因阿根廷、巴西、土耳其形势不佳，大幅下调新兴市场 2018 年、2019 年预期。IMF 首席经济学家奥伯斯费尔德表示，贸易政策及其不确定性的影响，在宏观经济层面愈加突出。

OECD 国家近期失业率基本稳定。2018 年 10 月 9 日，OECD 更新数据显示，OECD 国家失业率 8 月稳定在 5.3%，失业人数达 3350 万，较 2008 年 4 月增加约 100 万。8 月，欧元区失业率下降 0.1 个百分点至 8.1%，意大利失业率下降 0.5 个百分点；日本失业率下降 0.1 个百分点至 2.4%；墨西哥和美国失业率分别稳定在 3.3% 和 3.9%；加拿失业率上升 0.2 个百分点至 6.0%；韩国失业率上升 0.4 个百分点至 4.2%。最新 9 月数据显示，美国失业率下降 0.2 个百分点至 3.7%，为 1969 年 12 月以来的最低水平，加拿大下降 0.1 个百分点至 5.9%。

OECD 国家近期经济增长继续放缓。2018 年 10 月 8 日，OECD 发布最新综合领先指标（CLIs）显示，OECD 和欧元区各国经济增长持续放缓。法国、意大利及英国经济增长趋缓，而德国、美国日本、加拿大的 CLI 指标则预示稳定增长势头。主要新兴经济体中，预计俄罗斯和中国的工业部门将保持稳定增长势头，巴西经济增势趋缓，印度经济增长依然稳健。

第 42 周（2018/10/13—2018/10/19）

2018 年 10 月 13—19 日，国际财经要情有：美国 2018 财年财政赤字创 6 年来新高；美国 8 月份国际资本净流入总额超预期；澳大利亚 9 月份失业率降至 6 年半新低；韩国央行宣布下调 2018 年经济增长预期；世行发布《2019 世界发展报告》；IMF 发布拉丁美洲及加勒比地区经济前景报告；RCEP 部长级会议在新加坡举行；上合组织政府首脑理事会在塔吉克斯坦举行；OECD 国家近期就业率有所上升。

一、区域观察

1. 北美

美国 2018 财年财政赤字创 6 年来新高。2018 年 10 月 15 日，美国财政部发布数据显示，2018 财年美国联邦政府财政赤字增长 17% 至约 7790 亿美元，创 2012 年来新高，财政赤字占美国 GDP 的比重由 2017 年的 3.5% 升至 3.9%。

美国 2018 年 9 月份工业产出环比增长 0.3%。2018 年 10 月 16 日，美联储发布数据显示，经季调，9 月份工业产出指数初值为 108.5，环比增长 0.3%，高于预期值 0.2%。

美国 2018 年 8 月份国际资本净流入总额超预期。2018 年 10 月 16 日，美国财政部发布数据显示，8 月份国际资本净流入总额 1082 亿美元，远超预期值 603 亿美元。

美国 2018 年 9 月份零售销售额远低于预期。2018 年 10 月 15 日，美国商务部发布数据显示，经季调，9 月份零售销售额为 5090 亿美元，同比增长 4.7%，环比增长 0.1%，远低于预期值 0.6%。

API 原油库存意外减少 213 万桶。2018 年 10 月 17 日，美国石油协会（API）发布数据显示，截至 10 月 12 日，当周 API 原油库存意外减少 213 万桶，预期增加 106.7 万桶。

加拿大 2018 年 8 月份制造业销售额下降。2018 年 10 月 17 日，加拿大国家统计局发布数据显示，8 月份制造业销售额在连续 3 个月增长后下降 0.4% 至 586 亿加元。

2. 拉美

阿根廷央行再次上调指标利率至 72.198%。2018 年 10 月 16 日，阿根廷中央银行再次将指标利率（7 天期 LELIQ 利率）由 67.715% 上调至 72.198%，为 10 月份以来的第二度加息。

3. 欧洲

欧元区 2018 年 9 月份 HICP 同比增长 2.1%。2018 年 10 月 17 日，欧盟统计局发布数据显示，欧元区 9 月份调和消费者物价指数（HICP）同比上涨 2.1%，环比上涨 0.5%；欧盟 9 月份 HICP 同比上涨 2.2%，环比上涨 0.4%。

欧元区 2018 年 8 月份贸易顺差同比减少 36 亿欧元。2018 年 10 月 16 日，欧盟统计局发布数据显示，欧元区 8 月份贸易顺差预计同比减少 36 亿欧元至 117 亿欧元，欧元区内部贸易额同比增长 5.1% 至 1407 亿欧元。

欧元区 2018 年 8 月份工业产出环比上升 1%。2018 年 10 月 13 日，欧盟统计局发布数据显示，经季调，欧元区 8 月份工业产出环比上升 1%，同比上升 0.9%；欧盟 8 月份工业产出环比上升 0.8%，同比上升 1.2%。

英国 2018 年 9 月份 CPI 降至 2.4%。2018 年 10 月 17 日，英国国家统计局发布数据显示，9 月份消费者物价指数（CPI）由 8 月份的 2.7% 降至 2.4%。

英国 2018 年 6 至 8 月份失业率为 4.0%。2018 年 10 月 16 日，英国国家统计局发布数据显示，经季调，6—8 月 3 个月失业率为 4.0%，环比下降 0.1%，同比下降 0.3%。

德国 2018 年 8 月份进口价格指数环比持平。2018 年 10 月 16 日，德国联邦统计局发布数据显示，8 月份进口价格指数同比上升 4.8%，环比持平；出口价格指数同比上升 2.1%，环比上升 0.2%。

德国 2018 年 10 月份 ZEW 经济景气指数大幅下跌。2018 年 10 月 16 日，欧洲经济研究中心发布数据显示，10 月份 ZEW 经济景气指数环比下降 14.1 点至 -24.7 点，为 2012 年 8 月以来最低水平，远低于 22.8 点的长期平均水平。

意大利 2018 年 9 月份 CPI 同比增长 1.4%。2018 年 10 月 16 日，意大利国家统计局发布数据显示，9 月份消费者物价指数（CPI）环比下降 0.5%，同比上涨 1.4%，9 月份调和消费者物价指数（HICP）环比上涨 1.7%，同比上涨 1.5%。

意大利 2018 年 8 月份工业新订单指数环比上升 4.9%。2018 年 10 月 16 日，意大利国家统计局发布数据显示，经季调，8 月份工业新订单指数环比上升 4.9%，工业销售指数环比上升 1.2%。

4. 亚太

日本 2018 年 9 月份主要商品出口额下降 1.2%。2018 年 10 月 18 日，日本财务省发布数据显示，日本 9 月份主要商品出口额为 67266.49 亿日元，同比下降 1.2%；进口额为 65870.88 亿日元，同比增长 7.0%。

日本 2018 年 8 月份工业产出指数环比上升 0.2%。2018 年 10 月 15 日，日本经济产业省发布数据显示，经季调，8 月份工业产出指数为 102.5，环比上升 0.2%。

韩国央行宣布维持基准利率 1.50%不变。2018 年 10 月 18 日，韩国银行宣布维持基准利率 1.50%不变，同时将 2018 年经济增长预期由 2.9%下调至 2.7%。

澳大利亚 2018 年 9 月份失业率降至 5.0%。2018 年 10 月 18 日，澳大利亚国家统计局发布数据显示，经季调，澳大利亚 9 月份失业率为 5.0%，环比下降 0.3 个百分点，为 2012 年中以来最低水平。

澳大利亚 2018 年 8 月住房贷款总额下降 2.1%。2018 年 10 月 13 日，澳大利亚国家统计局发布数据显示，经季调，8 月份住房贷款总额下降 2.1%至 306.67 亿澳元。

印度 2018 年 9 月份通胀率为 3.77%。2018 年 10 月 13 日，印度中央统计局发布数据显示，9 月份通胀率为 3.77%，连续第二个月低于其 4%的中期通胀目标。

新西兰第三季度 CPI 环比增长 0.9%。2018 年 10 月 16 日，新西兰国家统计局发布数据显示，第三季度消费者物价指数（CPI）环比上涨 0.9%，同比上涨 1.9%。

5. 非洲

南非 2018 年 8 月份批发销售额同比增长 4.0%。2018 年 10 月 18 日，南非国家统计局发布数据显示，8 月份批发销售额同比增长 4.0%。经季调，8 月份批发销售额环比增长 1.2%；6—8 月 3 个月的批发销售额环比增长 1.5%。

南非 2018 年 8 月份零售销售额同比增长 2.5%。2018 年 10 月 17 日，南非国家统计局发布数据显示，8 月份零售销售额同比增长 2.5%。经季调，8 月份零售销售额环比增长 0.6%；6—8 月 3 个月的零售销售额环比增长 0.5%，同比增长 1.9%。

二、国际组织

世行发布《2019 世界发展报告》。2018 年 10 月 13 日，世界银行发布《2019 世界发展报告：工作性质的变革》称，在技术快速更迭的劳动力市场中，健康和教育方面的投资非常重要。报告指出，机器人使用范围的扩大增加了人们对就业危机的担忧，但技术也为创造就业机会、提高生产力和提供有效的公共服务提供了便利。此外，报告建议在特定部门进行市场监管改革，并完善全球范围的税收政策和社会保障制度。

IMF 发布拉丁美洲及加勒比地区经济前景报告。2018 年 10 月 13 日，IMF 发布拉丁美洲及加勒比（LAC）地区经济前景报告指出，在贸易紧张局势升级、金融环境趋紧以及大宗商品市场波动的情况下，LAC 地区经济复苏趋缓，且经济发展更加不平衡。该地区部分经济体特定的内部脆弱性放大了外部风险影响。其中，巴西和墨西哥经济增速放缓，阿根廷则陷入停滞。油价上涨和政治不确定性抑制了中美洲部分国家近期经济前景，如委内瑞拉仍存在经济和人道主义危机。过去一年贸易条件、消费及商业信心的改善使得安第斯和加勒比地区的经济状态有所好转，但 LAC 地区整体经济下行风险上升。

世行发布最新《贫困与共享繁荣》报告。2018 年 10 月 17 日，世行发布最新《贫困与共享繁荣》报告称，2015 年世界经济的发展使得极端贫困人口比例大幅减少至 10%，但速度有所放缓，仍有近 34 亿人未达到中等偏上收入国家每日 5.5 美元生活费的标准。目前，世行仍致力于在 2030 年消除极端贫困（每日生活费低于 1.9 美元）的目标。在共享繁荣方面，东亚太平洋地区表现较好，其极端贫困人口减少最为显著，并且 2010—2015 年间该地区最贫困的 40% 人口收入平均增长 4.5%。

三、国际大宗商品

本周纽约原油期货价格累计下跌 3.67%。截至星期四，本周纽约原油期货累计跌幅 3.67%。星期一纽约原油期货下跌 0.31%，收于每桶 71.55 美元；星期二纽约原油期货上涨 0.67%，收于每桶 72.03 美元；星期三纽约原油期货下跌 2.80%，收于每桶 70.01 美元；星期四纽约原油期货下跌 1.86%，收于每桶 68.71 美元。

本周纽约黄金期货价格累计上涨 0.06%。截至星期四，本周纽约黄金期货价格累计涨幅 0.06%。星期一纽约黄金期货上涨 0.73%，收于每盎司 1230.5 美元；星期二纽约黄金期货下跌 0.20%，收于每盎司 1228.1 美元；星期三纽约黄金期下跌 0.21%，收于每盎司 1225.5 美元；星期四纽约黄金期货上涨 0.28%，收于每盎司 1228.9 美元。

四、区域合作

RCEP 部长级会议在新加坡举行。2018 年 10 月 13 日，《区域全面经济伙伴关系协定》（RCEP）第 6 次部长级会间会在新加坡举行。东盟 10 国、中国、澳大利亚、印度、日本、韩国、新西兰等 16 方经贸部长或代表出席会议。会议就货物贸易、服务贸易、投资、卫生和植物卫生措施、标准技术法规和合格评定程序、电子商务、竞争政策等议题进行了深入讨论，推动各方完成年底一揽子成果，并结束实质性谈判。会议发表联合声明称，在当前全球贸易面临单边主义挑战等诸多不确定性的情况下，尽快完成 RCEP 谈判有利于增强和完善区域供应链和价值链，对维护地区贸易自由化和便利化，支持全球自由贸易，具有重要意义。

上合组织政府首脑理事会在塔吉克斯坦举行。2018 年 10 月 12 日，上海合作组织（以下简称上合组织）政府首脑（总理）理事会第十七次会议在塔吉克斯坦首都杜尚别市举行，会议就维护多边贸易体制、促进发展战略对接、推动贸易和投资便利化、推进电子商务和服务贸易合作、加强金融和中小企业合作等话题进行了讨论。各代表团团长通过了《关于〈上合组织成员国多边经贸合作纲要〉落实情况的报告》和《关于编制新版〈上合组织成员国多边经贸合作纲要〉的决议》等成果文件，并共同发表了《上合组织成员国政府首脑（总理）理事会第十七次会议联合公报》。

APEC 各国财长发布联合声明。2018 年 10 月 16—17 日，第 25 届亚太经合组织（APEC）财长会在巴布亚新几内亚莫尔兹比港举行。会议重点讨论了全球和区域经济金融形势、促进基础设施发展与融资、推进普惠金融、加强国际税收合作与透明度、灾害风险融资与保险等议题，并发表了联合声明。会前还举行了 APEC 财长闭门会，就数字时代的公共财政战略交换了意见。

五、全球宏观经济形势

OECD 国家近期就业率有所上升。2018 年 10 月 16 日，OECD 更新数据显示，OECD 成员国整体就业率在 2018 年第二季度增加 0.1 个百分点，达到 68.3%，就业人口达 5.8 亿人。欧元区就业率在 2018 年第二季度水平基础上上升 0.3 个百分点至 67.2%；日本就业率上升 0.3 个百分点至 76.7%；墨西哥就业率下降 0.2 个百分点至 61.6%；美国就业率增加 0.1 个百分点至 70.6%。OECD 地区就业水平的提高反映了第二季度服务业就业的改善。就业总人数中，服务业比重增至 73.4%，而工业和农业比重分别降至 22.1% 和 4.4%。

第43周（2018/10/20—2018/10/26）

2018 年 10 月 20—26 日，国际财经要情有：美国 9 月份耐用品订单环比增长 0.8%；加拿大 9 月份 CPI 同比上升 2.2%；欧央行维持主要利率水平不变；韩国第三季度 GDP 预计环比增长 0.6%；南非下调 2018 年经济增长预期至 0.7%；ADB 发布《2018 亚洲经济一体化报告》；金融稳定委员会全体会议在渥太华举行；欧盟与新加坡签署自贸协定；第 24 轮 RCEP 谈判在奥克兰举行；IMF 下调全球与中国经济增长预期。

一、区域观察

1. 北美

美联储褐皮书显示美国经济温和增长。2018 年 10 月 24 日，美联储发布最新一期褐皮书显示，美国整体经济活动继续温和扩张，制造业产出稳步上升，多数地区就业状况稳步改善，劳动力市场持续偏紧，工资温和上涨，大部分企业认为未来半年劳动力需求将继续扩大。消费者支出适度扩张，消费价格温和上涨。但部分地区企业面临原材料及运输成本上涨、国际贸易政策不确定性和劳动力供应不足等挑战。

美国 2018 年 9 月份耐用品订单环比增长 0.8%。2018 年 10 月 25 日，美国商务部发布数据显示，9 月份耐用品订单环比增长 0.8%，高于预期 -1.5%，大幅低于前值 4.6%。其中，国防飞机和零部件新订单环比增长 119%，创 2011 年来新高。9 月份扣除运输类耐用品订单环比增长 0.1%，低于预期值 0.4%。

美国 2018 年 9 月份成屋销量环比下降 3.4%。2018 年 10 月 20 日，全美房地产经纪人协会发布数据显示，经季调，9 月份成屋销量为 515 万套，环比下降 3.4%，同比下降 4.1%。

加拿大 2018 年 9 月份 CPI 同比上升 2.2%。2018 年 10 月 20 日，加拿大国家统计局发布数据显示，9 月份居民消费价格指数（CPI）同比上升 2.2%；经季调，环比下降 0.1%。

加拿大 2018 年 8 月份批发销售额环比下降 0.1%。2018 年 10 月 22 日，加拿大国家统计局发布数据显示，经季调，8 月份批发销售额初值为 636.39 亿加元，环比下降 0.1%，同比上升 3.5%；批发库存额初值为 868.36 亿加元，环比下降 0.5%，同比上升 8.5%。

加拿大 2018 年 8 月份零售销售额环比下降 0.1%。2018 年 10 月 22 日，加拿大国家统计局发布数据显示，经季调，8 月份零售销售额初值为 507.58 亿加元，环比下降 0.1%，同比上升 3.6%；核心零售销售额为 372.41 亿加元，环比下降 0.4%，同比上升 4.3%。

2. 拉美

巴西央行维持 2018 年经济增长预期不变。2018 年 10 月 22 日，巴西中央银行宣布维持 2018 年 1.34% 的经济增长预期不变，但将 2019 年经济增长预期由 2.50% 降至 2.49%。

拉美和加勒比海地区 2018 年经济增长预期降至 1.3%。近日，联合国拉丁美洲和加勒比经济委员会发布公告，将 2018 年拉美和加勒比地区经济增长预期由 1.5% 下调至 1.3%，预计 2019 年该地区经济增速为 1.8%。

3. 欧洲

欧央行维持主要利率水平不变。2018 年 10 月 25 日，欧洲中央银行宣布维持 10 月主要再融资利率 0%、边际借贷利率 0.25% 和存款机制利率 -0.40% 不变，继续实施宽松货币政策。

欧元区 2018 年 10 月份制造业 PMI 初值为 52.1。2018 年 10 月 24 日，Markit 发布数据显示，欧元区 10 月份制造业采购经理指数（PMI）初值为 52.1，环比下降 1.1 个点；服务业 PMI 初值为 53.3，环比下降 1.4 个点；综合 PMI 初值为 52.7，环比下降 1.4 个点。

欧元区 2018 年 10 月份消费者信心指数环比上升 0.2 个点。2018 年 10 月 23 日，欧委会发布数据显示，欧元区 10 月份消费者信心指数为 -2.7，环比上升 0.2 个点，高于长期平均水平 -12.1；欧盟 10 月份消费者信心指数为 -2.7，环比上升 0.1 个点，高于长期平均水平 -11.1。

德国 2018 年 9 月份 PPI 环比增长 0.5%。2018 年 10 月 23 日，德国联邦统计局发布数据显示，9 月份生产价格指数（PPI）环比增长 0.5%，同比增长 3.2%。其中，能源价格同比增长 8.5%，中间品价格同比增长 2.5%，耐用消费品价格同比增长 1.7%，资本品价格同比增长 1.4%。

德国 2018 年 10 月份制造业 PMI 初值为 52.3。2018 年 10 月 24 日，Markit 发布数据显示，10 月份制造业 PMI 初值为 52.3，环比下降 1.4 个点，为 29 个月来最低水平；服务业 PMI 初值为 53.6，环比下降 2.3 个点；综合 PMI 初值为 52.7，环比下降 2.3 个点。

德国 2018 年 10 月商业景气指数继续下降至 102.8。2018 年 10 月 25 日，德国伊弗经济研究所发布数据显示，受全球市场不确定性影响，10 月份伊弗商业景气指数由 9 月份的 103.7 降至 102.8，连续第二个月下降。

法国 2018 年 10 月份制造业 PMI 初值为 51.2。2018 年 10 月 24 日，Markit 发布数据显示，法国 10 月份制造业 PMI 初值为 51.2，环比下降 1.3 个点，为 25 个月来最低水平。

法国 2018 年 10 月份 INSEE 制造业信心指数环比下降 3 个点。2018 年 10 月 24 日，法国国家统计与经济研究所发布数据显示，10 月份 INSEE 制造业信心指数为 104，环比下降 3 个点。

4. 亚太

日本 2018 年 10 月份制造业 PMI 初值为 53.1。2018 年 10 月 24 日，Markit 发布数据显示，日本 10 月份制造业 PMI 初值为 53.1，环比增长 0.6 个点，连续 26 个月保持在荣枯线以上。

日本 2018 年 8 月份领先指数为 104.5。2018 年 10 月 24 日，日本内阁府发布数据显示，8 月份领先指数终值为 104.5，环比上升 0.6 个点；一致指数终值为 116.7，环比上升 0.6 个点。

日本 2018 年 8 月份所有产业活动指数环比上升 0.5%。2018 年 10 月 22 日，日本经济产业省发布数据显示，经季调，8 月份所有产业活动指数为 105.7，环比上升 0.5%。其中，建筑业活动指数为 113.4，环比上升 0.8%；工业产出指数为 102.5，环比上升 0.2%；第三产业活动指数为 106.0，环比上升 0.5%。

韩国第三季度 GDP 预计环比增长 0.6%。2018 年 10 月 25 日，韩国央行发布数据显示，初步预计韩国第三季度 GDP 环比增长 0.6%，与第二季度增速持平。

澳大利亚第三季度商业地产指数创两年来新低。2018 年 10 月 22 日，澳大利亚国民银行发布数据显示，第三季度商业地产指数下跌 9 个点至 +8 点，为两年来新低，但仍高于长期平均水平 +3 点。

新西兰 2018 年 9 月份货物贸易逆差继续扩大至 16 亿纽元。2018 年 10 月 25 日，新西兰国家统计局发布数据显示，9 月份货物贸易逆差达 16 亿纽元，其中，进口额为 59 亿纽元，同比上升 19%；出口额为 43 亿纽元，同比上升 14%。

5. 非洲

南非下调 2018 年经济增长预期至 0.7%。2018 年 10 月 24 日，南非财政部长发布预算报告，将 2018 年南非经济增长预期由 2 月份的 1.5% 下调至 0.7%。

南非 2018 年 9 月份 PPI 环比增长 0.5%。2018 年 10 月 25 日，南非国家统计局发布数据显示，9 月份生产价格指数（PPI）环比增长 0.5%，同比增长 6.2%。

南非 2018 年 9 月份 CPI 与 8 月份持平。2018 年 10 月 24 日，南非国家统计局发布数据显示，9 月份城市居民消费价格指数（CPI－U）为 4.9%，与 8 月份持平。

二、国际组织

ADB 发布《2018 亚洲经济一体化报告》。2018 年 10 月 23 日，亚洲开发银行（ADB）发布《2018 亚洲经济一体化报告》（AEIR）。报告指出，随着亚太地区在基础设施建设、贸易往来、金融安全以及气候和自然灾害等问题上所面临挑战不断升级，区域合作越发重要。亚太地区的贸易和投资联系不断增强，将为全球经济不确定因素提供缓冲。同时，贸易政策不确定性将抑制区域和全球贸易复苏，损害市场信心。

金融稳定委员会全体会议在渥太华举行。2018 年 10 月 22 日，金融稳定委员会（FSB）全体会议在渥太华举行，会议探讨了全球金融体系的发展及弱点。虽然目前全球经济增长稳健，但各经济体之间的差距在不断加大，且已出现下行风险。此外，会议还讨论通过了多份将于下月公布并提交至 G20 峰会的报告，其中包括 G20 金融监管改革年度报告以及基础设施融资评估报告。

三、国际大宗商品

本周纽约原油期货价格累计下跌 3.68%。截至星期四，本周纽约原油期货累计跌幅 3.68%。星期一纽约原油期货下跌 0.03%，收于每桶 69.52 美元；星期二纽约原油期货下跌 4.93%，收于每桶 66.09 美元；星期三纽约原油期货上涨 0.45%，收于每桶 66.39 美元；星期四纽约原油期货上涨 0.89%，收于每桶 66.98 美元。

本周纽约黄金期货价格累计上涨 0.37%。截至星期四，本周纽约黄金期货价格累计涨幅 0.37%。星期一纽约黄金期货下跌 0.41%，收于每盎司 1224.9 美元；星期二纽约黄金期货上涨 0.68%，收于每盎司 1233.2 美元；星期三纽约黄金期上涨 0.26%，收于每盎司 1236.4 美元；星期四纽约黄金期货下跌 0.15%，收于每盎司 1234.6 美元。

四、区域合作

中国与巴勒斯坦启动自贸协定谈判。2018 年 10 月 23 日，在国家副主席王岐山访问巴勒斯坦期间，商务部副部长钱克明与巴勒斯坦国民经济部部长欧黛在双方领导人见证下共同签署谅解备忘录，宣布正式启动中巴自贸协定谈判。近年来中巴两国经贸合作成果显著，双边贸易增势明显。2017 年全年，中巴双边贸易额达到 6928 万美元，同比增长 16.2%。2017 年 11 月，中巴自贸协定联合可研正式启动，经过半年多的联合研究，双方就联合可研的结论等诸多内容达成一致。双方认为，签署自贸协定将进一步密切双边经贸关系，为两国企业和人民带来更多利益。

欧盟与新加坡签署自贸协定。2018 年 10 月 20 日，欧盟与新加坡正式签署双边自由贸易和投资协定，其中新加坡将降低欧盟输新所有产品关税，欧盟则将取消 84% 新加坡输欧产品关税，并在未来 3—5 年内逐步取消余下 16% 新加坡输欧产品关税。欧方指出，欧新所签署的贸易和投资协定将成为未来欧盟与东盟区域间贸易协议的首要组成部分。

第 24 轮 RCEP 谈判在奥克兰举行。近期，第 24 轮 RCEP 谈判在奥克兰举行。新西兰贸易和出口增长国务部长奥康纳表示，RCEP 是新西兰政府在全球保护主义不断抬头的背景下，实现经济现代化、支持企业和出口商不可或缺的一部分。希望通过达成协议，支持新西兰经济增长和就业，并确保新方的重大关切得到保障。本轮谈判将于 2018 年 10 月 27 日结束。

“中国改革开放 40 年”高层论坛在京举行。2018 年 10 月 26 日，由东盟与中日韩宏观经济研究办公室（AMRO）、中国财政部、中国人民银行共同主办的“中国改革开放 40 年：进程、展望及对东亚区域的影响”高层论坛在京举行。此次论坛以 AMRO“中国改革开放：对东盟的经验、前景与启示”研究课题为背景，集中探讨中国改革开放的经验教训及其对东亚地区的启示与借鉴。中国财政部部长刘昆出席论坛并做主旨演讲。

五、全球宏观经济形势

IMF 下调全球与中国经济增长预期。国际货币基金组织（IMF）在北京发布 2018 年秋季《世界与中国经济展望报告》，将 2018 年、2019 年全球经济增长预期下调至 3.7%，低于 4 月份预测值。IMF 指出，全球经济仍在稳步增长，但分化势头已经出现，部分主要经济体增速或已触顶，贸易紧张局势加剧成为全球经济增长面临的主要威胁。IMF 预测，2018 年中国经济增速为 6.6%，与上一次预测持平，但 2019 年中国经济增速预计为 6.2%，在上一次预测的基础上有所下调。

第44周（2018/10/27—2018/11/02）

2018 年 10 月 27 日—11 月 2 日，国际财经要情有：美国第三季度 GDP 环比增长 3.5%；美国 9 月份 PCE 环比上升 0.4%；欧元区经济第三季度环比增长 0.2%；英央行维持基准利率不变；日央行保持超宽松货币政策不变；土耳其大幅上调通胀预期；世行发布《2019 营商环境报告》；WTO 召开争端解决机制例会；AIIB 与 EBRD 共促欧亚地区发展；CPTPP 将于今年年末生效；首届中日第三方市场合作论坛在京举行；OECD 发布最新《非洲税收统计》报告；联合国拉加经委会预计今年拉加地区出口将继续增长。

一、区域观察

1. 北美

美国第三季度 GDP 环比增长 3.5%。2018 年 10 月 27 日，美国商务部发布数据显示，美国第三季度实际 GDP 同比增长 3.5%，高于预期值 3.3%。美国第三季度个人消费支出（PCE）同比增长 4.0%，高于预期值 3.3%；核心个人消费支出（PCE）物价指数同比增长 1.6%，低于预期值 1.8%。

美国 2018 年 9 月份 PCE 环比上升 0.4%。2018 年 10 月 30 日，美国经济分析局发布数据显示，经季调，美国 9 月份个人消费支出（PCE）环比上升 0.4%，个人收入环比上升 0.2%，可支配个人收入（DPI）环比上升 0.2%。

美国 2018 年 10 月份制造业 PMI 终值为 55.7。2018 年 11 月 1 日，Markit 发布数据显示，经季调，美国 10 月份制造业 PMI 终值为 55.7，环比上升 0.1 个点。

加拿大 2018 年 8 月份 GDP 环比增长 0.1%。2018 年 10 月 31 日，加拿大国家统计局发布数据显示，加拿大 8 月份 GDP 同比增长 2.5%，环比增长 0.1%，连续 7 个月增长。

加拿大 2018 年 10 月份制造业 PMI 终值为 53.9。2018 年 11 月 1 日，Markit 发布数据显示，经季调，加拿大 10 月份制造业 PMI 终值为 53.9，环比下降 0.9 个点，为 2017 年 1 月来新低。

2. 拉美

巴西 2018 年 10 月份制造业 PMI 终值为 51.1。2018 年 11 月 1 日，Markit 发布数据显示，经季调，巴西 10 月份制造业 PMI 终值为 51.1，环比上升 0.2 个点。

巴西联邦政府 2018 年 9 月份债务总额环比下降 0.16%。2018 年 10 月 27 日，巴西财政部发布数据显示，9 月份巴西联邦政府债务总额由 8 月份的 3.785 万亿雷亚尔降至 3.779 万亿雷亚尔，降幅为 0.16%。

3. 欧洲

欧元区经济第三季度环比增长 0.2%。2018 年 10 月 30 日，欧盟统计局发布数据显示，欧元区第三季度 GDP 同比增长 1.7%，环比增长 0.2%；欧盟 28 国第三季度 GDP 同比增长 1.9%，环比增长 0.3%。

欧元区 2018 年 10 月份通胀率为 2.2%。2018 年 10 月 31 日，欧盟统计局发布数据显示，欧元区 10 月份通胀率为 2.2%，为 2012 年 12 月来新高；剔除能源、食品和烟酒价格的核心通胀率为 1.1%。

英国央行维持 0.75%基准利率不变。2018 年 11 月 1 日，英国央行发布会议纪要，维持基准利率为 0.75%不变，维持国债购买规模及企业债购买规模不变。

英国 2018 年 10 月份制造业 PMI 终值为 51.1。2018 年 11 月 1 日，Markit 发布数据显示，经季调，英国 10 月份制造业 PMI 终值为 51.1，环比下降 2.5 个点，为 2016 年 7 月以来新低。

英国上调 2019 年经济增长预期。2018 年 10 月 29 日，英国预算责任办公室（OBR）发布报告，将英国 2019 年经济增长预期由 3 月份的 1.3%上调至 1.6%；预计 2020—2023 年经济增长预期分别为 1.4%、1.4%、1.5%和 1.6%。

德国 2018 年 10 月份 CPI 同比上涨 2.5%。2018 年 10 月 30 日，德国联邦统计局发布数据显示，德国 10 月份 CPI 同比上涨 2.5%，环比上涨 0.2%；调和 CPI 同比上涨 2.4%，环比上涨 0.1%。

德国 2018 年 10 月份失业率保持历史低位。2018 年 10 月 30 日，德国联邦劳工局发布数据显示，经季调，德国 10 月份失业人口为 229.2 万人，环比减少 1.1 万人，失业率为 5.1%，与上月持平，保持在两德统一以来最低水平。

法国第三季度 GDP 初值环比增长 0.4%。2018 年 10 月 30 日，法国国家统计局发布数据显示，经季调，法国第三季度 GDP 初值环比增长 0.4%。

法国 2018 年 10 月份 CPI 初值同比增长 2.2%。2018 年 10 月 31 日，法国国家统计局发布数据显示，法国 10 月份 CPI 初值同比增长 2.2%，环比增长 0.1%；10 月份调和 CPI 初值同比增长 2.5%，环比增长 0.1%。

法国 2018 年 9 月份 PPI 环比增长 0.3%。2018 年 10 月 27 日，法国国家统计局发布数据显示，法国 9 月份 PPI 同比增长 3.5%，环比增长 0.3%。

意大利 2018 年 10 月份 CPI 初值同比增长 1.6%。2018 年 11 月 1 日，意大利国家统计局发布数据显示，意大利 10 月份 CPI 初值同比增长 1.6%，环比增长 0.2%；调和 CPI 初值同比增长 1.7%，环比增长 0.2%。

土耳其大幅上调通胀预期。2018 年 10 月 31 日，土耳其央行发布数据显示，2018 年土耳其通货膨胀预期将由 13.4% 上调至 23.5%，2019 年通胀率预计达 15.2%。土耳其央行行长表示将继续推行紧缩货币政策。

4. 亚太

日本央行保持宽松货币政策不变。2018 年 10 月 31 日，日本央行宣布维持货币宽松政策不变，短期利率维持在 -0.1% 水平；将 2018 财年实际 GDP 增速由 1.5% 下调至 1.4%，维持 2019 财年和 2020 财年 0.8% 的增长预期不变；将 2018 财年通胀预期由 7 月份的 1.1% 下调至 0.9%，将 2019 财年和 2020 财年的通胀预期分别下调 0.1 个百分点至 1.4% 和 1.5%。

日本 2018 年 9 月份失业率为 2.3%。2018 年 10 月 30 日，日本总务省发布数据显示，经季调，日本 9 月份失业率为 2.3%，失业总人数为 162 万人，同比下降 14.7%；就业总人数为 6715 万人，同比增长 1.8%，创历史新高。

日本 2018 年 10 月份制造业 PMI 终值为 52.9。2018 年 11 月 1 日，Markit 发布数据显示，经季调，日本 10 月份日经制造业 PMI 终值为 52.9，环比上升 0.4 个点，为今年 6 月来新高。

日本 2018 年 9 月份零售销售额同比上升 2.1%。2018 年 10 月 29 日，日本经济产业省发布数据显示，日本 9 月份零售销售额同比上升 2.1%，经季调，环比下降 0.2%。

韩国第三季度 GDP 环比增长 0.6%。2018 年 10 月 27 日，韩国银行发布数据显示，韩国第三季度 GDP 环比增长 0.6%，与第二季度增速持平。

韩国 2018 年 10 月份 CPI 环比下降 0.2%。2018 年 11 月 1 日，韩国国家统计局发布数据显示，韩国 10 月份 CPI 为 105.42，同比上涨 2.0%，环比下降 0.2%。

韩国 2018 年 10 月份制造业 PMI 终值为 51.0。2018 年 11 月 1 日，Markit 发布数据显示，经季调，韩国 10 月份日经制造业 PMI 终值为 51.0，环比下降 0.3 个点。

韩国 2018 年 9 月份工业生产指数环比下降 1.3%。2018 年 10 月 31 日，韩国国家统计局发布数据显示，韩国 9 月份工业生产指数环比下降 1.3%，同比下降 4.8%。

澳大利亚经济规模已超 1.8 万亿澳元。2018 年 10 月 27 日，澳大利亚国家统计局发布数据显示，2017—2018 年度澳大利亚经济规模已超 1.8 万亿澳元（约合 1.4 万亿美元），同比增长 2.8%。

澳大利亚第三季度 CPI 环比上涨 0.4%。2018 年 10 月 31 日，澳大利亚国家统计局发布数据显示，澳大利亚第三季度 CPI 环比上涨 0.4%，与第二季度持平，同比上涨 1.9%。

5. 非洲

南非第三季度失业率上升至 27.5%。2018 年 10 月 31 日，南非国家统计局发布数据显示，南非第三季度失业率升至 27.5%，失业人口约为 620 万。

二、国际组织

世行发布《2019 营商环境报告》。2018 年 10 月 31 日，世界银行发布《2019 营商环境报告》，对 190 个国家和地区开展商业经营业务的便利性进行分析和排名。其中，新西兰、新加坡和丹麦连续三年位居前三，之后排名依次为中国香港、韩国、格鲁吉亚、挪威、美国、英国和马其顿。2017 年 6 月—2018 年 5 月，期间共有 128 个政府进行了相关改革，以改善企业经营环境、促进就业并刺激私人投资，共采取 134 项改革措施，为历史最高水平。中国在评估指标中的七个方面实施了改革，其中简政放权、电力供应、跨境贸易等措施成效显著，其排名从上期的第 78 位跃升至第 46 位。

WTO 召开争端解决机制例会。2018 年 10 月 29 日，WTO 召开争端解决机制例会。会议通过了阿拉伯联合酋长国提出的关于审查巴基斯坦对阿联酋征收双轴取向聚丙烯反倾销税的请求。同时，会议审议了中国、欧盟等七国共同提出的关于审查美国加征钢铝关税的请求，以及美国提出的关于审查世贸组织成员因钢铝关税而对美进行贸易反制的请求。

AIIB 与 EBRD 共促欧亚地区发展。2018 年 10 月 31 日，AIIB 与 EBRD 签署合作协议，在投资国家开展合作，内容涉及基础设施建设、咨询服务以及分析研究，重点关注交通、可持续发展、城市规划和能源部门。新协议更加强调知识共享与人员交流。双方将致力于满足欧亚地区重要基础设施的融资需求，促进区域经济繁荣，增强欧亚地区在贸易、投资和商业联系方面的连通性。

国际能源署召开第三届能源效率全球年会。国际能源署（IEA）在巴黎召开第三届能源效率全球年会，来自 60 多个国家的 200 多名能源界专业人士就效率在全球能源转型中的关键作用展开讨论。国际能源署执行主任比罗尔强调，能源效率至关重要，实施注重成本效益的能源政策将带动全球经济快速增长，温室气体排放量到 2040 年将减少 12%。

三、国际大宗商品

本周纽约原油期货价格累计下跌 6.03%。截至星期四，本周纽约原油期货累计跌幅 6. 03%。星期一纽约原油期货下跌 1. 38%，收于每桶 66. 69 美元；星期二纽约原油期货下跌 0. 51%，收于每桶 66. 35 美元；星期三纽约原油期货下跌 2. 25%，收于每桶 64. 86 美元；星期四纽约原油期货下跌 2. 04%，收于每桶 63. 54 美元。

本周纽约黄金期货价格累计下跌 0. 01%。截至星期四，本周纽约黄金期货价格累计跌幅 0. 01%。星期一纽约黄金期货下跌 0. 34%，收于每盎司 1231. 2 美元；星期二纽约黄金期货下跌 0. 54%，收于每盎司 1224. 6 美元；星期三纽约黄金期下跌 0. 69%，收于每盎司 1216. 1 美元；星期四纽约黄金期货上涨 1. 58%，收于每盎司 1235. 3 美元。

四、区域合作

CPTPP 将于 2018 年年末生效。2018 年 10 月 31 日，日本政府宣布跨太平洋伙伴关系全面进步协定（CPTPP）将在 2018 年 12 月 30 日正式生效，目前加拿大、日本、墨西哥、新西兰、新加坡和澳大利亚 6 国已正式批准该协议，使 CPTPP 满足生效条件。新西兰贸易部长帕克表示，该协定最快将在 12 月底开始逐步削减会员国 95% 的商品关税，其中较为敏感的农产品关税将在 3—7 年内被完全消除。

日印推进双边经贸合作。印度总理莫迪于 2018 年 10 月 27 日抵达日本，进行为期一周的访问。期间，莫迪与日本首相安倍晋三举行会谈，两国代表签署多项合作协议。在经济合作方面，安倍向莫迪承诺，将向印度提供超过 3000 亿日元（约合 186 亿元人民币）低息贷款。此外，日印两国还就重启“货币互换协议”达成了一致意见，即在因货币危机等因素导致外汇储备不足时相互融通美元以稳定市场，金额上限为 750 亿美元。

首届中日第三方市场合作论坛在京举行。2018 年 10 月 26 日，第一届中日第三方市场合作论坛在北京成功举办，习近平主席与日本首相安倍晋三就在“一带一路”框架下开展第三方市场合作达成重要共识。国务院总理李克强与安倍晋三共同出席论坛并致辞。中日开展第三方市场合作将为两国务实合作开辟新路径，为两国和第三方带来机遇，为促进本地区繁荣和世界经济稳定作出新贡献。论坛期间，双方共签署 52 项合作协议，包括基础设施、金融、物流、信息技术等广泛领域。

五、全球宏观经济形势

OECD 发布最新《非洲税收统计》报告。2018 年 10 月 31 日，OECD 在第 18 届非洲问题国际经济论坛上发布第三版《非洲税收统计》报告，内容涵盖非洲 21

国税收数据。报告显示，2016 年非洲各国税收占 GDP 比重平均为 18.2%，与 2015 年持平，较 2000 年有较大提升，但该数据在国家间差异仍较大。其中，突尼斯税收占 GDP 比重为 29.4%，而刚果民主共和国税收占 GDP 比重仅为 7.6%。此外，2015—2016 年间非洲地区 11 个国家税收占 GDP 比重有所上升。其中，博茨瓦纳增幅最大，为 1.3%。

联合国拉加经委会预计 2018 年拉加地区出口将继续增长。2018 年 10 月 31 日，联合国拉美和加勒比经济委员会发布《2018 年拉美和加勒比地区国际贸易展望》报告称，拉美和加勒比地区出口额在 2012—2016 年间经历持续下滑后，2017 年开始出现增长，预计该地区 2018 年贸易出口总额将同比增长 9.7%，其中，对华出口将增长 28%，对欧出口将增长 9%，对美出口将增长 7%。同时，预计 2017 年拉美和加勒比地区货物进口总额将同比增长 9.5%，其中，美国是该地区最大进口来源国。

第 45 周（2018/11/03—2018/11/09）

2018 年 11 月 3—9 日，国际财经要情有：美联储维持联邦基金利率不变；美国 9 月份贸易逆差创 7 个月新高；美国 10 月份失业率保持在 3.7%；德国下调今明两年经济增长预期；第三次“1+6”圆桌对话会在京举行；世行发布《新兴市场和发展中经济体通货膨胀》报告；亚行发布《变革中的合作伙伴关系》一书；首届中国国际进口博览会在沪举行；日欧经济伙伴关系协定或于明年生效；OECD 国家近期通胀水平保持稳定。

一、区域观察

1. 北美

美联储维持联邦基金利率不变。2018 年 11 月 9 日，美国联邦储备委员会宣布将联邦基金利率目标区间维持在 2%—2.25% 的水平，符合市场普遍预期。美联储同时表示，进一步加息符合美国经济情况与美联储货币政策目标。

美国 2018 年 9 月份贸易逆差创 7 个月新高。2018 年 11 月 3 日，美国商务部发布数据显示，美国 9 月份出口额环比上升 1.5% 至约 2126 亿美元，进口额环比上升 1.5% 至约 2666 亿美元。9 月份货物和服务贸易逆差继续扩大，增至约 540 亿美元，环比增长 1.3%。

美国 2018 年 10 月份服务业 PMI 终值为 54.8。2018 年 11 月 5 日，Markit 发布数据显示，经季调，美国 10 月份服务业 PMI 终值为 54.8，环比上升 1.3 个点；综合 PMI 终值为 54.9，环比上升 1.0 个点。

美国 2018 年 10 月份失业率为 3.7%。2018 年 11 月 3 日，美国劳工统计局发布数据显示，美国 10 月份失业率为 3.7%，失业人数为 610 万人，环比持平。

美国 2018 年 9 月份 JOLTs 职位空缺环比下降 28.4 万个。2018 年 11 月 6 日，美国劳工部发布“职位空缺与劳动周转调查（JOLTs）”数据显示，经季调，9 月份职位空缺 700.9 万个，环比下降 28.4 万个，同比上升 78 万个。

美国 2018 年 10 月份服务业扩张速度超预期。2018 年 11 月 5 日，美国供应管理协会（ISM）发布数据显示，美国 10 月份 ISM 非制造业指数为 60.3，高于预期值 59.3。

加拿大 2018 年 10 月份失业率为 5.8%。2018 年 11 月 3 日，加拿大国家统计局发布数据显示，加拿大 10 月份新增就业人数 1.12 万人，失业率为 5.8%，环比下降 0.1%。

2. 拉美

巴西 2018 年 10 月份通胀率为 0.45%。2018 年 11 月 7 日，巴西地理统计局发布数据显示，巴西 10 月份通胀率为 0.45%，略低于上月的 0.48%，创 2015 年来同期新高。此外，2018 年前 10 个月，巴西通胀率累计为 3.81%，高于去年同期的 2.21%。

3. 欧洲

欧元区 2018 年 9 月份 PPI 环比上升 0.5%。2018 年 11 月 6 日，欧盟统计局发布数据显示，欧元区 9 月份 PPI 同比上升 4.5%，环比上升 0.5%；欧盟 9 月份 PPI 环比上升 0.6%，同比上升 4.9%。

欧元区 2018 年 10 月份服务业 PMI 终值为 53.7。2018 年 11 月 6 日，Markit 发布数据显示，欧元区 10 月份服务业 PMI 终值为 53.7，环比下降 1.0 个点；综合 PMI 终值为 53.1，环比下降 1.0 个点，创 2016 年 9 月来新低。

欧元区 2018 年 10 月份制造业 PMI 终值为 52.0。2018 年 11 月 3 日，Markit 发布数据显示，欧元区 10 月份制造业 PMI 终值为 52.0，环比下降 1.2 个点。贸易政策不确定性使制造业企业信心降至 2012 年 12 月来最低水平。

英国 2018 年 10 月份服务业 PMI 终值为 52.2。2018 年 11 月 5 日，Markit 发布数据显示，经季调，英国 10 月份服务业 PMI 终值为 52.2，环比下降 1.7 个点，为今年 3 月份来新低。

法国 2018 年 10 月份制造业 PMI 终值为 51.2。2018 年 11 月 3 日，Markit 发布数据显示，经季调，法国 10 月份制造业 PMI 终值为 51.2，环比下降 1.3 个点，创 25 个月来新低。

德国下调 2018 年、2019 年两年经济增长预期。2018 年 11 月 7 日，德国经济顾问委员会发布报告，将德国 2018 年和 2019 年经济增长预期由今年春季的 2.3% 和 1.8% 分别下调至 1.6% 和 1.5%。

德国 2018 年 10 月份制造业 PMI 终值为 52.2。2018 年 11 月 3 日，Markit 发布数据显示，德国 10 月份制造业 PMI 终值为 52.2，环比下降 1.5 个点，连续第 3 个月下滑，创 29 个月来新低。

德国 2018 年 9 月份工业产出环比上升 0.2%。2018 年 11 月 7 日，德国联邦统计局发布数据显示，经季调，德国 9 月份工业产出同比上升 0.8%，环比上升 0.2%。

4. 亚太

日本 2018 年 10 月份服务业 PMI 为 52.4。2018 年 11 月 5 日，Markit 发布数据显示，日本 10 月份日经服务业 PMI 为 52.4，环比上升 2.2 个点，为 6 个月来新高。

日本 2018 年 9 月份核心机械订货创历史最大环比跌幅。2018 年 11 月 8 日，日本内阁府发布数据显示，经季调，日本 9 月份核心机械订货环比下降 18.3%，创 2005 年 4 月有可比数据来最大跌幅。

印度 2018 年 10 月失业率升至 6.9%。2018 年 11 月 8 日，印度经济监测中心发布数据显示，印度 10 月份失业率升至 6.9%，创两年来新高。劳动参与率降至 42.4%，创自 2016 年 1 月有该项统计以来新低。

澳大利亚央行维持政策利率 1.5%不变。2018 年 11 月 6 日，澳大利亚央行发布货币政策声明，预计澳大利亚 2018 年和 2019 年经济增长略高于 3%，通胀水平将回升并高于现有的 1.75%，维持政策利率 1.5% 不变。

新西兰联储维持基准利率不变。2018 年 11 月 8 日，新西兰联储发布 11 月政策声明，宣布维持基准利率为 1.75% 不变，并将在未来相当一段时间内维持官方现金利率（OCR）的宽松水平。此外，经济增长近期开始走软，经济下行风险依旧存在，预计核心 CPI 将逐步升至 2% 的中值。

新西兰第三季度就业率创 30 年新高。2018 年 11 月 7 日，新西兰统计局发布数据显示，新西兰第三季度就业人口较第二季度增长 2.9 万人，失业人口减少 1.3 万人，就业率达 68.3%，创 30 年来新高。

5. 非洲

南非 2018 年 9 月份工业产出同比增长 0.1%。2018 年 11 月 8 日，南非国家统计局发布数据显示，南非 9 月份工业产出同比增长 0.1%。经季调，南非 9 月份工业产出环比下降 1.0%；第三季度工业产出环比增长 1.7%。

二、国际组织

第三次“1+6”圆桌对话会在京举行。2018 年 11 月 6 日，中国国务院总理李克强在北京与世行行长金墉、IMF 总裁拉加德、WTO 总干事阿泽维多、OECD 秘书长古里亚、金融稳定理事会主席卡尼、国际劳工组织副总干事格林菲尔德举行“1+6”圆桌对话会，会议围绕“促进中国与世界经济在开放合作中寻求共赢”主题，就中国经济和改革开放等议题深入交流。李克强强调，中方将采取有力有效措施，保持经济平稳运行并推动高质量发展。会后，领导人发布联合新闻稿称，全球经济增长仍保持强劲，但增长进入平稳期，部分下行风险已经造成影响，各方对贸易紧张局势继续加剧、发达经济体货币政策逐步正常化对一些较为脆弱的新兴市场国家的溢出效应感到关切，同时呼吁各方共同维护多边主义，支持自由贸易原则。

世行发布《新兴市场和发展中经济体的通货膨胀》报告。2018 年 11 月 7 日，世界银行在东京发布《新兴市场和发展中经济体的通货膨胀：演变、动因和政策》报告，通过 1970—2017 年间超过 175 个国家的相关数据，分析过去 50 年内结构性和政策性因素如何共同作用导致全球处于低通胀水平。其中，国际贸易和金融市场的一体化是最重要因素。世行代理首席经济学家尚塔·德瓦拉杨表示，近年对通货膨胀及其原因和特点的研究大多忽视了通胀对新兴经济体和发展中国家的影响，该报告对各国更好地保护弱势群体和避免高通胀有一定参考价值。

亚行发布《变革中的合作伙伴关系》一书。2018 年 11 月 5 日，亚行发布名为《变革中的合作伙伴关系》的新书，该书详细介绍了中国与亚行 30 年来的合作，描述了双方关系如何从借方与贷方关系逐步转型为在政策发展、能力建设和知识共享等领域广泛合作的伙伴关系。1986—2017 年间，亚行批准的对华贷款额达 391 亿美元。南南合作现已成为中国—亚行合作伙伴关系的重要组成部分，中国也扩大了其在亚行的影响力。该书指出，中国和亚行有能力基于过去的成就解决中国可能面临的发展挑战。

三、国际大宗商品

本周纽约原油期货价格累计下跌 3.32%。截至星期四，本周纽约原油期货累计跌幅 3.32%。星期一纽约原油期货下跌 0.27%，收于每桶 62.69 美元；星期二纽约原油期货下跌 1.47%，收于每桶 61.77 美元；星期三纽约原油期货下跌 0.29%，收于每桶 61.59 美元；星期四纽约原油期货下跌 1.33%，收于每桶 60.77 美元。

本周纽约黄金期货价格累计下跌 0.80%。截至星期四，本周纽约黄金期货价格累计跌幅 0.80%。星期一纽约黄金期货下跌 0.13%，收于每盎司 1233.0 美元；星期二纽约黄金期货下跌 0.36%，收于每盎司 1228.5 美元；星期三纽约黄金期下跌 0.06%，收于每盎司 1227.8 美元；星期四纽约黄金期货下跌 0.25%，收于每盎司 1224.7 美元。

四、区域合作

首届中国国际进口博览会在沪举行。2018 年 11 月 5 日，首届中国国际进口博览会在上海开幕，共有 172 个国家、地区和国际组织参会，来自五大洲的 3600 多家企业参展。国家主席习近平出席开幕式并发表题为《共建创新包容的开放型世界经济》的主旨演讲，强调回顾历史、开放合作是增强国际经贸活力的重要动力；立足当今，开放合作是推动世界经济稳定复苏的现实要求；放眼未来，开放合作是促进人类社会不断进步的时代要求。各国都应该积极推动开放合作，实现共同发展，开创人类更加美好的未来。中国推动更高水平开放的脚步不会停滞，推动建设开放型世界经济的脚步不会停滞，推动构建人类命运共同体的脚步不会停滞。

日欧经济伙伴关系协定或将于 2019 年生效。2018 年 11 月 6 日，日本政府在内阁会议上通过了日欧经济伙伴关系协定批准案，并将争取在本届国会期间获得通过。此前，欧洲议会国际贸易委员会以 25 票赞成、10 票反对通过了上述协定，并将在 12 月 13 日的欧洲议会全体会议上进行最终表决。若日欧均在年内完成国会程序，日欧经济伙伴关系协定将在 2019 年 2 月 1 日生效。

首届非洲投资论坛在南非举行。2018 年 11 月 7—9 日，首届非洲投资论坛在南非举行，论坛旨在吸引各类投资主体投资非洲，促进非洲的开发与繁荣。本次论坛具体讨论了项目担保、融资和退出方案，涉及能源、基础设施、运输和公用事业等多个领域的 230 个项目，总价值超过 2080 亿美元。同时，论坛推出一个共同担保平台，以开发和部署创新工具，降低企业投资风险。非洲金融公司、南非开发银行、欧洲投资银行以及伊斯兰开发银行等金融机构参与其中。

五、全球宏观经济形势

OECD 国家近期通胀水平保持稳定。2018 年 11 月 6 日，OECD 发布最新数据显示，OECD 国家 9 月份通胀率稳定在 2.9%，与前两个月持平。剔除食品和能源价格后，9 月核心通胀率为 2.3%，高于 8 月的 2.1%。美国 9 月通胀率小幅下降至 2.3%；欧元区 9 月通胀率小幅上升至 2.1%；G20 国家 9 月通胀率为 3.6%，与 8 月基本持平；中国 9 月通胀率从 8 月的 2.3% 上涨至 2.5%；印度 9 月通胀率稳定在 5.6%。

第 46 周 （2018/11/10—2018/11/16）

2018 年 11 月 10—16 日，国际财经要情有：美国 10 月份财政赤字突破 1000 亿美元；美国 10 月份 CPI 环比上涨 0.3%；英国第三季度 GDP 环比上升 0.6%；德国第三季度 GDP 环比下降 0.2%；日本第三季度 GDP 同比下降 1.2%；IMF 发布最新《中东与中亚地区经济展望》报告；美、日、欧等向 WTO 提交改革方案；第 33 届东盟峰会在新加坡举行；APEC 高官会聚焦区域经济一体化等问题；“一带一路”中亚投资论坛在京举行；OECD 国家 9 月份失业率略有下降。

一、区域观察

1. 北美

美国 2018 年 10 月份 CPI 环比上涨 0.3%。2018 年 11 月 14 日，美国劳工部发布数据显示，经季调，美国 10 月份 CPI 环比上涨 0.3%，增幅高于上月的 0.1%。剔除食品和能源价格后的核心 CPI 环比上涨 0.2%，为 3 个月来最大增幅。

美国 2018 年 10 月份财政赤字突破 1000 亿美元。2018 年 11 月 13 日，美国财政部发布数据显示，10 月份美国联邦政府财政收入 2526.92 亿美元，同比增长 7.3%；财政支出 3531.83 亿美元，同比增长 18.3%；10 月份财政赤字突破 1000 亿美元，较去年同期的 630 亿美元大幅增长。因 10 月是美国 2019 财年首月，分析预计 2019 财年美国政府赤字将突破 1 万亿美元。

美国 API 原油库存大幅增加 879 万桶。2018 年 11 月 15 日，美国石油协会（API）发布数据显示，截至 11 月 9 日，当周 API 原油库存增加 879 万桶，远超预期 301.2 万桶；汽油库存增加 18.8 万桶；精炼油库存减少 322.4 万桶。

2. 拉美

巴西 2018 年第三季度服务业创 4 年来最大环比增幅。2018 年 11 月 14 日，巴西地理统计局发布数据显示，巴西第三季度服务业同比增长 0.7%，环比增长 0.8%，为 2014 年第一季度来最大增幅。

巴西 2017—2018 年大豆出口量居世界第一。2018 年 11 月 13 日，2018 巴西农业企业峰会发布数据显示，2017—2018 年，巴西大豆产量仅次于美国，居世界第二位，出口量为世界第一位，总计出口 7619 万吨，占全球出口总量的 49.7%，其中对华出口量占巴西大豆总出口量的 61.25%。

3. 欧洲

欧元区 2018 年 11 月份 ZEW 经济景气指数为 -22.0。2018 年 11 月 13 日，欧洲经济研究所（ZEW）发布数据显示，欧元区 11 月份 ZEW 经济景气指数为 -22.0，环比下降 2.6 个点；欧元区经济现况指数为 18.2，环比下降 13.8 个点。

英国第三季度 GDP 环比上升 0.6%。2018 年 11 月 10 日，英国国家统计局发布数据显示，英国第三季度 GDP 同比上升 1.5%，环比上升 0.6%，增速高于第二季度的 0.4%，为 2016 年底以来最大增幅。

英国 2018 年 10 月份 CPI 涨幅平稳。2018 年 11 月 14 日，英国国家统计局发布数据显示，英国 10 月份 CPI 同比上涨 2.4%，涨幅与 9 月份持平。

英国 2018 年 10 月份 PPI 同比上涨 3.3%。2018 年 11 月 14 日，英国国家统计局发布数据显示，英国 10 月份 PPI 同比上涨 3.3%，高于 9 月份的 3.1%。

英国第三季度失业率为 4.1%。2018 年 11 月 13 日，英国国家统计局发布数据显示，英国第三季度失业人口增加 2.1 万人，失业率为 4.1%；就业人口增加 2.3 万人至 3241 万人，为 1971 年来最高水平。

德国第三季度 GDP 环比下降 0.2%。2018 年 11 月 14 日，德国联邦统计局发布数据显示，经季调，德国第三季度 GDP 环比下降 0.2%，为德国经济自 2015 年第一季度来的首次萎缩。

德国 2018 年 10 月份通胀率创十年新高。2018 年 11 月 13 日，德国联邦统计局发布数据显示，德国 10 月份 CPI 环比上涨 0.2%，同比上涨 2.5%，创十年来新高；剔除能源价格后的 CPI 同比上涨 1.7%；调和消费价格指数（HICP）同比上涨 2.4%，环比上涨 0.1%。

德国 2018 年 11 月份 ZEW 经济景气指数为 -24.1。2018 年 11 月 13 日，欧洲经济研究所（ZEW）发布数据显示，德国 11 月份 ZEW 经济景气指数为 -24.1，环比上升 0.6 个点，远低于 22.7 的长期平均水平；经济现况指数为 58.2，环比下降 11.9 个点。

意大利 2018 年 9 月份工业产出环比下降 0.2%。2018 年 11 月 12 日，意大利国家统计局发布数据显示，经季调，意大利 9 月份工业产出同比增长 1.3%，环比下降 0.2%。

俄罗斯 2018 年 10 月份石油日均产量创纪录。2018 年 11 月 13 日，石油输出国组织（OPEC）发布月度石油市场报告显示，俄罗斯 10 月份石油日均产量比上月增加约 5 万桶，达到 1160 万桶，创苏联解体来最高纪录。

4. 亚太

日本第三季度实际 GDP 同比下降 1.2%。2018 年 11 月 14 日，日本内阁府发布数据显示，经季调，日本第三季度实际 GDP 同比下降 1.2%，环比下降 0.3%。

日本 2018 年 9 月份工业产出指数环比下降 0.4%。2018 年 11 月 14 日，日本经济产业省发布数据显示，经季调，日本 9 月份工业产出指数为 102.9，环比下降 0.4%。

澳大利亚 2018 年 10 月份失业率维持在 5%。2018 年 11 月 15 日，澳大利亚国家统计局发布数据显示，经季调，澳大利亚 10 月份失业率维持在 5%，低于预期的 5.1%。

印度 2018 年 10 月份 CPI 降至一年来最低水平。2018 年 11 月 12 日，印度中央统计局发布数据显示，印度 10 月份 CPI 降至 3.31%，为一年来最低水平。

韩国总统更换主管经济官员。2018 年 11 月 10 日，韩国总统府青瓦台宣布，文在寅提名国务调整室室长洪楠基为经济副总理兼企划财政部长官，接替原财长金东兖。

5. 非洲

南非 2018 年 9 月份零售额增长率低于预期。2018 年 11 月 14 日，南非国家统计局发布数据显示，南非 9 月份零售销售额同比增长 0.7%，低于预期的 1.9%；批发销售额同比增长 6.0%。经季调，零售销售额 9 月份环比增长 0.6%，第三季度环比增长 1.5%；批发销售额 9 月份环比增长 0.7%，第三季度环比增长 2.6%。

二、国际组织

IMF 发布最新《中东与中亚地区经济展望》报告。IMF 发布最新《中东与中亚地区经济展望》报告称，中东、北非、阿富汗和巴基斯坦地区经济保持温和增长，油价上涨促进了石油输出国经济增长，但同时也增加了其面临的压力。报告指出，2017 年高加索和中亚地区经济增长率达 4.1%，超出预期，但这一增速将在今明两年有所放缓。同时，报告预计 2018 年全球经济增长率将稳定在 3.7%。

美日欧等向 WTO 提交改革方案。2018 年 11 月 12 日，美国、日本、欧盟等在 WTO 货物贸易理事会上提交 WTO 改革方案。该方案提出，如成员国在未通报 WTO 的情况下持续对本国产业采取优惠措施，WTO 应予以处罚。如未通报国家在两年之内不调整其相关政策，该国将无法担任 WTO 理事会主席等职务；如一年后仍不改正，则将被认定为“停止活动国”，限制其发言机会。

APEC 发布最新《APEC 经济形势分析》报告。2018 年 11 月 14 日，APEC 发布最新《APEC 经济形势分析》报告称，预计 2018 年 APEC 地区经济将保持稳定增长。报告指出，2018 年上半年，APEC 地区经济增长率达 4.2%，高于 2017 年同期的 3.9%，但近期增速已出现放缓态势。APEC 政策支持小组主任丹尼斯·休表示，亚太地区仍有很大增长潜力，经济增长将有效拉动各经济体国内消费持续增长。

三、国际大宗商品

本周纽约原油期货价格累计下跌 5.53%。截至星期四，本周纽约原油期货价格累计跌幅 5.53%。星期一纽约原油期货价格下跌 1.69%，收于每桶 58.86 美元；星期二纽约原油期货价格下跌 6.08%，收于每桶 55.28 美元；星期三纽约原油期货价格上涨 1.68%，收于每桶 56.21 美元；星期四纽约原油期货价格上涨 0.62%，收于每桶 56.56 美元。

本周纽约黄金期货价格累计上涨 0.30%。截至星期四，本周纽约黄金期货价格累计涨幅 0.30%。星期一纽约黄金期货价格下跌 0.78%，收于每盎司 1200.8 美元；星期二纽约黄金期货价格上涨 0.17%，收于每盎司 1202.8 美元；星期三纽约黄金期货价格上涨 0.71%，收于每盎司 1211.4 美元；星期四纽约黄金期货价格上涨 0.21%，收于每盎司 1213.9 美元。

四、区域合作

第 33 届东盟峰会在新加坡举行。2018 年 11 月 13—15 日，第 33 届东盟峰会在新加坡举行，国务院总理李克强出席会议。与会各国领导人以“韧性与创新”为主题，积极推进东盟一体化和共同体建设。除东盟峰会外，中国—东盟（10 +1）领导人会议、东盟与中日韩（10 +3）领导人会议和东亚峰会等多场东亚合作领导人会议，以及“区域全面经济伙伴关系协定”（RCEP）领导人会议分别在新加坡举行。多边合作、共赢互惠成为此次峰会的主旋律，东盟国家之间以及东盟与伙伴国之间通过多项合作文件。其中，东盟 10 国签署东盟电子商务协议，启动东盟智慧城市网络框架，推动东盟深入合作。同时，东盟与中国在建立战略伙伴关系 15 周年之际，通过了《中国—东盟战略伙伴关系 2030 年愿景》，为双方关系发展做出长远规划。

APEC 高官会聚焦经济一体化等问题。2018 年 11 月 12 日，2018 年 APEC 高官会议在巴布亚新几内亚首都莫尔兹比港举行。来自 21 个经济体的与会代表就推进区域经济一体化、互联互通、数字经济和市场准入等问题进行了探讨。会议期间，APEC 高官审议了 2018 年 APEC 经济政策报告。报告指出，亚太地区基础设施领域投资需求将持续增加，尤其是在运输、能源和电信等方面。为满足基础设施建设方面的资金需求，APEC 经济体在 2020 年到 2025 年期间每年需投入 1.7 万亿美元，在 2030 年到 2035 年期间每年需投入超过 2 万亿美元。

“一带一路”中亚投资论坛在京举行。2018 年 11 月 14 日，由中国人民银行和欧洲复兴开发银行（EBRD）主办的中亚投资论坛在北京举行。中国人民银行副行长陈雨露表示，中方愿与 EBRD 及各方一道，加强在“一带一路”倡议下的资金融通、股权融资市场培育、发展绿色金融、基础设施互联互通、能力建设、风险管理等合作，共同促进中亚地区可持续发展。EBRD 行长查克拉巴蒂在论坛上表示，EBRD 的业务领域与“一带一路”倡议高度契合，EBRD 愿与中国在遵循市场规则和透明原则的基础上加强第三方市场合作，共促“一带一路”沿线国家可持续、包容性增长。

五、全球宏观经济形势

OECD 国家 9 月份失业率略有下降。2018 年 11 月 13 日，OECD 发布最新数据显示，OECD 国家 9 月份失业率下降 0.1 个百分点至 5.2%。其中，欧元区 9 月份失业率稳定在 8.1%，葡萄牙 9 月失业率下降 0.3 个百分点至 6.6%，比利时 9 月失业率下降 0.2 个百分点至 6.3%；澳大利亚 9 月份失业率下降 0.3 个百分点至 5.0%；韩国 9 月份失业率下降 0.2 个百分点至 4.0%；美国 9 月份失业率下降 0.2 个百分点至 3.7%，为 1969 年 12 月以来的最低水平；加拿大 9 月份失业率下降 0.1 个百分点至 5.9%。

第 47 周（2018/11/17—2018/11/23）

2018 年 11 月 17—23 日，国际财经要情有：美国 10 月份耐用品订单环比下降 4.4%；中国 9 月份减持美国国债 137 亿美元；欧元区第三季度 GDP 同比增长 1.7%；希腊退出援助后首次提交财政预算草案；WTO 同意设立专家组审查美国钢铝关税；FSB 发布金融监管改革对基础设施融资影响的评估报告；ILO 发布《2018 年亚太地区就业与社会展望》报告；APEC 第二十六次领导人非正式会议在巴布亚新几内亚举行；中菲建立全面战略合作关系；OECD 下调全球经济增长预期。

一、区域观察

1. 北美

美国 2018 年 10 月份耐用品订单环比下降 4.4%。2018 年 11 月 21 日，美国商务部发布数据显示，美国 10 月份耐用品订单初值环比下跌 4.4%，创 15 个月来最大跌幅。

美国 2018 年 10 月份工业产出环比增长 0.1%。2018 年 11 月 17 日，美联储发布数据显示，经季调，美国 10 月份工业生产指数环比上升 0.1 个百分点至 109.1。

中国 2018 年 9 月份减持 137 亿美元美国国债。2018 年 11 月 17 日，美国财政部发布数据显示，中国 9 月份持有美国国债规模下降 137 亿美元至 1.1514 万亿美元，为 2017 年中以来最低水平，但仍为美国第一大债权国。截至 9 月底，外国债权人持有美国国债总额约为 6.2239 万亿美元，较上月下降 633 亿美元。

美国 2018 年 11 月份住宅建筑商信心降至两年最低。2018 年 11 月 19 日，美国全国住宅建筑联合会发布数据显示，美国 11 月份住宅建筑商信心指数环比下滑 8 点至 60 点，为 2016 年 8 月来最低值。

2017 年加拿大政府赤字为 89 亿美元。2018 年 11 月 20 日，加拿大国家统计局发布数据显示，2017 年加拿大各级政府赤字总和为 89 亿美元，占 GDP 的 0.4%，较 2016 年的 169 亿美元下降 47%。

加拿大第三季度制造业销售额增长 2%。2018 年 11 月 17 日，加拿大国家统计局发布数据显示，加拿大 9 月份制造业销售额环比增长 0.2% 至 585 亿美元；加拿大第三季度制造业销售额增长 2% 至 1755 亿美元，连续四个季度增长。

加拿大 2018 年 9 月批发销售额环比下降 0.5%。2018 年 11 月 21 日，加拿大国家统计局发布数据显示，加拿大 9 月份批发销售额环比下降 0.5% 至 632 亿加元。

2. 拉美

巴西 2018 年 10 月份新增正规就业岗位 5.77 万个。2018 年 11 月 21 日，巴西劳工部发布数据显示，巴西 10 月份新增正规就业岗位 5.77 万个，低于去年同期的 7.65 万个。2018 年前 10 个月，巴西共新增正规就业岗位 79.05 万个，同比增长 2.09%，为 2015 年来同期最佳表现。

3. 欧洲

欧元区第三季度 GDP 同比增长 1.7%。2018 年 11 月 16 日，欧盟统计局发布数据显示，经季调，欧元区第三季度 GDP 同比增长 1.7%，环比增长 0.2%；欧盟第三季度 GDP 同比增长 1.9%，环比增长 0.3%。

欧元区 2018 年 9 月份经常账户盈余 170 亿欧元。2018 年 11 月 19 日，欧央行发布数据显示，经季调，欧元区 9 月份经常账户盈余 170 亿欧元。

欧元区 2018 年 10 月份调和 CPI 为 2.2%。2018 年 11 月 17 日，欧盟统计局发布数据显示，欧元区 10 月份调和 CPI 同比上涨 2.2%，环比上涨 0.2%，与预期持平；欧盟 10 月份调和 CPI 同比上涨 2.2%，环比上涨 0.2%。

英国工商界提出“脱欧”后英欧关系三大目标。2018 年 11 月 19 日，英国工业联合会总干事卡罗琳·费尔贝恩在英国工业联合会年会上表示，英国工商界期待未来“脱欧”后英欧关系能实现三个目标：首先，确保英欧“完全没有贸易摩擦”；其次，英国需与欧盟就服务业达成相关协议；最后，英国需保持在规则制定领域的话语权。

德国 2018 年 10 月份 PPI 环比增长 0.3%。2018 年 11 月 20 日，德国联邦统计局发布数据显示，德国 10 月份 PPI 同比增长 3.3%，环比增长 0.3%。其中，能源价格同比增长 9.4%，中间产品价格同比增长 2.3%，耐用消费品价格同比增长 1.7%，资本品价格同比增长 1.4%。

德国 2018 年 10 月份批发价格指数环比上升 0.3%。2018 年 11 月 17 日，德国联邦统计局发布数据显示，德国 10 月份批发价格指数同比上升 4%，环比上升 0.3%。

法国第三季度失业率同比下降 0.5%。2018 年 11 月 20 日，法国国家统计和经济研究所发布数据显示，法国第三季度失业率为 9.1%，同比下降 0.5%。

意大利 2018 年 9 月份工业订单环比下降 2.9%。2018 年 11 月 17 日，意大利国家统计局发布数据显示，经季调，意大利 9 月份工业订单额同比下降 0.9%，环比下降 2.9%；工业收入指数同比上升 3.9%，环比持平。

希腊退出援助后首次向欧盟提交财政预算。2018 年 11 月 21 日，希腊政府向欧盟提交 2019 年财政预算，这是希腊自 2018 年 8 月退出救助计划来制定的第一份年度预算。希腊政府预计 2019 年实现 3.6% 的财政盈余，高于 3.5% 的预定目标，经济增长率或达 2.5%。据此预算案，政府欲将财产税削减 30%，将公司税由 29% 降至 25%；将拨款 9 亿欧元用于支持社会弱势群体，具体举措包括提供住房补贴、减税等。

4. 亚太

日本 2018 年 10 月份核心 CPI 连续 22 个月上升。2018 年 11 月 22 日，日本总务省发布数据显示，日本 10 月份剔除生鲜食品外的核心 CPI 同比上升 1%，达到 101.6，连续 22 个月上升，涨幅与上月持平。

日本 2018 年 10 月份贸易赤字为 4493 亿日元。2018 年 11 月 19 日，日本财务省发布数据显示，日本 10 月份出口额为 7.2434 万亿日元，同比增长 8.2%，进口额为 7.6927 万亿日元，同比增长 19.9%，贸易逆差为 4493 亿日元。

澳大利亚失业率有望进一步下降。2018 年 11 月 20 日，澳联储主席洛维称澳大利亚失业率有望在目前 5% 的基础上下降 0.5% 至 4.5% 左右，薪资涨幅将维持在 2.3%—2.4% 左右。

5. 非洲

南非 2018 年 10 月份 CPI 为 5.1%。2018 年 11 月 21 日，南非国家统计局发布数据显示，南非 10 月份 CPI 为 5.1%，环比上涨 0.2%，平均价格环比上涨 0.5%。

二、国际组织

WTO 同意设立专家组审查美国钢铝关税措施。2018 年 11 月 21 日，WTO 争端解决机构在瑞士日内瓦召开会议，决定接受中国、欧盟、加拿大、墨西哥、挪威、俄罗斯和土耳其 7 个 WTO 成员请求，设立专家组审查美国 2018 年 3 月宣布的钢铝关税措施，以确认该措施是否违反 WTO 规则。此外，在本次会议上，印度和瑞士也针对美国钢铝关税措施首次向 WTO 提出设立专家组的请求。对此，美国代表团在会上表示，任何对美国基本安全利益的审查都将“破坏 WTO 争端解决机制的合法性，甚至破坏整个世贸组织规则的可行性”。

FSB 发布金融监管改革对基础设施融资影响的评估报告。2018 年 11 月 20 日，FSB 发布关于金融监管改革对基础设施融资影响的评估报告。该报告是对 G20 金融监管改革实施后效果的首次评估。报告指出，相较于宏观金融环境、政府政策和制度等其他因素，G20 金融监管改革对基础设施融资的影响较小。报告分析，近年来发达经济体用市场融资取代了部分银行融资，G20 银行改革或是这种再平衡的推动因素之一。

ILO 发布《2018 年亚太地区就业与社会展望》报告。2018 年 11 月 17 日，ILO 发布《2018 年亚太地区就业与社会展望：促进体面就业以实现可持续发展》报告称，作为全球人口最多的地区，亚太地区正面临来自劳动力市场的挑战，预计到 2020 年该地区失业率将稳定在 4.1%。报告呼吁各国加强就业政策协调，促进劳动者体面就业，推动区域经济社会可持续发展。

三、国际大宗商品

本周纽约原油期货价格累计下跌 5.24%。截至星期四，本周纽约原油期货价格累计跌幅 5.24%。星期一纽约原油期货价格上涨 0.97%，收于每桶 57.38 美元；星期二纽约原油期货价格下跌 6.95%，收于每桶 53.39 美元；星期三纽约原油期货价格上涨 2.34%，收于每桶 54.64 美元；星期四纽约原油期货价格下跌 1.45%，收于每桶 53.85 美元。

本周纽约黄金期货价格累计上涨 0.48%。截至星期四，本周纽约黄金期货价格累计涨幅 0.48%。星期一纽约黄金期货价格上涨 0.23%，收于每盎司 1224.8 美元；星期二纽约黄金期货价格下跌 0.23%，收于每盎司 1222.0 美元；星期三纽约黄金期货价格上涨 0.38%，收于每盎司 1226.7 美元；星期四纽约黄金期货价格上涨 0.10%，收于每盎司 1227.9 美元。

四、区域合作

APEC 第二十六次领导人非正式会议在巴布亚新几内亚举行。2018 年 11 月 18 日，APEC 第二十六次领导人非正式会议在巴布亚新几内亚莫尔兹比港举行。21 个经济体的领导人就推进区域经济一体化、加强互联互通、实现包容性增长等达成了广泛共识。中国国家主席习近平出席会议，并发表题为《把握时代机遇，共谋亚太繁荣》的重要讲话。国务委员兼外长王毅就峰会未达成联合声明表示，会议没有发表《宣言》主要是由于个别经济体坚持把自己的案文强加给其它各方，为保护主义和单边主义开脱，而且不接受中方以及其他方提出的合理修改意见。这种作法引起了包括中国在内很多经济体不满，也明显不符合 APEC 坚持的协商一致原则。中方尊重巴布亚新几内亚作为东道主就会议成果发表主席声明，希望这一声明能归纳会议达成的共识，发出更多正能量。

中菲建立全面战略合作关系。应菲律宾共和国总统杜特尔特邀请，国家主席习近平于2018 年 11 月 20 日至21 日对菲律宾进行国事访问。访问期间，两国领导人举行会谈，回顾中菲友好交往历史，规划两国关系未来发展，并就共同关心的地区和国际问题交换意见，达成重要共识，一致决定在相互尊重、坦诚相待、平等互利、合作共赢基础上建立中菲全面战略合作关系。会谈后，两国元首共同见证了《中华人民共和国政府与菲律宾共和国政府关于共同推进“一带一路”建设的谅解备忘录》《中华人民共和国政府与菲律宾共和国政府关于油气开发合作的谅解备忘录》等多项双边合作文件的签署。

五、全球宏观经济形势

OECD 下调全球经济增速预期。2018 年 11 月 21 日，OECD 发布最新《全球经济展望》报告，预计 2018 年全球经济增速为 3.7%，并将 2019 年和 2020 年全球经济增速预期从 3.7% 下调至 3.5%。报告指出，全球经济增长势头仍然健康，无经济衰退迹象，但增速“已达峰值”，贸易保护主义、石油价格波动、脱欧不确定性等因素使得全球经济下行压力上升。预计到 2020 年，美国经济增速将放缓至 2.1%；预计中国经济增速将放缓至 30 年来最低点 6.0%；欧元区经济增速将放缓至 1.6%。OECD 首席经济学家布恩表示，我们现在该讨论的不是经济增长率的高位横盘，而是经济放缓。

第 48 周（2018/11/24—2018/11/30）

2018 年 11 月 24—30 日，国际财经要情有：美联储发布金融稳定报告；美国 10 月份商品贸易逆差环比上升 1.3%；欧央行将保持货币政策刺激；韩国央行上调基准利率至 1.75%；WTO 发布 G20 国家贸易监测报告；FSB 发布《G20 金融监管改革实施及其效果评估》报告；OECD 发布《2019 年全球发展展望》报告；第八届中欧论坛汉堡峰会在德举行；首次俄印战略经济对话在圣彼得堡举行；OECD 发布第三季度国际贸易统计报告；WTO 下调世界贸易展望指标；ILO 发布《2018/2019 全球工资报告》。

一、区域观察

1. 北美

美联储发布金融稳定报告。2018 年 11 月 28 日，美联储首次发布金融稳定报告称，受中美贸易紧张局势、英国脱欧谈判、地缘政治不确定性与资产价格普遍上涨等因素影响，投资者风险偏好降低，金融机构承压，美国内外金融市场波动加剧。

美联储副主席称将继续加息。2018 年 11 月 27 日，美联储副主席理查德·克拉里达表示，当前美国经济持续扩张，劳动力市场强劲，利率越发接近于中性水平。若美通胀压力进一步上升，美联储将继续加息。

美国 2018 年 10 月份商品贸易逆差环比上升 1.3%。2018 年 11 月 28 日，美国商务部发布数据显示，美国 10 月份进口总额为 2177.64 亿美元，环比上涨 0.1%，出口总额为 1405.17 亿美元，环比下降 0.6%。商品贸易逆差环比上升 1.3% 至 772 亿美元，创历史新高。

加拿大 2018 年 10 月份 CPI 同比上升 2.4%。2018 年 11 月 24 日，加拿大国家统计局发布数据显示，加拿大 10 月份 CPI 同比上升 2.4%，经季调，环比上升 0.3%。

加拿大 2018 年 9 月份零售销售额环比上升 0.2%。2018 年 11 月 24 日，加拿大国家统计局发布数据显示，经季调，加拿大 9 月份零售销售额为 509.32 亿加元，同比上升 3.8%，环比上升 0.2%；核心零售销售额为 373.31 亿加元，同比上升 4.0%，环比上升 0.1%。

2. 拉美

2018 年巴西大豆累计出口量现达 7850 万吨。2018 年 11 月 27 日，国际衍生品智库发布数据显示，截至 11 月 23 日，2018 年巴西大豆累计出口量达 7850 万吨，同比增加 1000 余万吨。

3. 欧洲

欧央行将保持货币政策刺激措施。2018 年 11 月 27 日，欧央行行长德拉吉在欧洲议会表示，欧央行预计于 12 月底结束量化宽松，但仍有必要采取措施刺激经济增长。

欧委会：出口对欧盟就业重要性上升。2018 年 11 月 27 日，欧委会发布研究报告称，出口支撑欧盟约 3600 万个就业岗位，较 2000 年增加 2/3，对欧盟就业重要性上升。

欧元区 2018 年 10 月份 M3 货币供应同比增加 3.9%。2018 年 11 月 28 日，欧央行发布数据显示，欧元区 10 月份 M3 广义货币供应同比增加 3.9%，M1 狭义货币供应同比增加 6.8%，家庭贷款同比增加 3.2%，非金融企业贷款同比增加 3.9%。

欧元区 2018 年 11 月份综合 PMI 创 47 个月新低。2018 年 11 月 24 日，Markit 发布数据显示，欧元区 11 月份综合 PMI 初值 52.4，创 47 个月新低；制造业 PMI 初值 51.5，创 30 个月新低；服务业 PMI 初值 53.1，创 25 个月新低。

“无协议脱欧”或使英国 GDP 萎缩达 8%。2018 年 11 月 28 日，英国央行发布报告指出，“无协议脱欧”或使英 GDP 萎缩达 8%，失业率上升至 7.5%，通胀率上升至 6.5%，房价下跌 30%，商业资产价格下跌 48%，英镑贬值 25%，对英经济冲击程度大于 2008 年金融危机。

德国 2018 年 11 月 CPI 同比上涨 2.3%。2018 年 11 月 29 日，德国联邦统计局发布数据显示，德国 11 月 CPI 初值同比上涨 2.3%，环比上涨 0.1%；调和 CPI 初值同比上涨 2.2%，环比上涨 0.1%。

德国 2018 年 11 月份综合 PMI 创 47 个月新低。2018 年 11 月 24 日，Markit 发布数据显示，德国 11 月综合 PMI 初值 52.2，创 47 个月新低；制造业 PMI 初值 51.6，创 32 个月新低；服务业 PMI 初值 53.3，创 6 个月新低。

德国 2018 年 11 月份 IFO 商业景气指数环比下降 0.9 个点。2018 年 11 月 26 日，IFO 研究所发布数据显示，经季调，德国 11 月份 IFO 商业景气指数为 102，环比下降 0.9 个点。

普京称俄罗斯经济发展总体稳定。2018 年 11 月 28 日，俄罗斯总统普京表示，2018 年前 10 个月，俄 GDP 增长 1.5%，工业生产总值增长 3%，通胀率约为 3.5%，失业率约为 4.7%，主要资本投资额增长 4.1%，俄罗斯经济发展总体稳定。未来俄经济发展任务是保持 GDP 增速高于世界平均水平，使 GDP 总值进入世界前 5 位。

4. 亚太

日本 2018 年 10 月份零售销售额同比增长 3.5%。2018 年 11 月 29 日，日本经济产业省发布数据显示，日本 10 月份零售销售额同比增长 3.5%，创 10 个月最大增幅。经季调，10 月份零售销售额环比增长 1.2%。

日本 2018 年 11 月份制造业 PMI 为 51.8。2018 年 11 月 26 日，Markit 发布数据显示，日本 11 月份日经制造业 PMI 为 51.8，环比下降 1.1 个点。

日本 2018 年 9 月份领先指数为 104.3。2018 年 11 月 26 日，日本内阁府发布数据显示，日本 9 月份领先指数终值 104.3，环比下跌 0.2 个点。

韩国央行上调基准利率至 1.75%。2018 年 11 月 30 日，韩国央行将基准利率上调 25 个基点至 1.75%，为 2017 年 11 月来首次加息。

韩国 2018 年 11 月份消费者信心指数为 96。2018 年 11 月 27 日，韩国央行发布数据显示，韩国 11 月份消费者信心指数为 96，环比下降 3.5 个点。

新加坡 2018 年 10 月份制造业产出同比增长 4.3%。2018 年 11 月 26 日，新加坡经济发展局发布数据显示，新加坡 10 月份制造业产出同比增长 4.3%。2018 年前 10 个月，制造业产出同比增长 7.5%。

2017—2018 财年澳大利亚服务业出口达 880 亿澳元。2018 年 11 月 24 日，澳大利亚政府发布数据显示，2017—2018 财年澳大利亚服务业出口达 880 亿澳元，同比增长 7%。

澳大利亚第三季度私人资本支出环比下降 0.5%。2018 年 11 月 29 日，澳大利亚国家统计局发布数据显示，经季调，第三季度澳大利亚私人资本支出总额环比下降 0.5%。

新西兰 2018 年 10 月份贸易逆差为 12.95 亿纽元。2018 年 11 月 27 日，新西兰国家统计局发布数据显示，新西兰 10 月份进口贸易总额 61.54 亿纽元，出口贸易总额 48.59 亿纽元，贸易逆差 12.95 亿纽元。

5. 非洲

南非央行下调 2018 年经济增长预期。2018 年 11 月 24 日，南非储备银行货币政策委员会将南非 2018 年经济增长预期由 9 月份的 0.7% 下调至 0.6%，维持 2020 年 2% 的增长预期不变。

南非第四季度商业信心指数环比下降 3 个点。2018 年 11 月 27 日，兰德商业银行和南非经济研究院联合发布数据显示，南非四季度商业信心指数由第三季度的34下降至31。

二、国际组织

WTO发布G20国家贸易监测报告。2018年11月23日，WTO发布G20国家贸易限制措施监测报告称，G20成员国自2018年5月以来已实施40项新的贸易限制措施，覆盖全球贸易额约4810亿美元，覆盖规模为上一报告期（2017年10月至今年5月期间）的6倍，为2012年以来最高水平。WTO总干事阿泽维多表示，该数据应立即引起G20国家乃至整个国际社会的重视，并呼吁各国应采取行动缓和局势。

FSB发布《G20金融监管改革实施及其效果评估》报告。2018年11月28日，FSB发布关于G20金融监管改革实施及其效果评估的第四份年度报告，该报告将在G20峰会期间提交领导人。报告指出，各国在实施关键性金融改革方面已取得实质性进展，但当前全球金融体系仍面临挑战。报告呼吁各国应继续实施既定改革目标，加强全球金融监管合作。

OECD发布《2019年全球发展展望》报告。2018年11月29日，OECD发布《2019年全球发展展望》报告称，基于当今世界经济新格局，发展中国家须重新思考其发展战略，对经济、社会和环境等方面的影响因素进行审慎分析，以实现可持续发展。其中，各国尤其需要关注全球经济放缓、贸易保护主义、全球治理弱化等新趋势、新挑战可能带来的影响。

WTO、UNCTAD、ITC合作开发全球贸易服务平台。2018年11月24日，WTO、联合国贸易和发展会议（UNCTAD）和国际贸易中心（ITC）就共同开发全球贸易服务平台签署谅解备忘录，此举旨在帮助中小企业快速获取目标市场贸易数据和信息，有利于提高中小企业国际贸易参与度，降低企业贸易成本。

三、国际大宗商品

本周纽约原油期货价格累计上涨1.73%。截至星期四，本周纽约原油期货价格累计涨幅1.73%。星期一纽约原油期货价格上涨2.40%，收于每桶51.60美元；星期二纽约原油期货价格上涨0.95%，收于每桶52.09美元；星期三纽约原油期货价格下跌3.42%，收于每桶50.31美元；星期四纽约原油期货价格上涨1.89%，收于每桶51.26美元。

本周纽约黄金期货价格累计上涨0.52%。截至星期四，本周纽约黄金期货价格累计涨幅0.52%。星期一纽约黄金期货价格下跌0.09%，收于每盎司1222.3美元；星期二纽约黄金期货价格下跌0.64%，收于每盎司1214.5美元；星期三纽约黄金期货价格上涨 1.06%，收于每盎司 1227.4 美元；星期四纽约黄金期货价格上涨 0.20%，收于每盎司 1229.8 美元。

四、区域合作

第八届中欧论坛汉堡峰会在德举行。2018 年 11 月 25—28 日，国务院副总理刘鹤访问德国，会见德国总理默克尔并在第八届中欧论坛汉堡峰会闭幕式上发表主旨演讲。刘鹤表示，中方愿同德方一道，落实好两国领导人达成的重要共识，推动中德金融、贸易、投资等领域合作不断深入发展。在汉堡峰会演讲中，刘鹤介绍了当前中国经济形势和发展前景，强调今年是中国改革开放 40 周年，一系列中国扩大对外开放的重大举措正在加快落实。中欧都是自由贸易规则和多边体制的坚定维护者。双方有巨大的共同利益，要相互理解、相互包容，深化合作，携手应对挑战，共同推动构建人类命运共同体，实现世界持久和平和普遍繁荣。

中西加强新时期全面战略伙伴关系。2018 年 11 月 27—29 日，应西班牙国王费利佩六世邀请，国家主席习近平时隔 13 年再次对西班牙进行国事访问。访问期间，双方共签署 18 份合作文件。11 月 28 日，中国和西班牙发表关于加强新时期全面战略伙伴关系的联合声明称，双方一致认为，2005 年中西建立全面战略伙伴关系以来，双边关系取得长足发展。2018 年是中西建交 45 周年，双边关系发展面临新的机遇，有利于维护世界和平稳定与发展繁荣。双方将共同维护基于规则的多边主义，共同致力于全球性事务，深化和拓展双边经贸关系，密切科技创新合作，同时促进民心相通，加强教育、文化、体育与旅游合作。

首次俄印战略经济对话在圣彼得堡举行。2018 年 11 月 25—26 日，首次俄印战略经济对话在俄罗斯圣彼得堡举行，双方围绕农业、中小企业、运输、产业合作、数字化转型等议题展开讨论。俄罗斯总统普京在致辞中表示，俄印两国应充分利用现有方式，努力消除贸易与投资壁垒，尽可能为企业创造良好经营环境。

五、全球宏观经济形势

OECD 发布 2018 年第三季度国际贸易统计报告。2018 年 11 月 28 日，OECD 发布 2018 年第三季度国际贸易统计报告称，经季调，G20 国家第三季度商品贸易额略有增长，其中，出口额环比增长 0.3%，进口额环比增长 0.7%。具体来看，第三季度美国出口额环比下降 1.7%，欧盟出口额环比下降 0.8%，日本出口额环比下降 2.0%，中国出口额环比上涨 2.4%。多数国家进口增长依旧疲软，土耳其进口额环比下降 14.1%，阿根廷进口额环比下降 8.0%，澳大利亚进口额环比下降 5.2%，欧盟进口额环比下降 0.5%，中国和印度进口额均环比增长 4.1%，巴西进口额环比增长 18.0%。

WTO 下调世界贸易展望指标。2018 年 11 月 26 日，WTO 发布最新世界贸易展望指标（WTOI）报告称，第四季度全球贸易增长或将进一步放缓。报告指出，最新 WTOI 指数已从 100.3 降至 98.6，低于基准值 100，为 2016 年 10 月以来最低水平，其中出口订单大幅减少是导致 WTOI 指数骤降的重要原因。

ILO 发布《2018/2019 全球工资报告》。2018 年 11 月 26 日，ILO 发布《2018/2019 全球工资报告》称，按实际价值计算，2017 年全球工资增幅从 2016 年的 2.4% 降至 1.8%，为 2008 年以来的最低水平，远低于全球金融危机前的水平。在过去 20 年间，G20 新兴市场国家和发展中国家平均实际工资增长近两倍，而 G20 发达国家平均实际工资增长仅为 9%。此外，在全球范围内，女性工资水平仍比男性低近 20%。

第49周（2018/12/01—2018/12/07）

2018 年 12 月 1—7 日，国际财经要情有：美联储发布褐皮书；美国 10 月份贸易逆差创十年新高；加拿大央行维持基准利率 1.75% 不变；印度央行维持基准利率 6.5% 不变；澳联储维持现金利率 1.5% 不变；多边开发银行就应对气候变化发布联合声明；IEA 预计 2018 年发达经济体碳排量上升；G20 峰会在阿根廷举行；中美元首会晤就两国经贸关系达成重要共识；2018 年非洲经济会议在卢旺达举行；OECD 国家近期通胀水平略有上升；联合国贸发会议发布全球贸易统计数据。

一、区域观察

1. 北美

美国 2018 年 10 月份贸易逆差升至 555 亿美元。2018 年 12 月 6 日，美国商务部发布数据显示，美国 10 月份贸易逆差 555 亿美元，环比上升 1.7%，高于预期值 550 亿美元，创 2008 年 10 月来新高；商品贸易逆差由 872 亿美元升至 879 亿美元；对华商品贸易逆差环比上升 7.1% 至 431 亿美元。9 月份贸易逆差由 540 亿美元修正至 546 亿美元。

美联储发布褐皮书。2018 年 12 月 5 日，美联储发布褐皮书指出美经济总体保持温和增长态势。关税推动物价上涨的领域扩大，但总体而言，多数地区通胀温和；劳动力市场持续紧缩，薪资涨幅"温和至适度"；因关税、利率上升和劳动力市场收紧增加了不确定性，企业乐观情绪开始减弱；投资者信心下降，自 9 月底来，标普指数已下跌 7%。

美国 2018 年 11 月份制造业 PMI 为 55.3。2018 年 12 月 3 日，Markit 发布数据显示，经季调，美国 11 月份制造业 PMI 终值为 55.3，环比下降 0.4 个点。

美国 2018 年 11 月份 ISM 制造业指数为 59.3。2018 年 12 月 3 日，美国供应管理协会发布数据显示，美国 11 月份 ISM 制造业指数为 59.3，环比上升 1.6 个点。

加拿大央行维持基准利率 1.75%不变。2018 年 12 月 5 日，加拿大央行宣布维持 1.75% 的基准利率不变。自 2017 年夏起，加拿大央行已 5 次提高其基准利率。

加拿大 2018 年 11 月份制造业 PMI 为 54.9。2018 年 12 月 3 日，Markit 发布数据显示，经季调，加拿大 11 月份制造业 PMI 为 54.9，环比上升 1 个点，创 3 个月新高。

2. 拉美

巴西第三季度 GDP 环比增长 0.8%。2018 年 12 月 1 日，巴西地理统计局发布数据显示，巴西第三季度 GDP 同比增长 1.3%，环比增长 0.8%。

巴西连续 7 个统计周期失业率环比下降。2018 年 12 月 1 日，巴西地理统计局发布数据显示，2018 年 8—10 月份，巴西失业率为 11.7%，同比下降 0.5%，环比下降 0.2%，连续 7 个统计周期环比下降。

3. 欧洲

欧元区 2018 年 11 月份通胀率为 2%。2018 年 12 月 1 日，欧盟统计局发布数据显示，欧元区 11 月份通胀率环比下降 0.2%—2%。

欧元区 2018 年 10 月份失业率为 8.1%。2018 年 12 月 1 日，欧盟统计局发布数据显示，欧元区 10 月份失业率为 8.1%，同比下降 0.7%，环比持平，为 2008 年 11 月来最低水平；欧盟 10 月份失业率为 6.7%，同比下降 0.7%，环比持平，为 2000 年有统计来最低水平。

欧元区 2018 年 11 月份制造业 PMI 为 51.8。2018 年 12 月 3 日，Markit 发布数据显示，欧元区 11 月份制造业 PMI 终值为 51.8，环比下降 0.2 个点，为 2016 年 8 月来最低点。

欧元区 2018 年 10 月份零售销售额环比上升 0.3%。2018 年 12 月 5 日，欧盟统计局发布数据显示，经季调，欧元区 10 月份零售销售额环比上升 0.3%，欧盟 10 月份零售销售额环比上升 0.1%。

英国 2018 年 11 月份制造业 PMI 为 53.1。2018 年 12 月 3 日，Markit 发布数据显示，经季调，英国 11 月份制造业 PMI 为 53.1，环比上升 2 个点。

德国 2018 年 11 月份失业率再创新低。2018 年 12 月 1 日，德国联邦劳工局发布数据显示，经季调，德国 11 月份失业率为 5%，环比下降 0.1%，为两德统一来最低水平。

法国 2018 年 11 月份 CPI 同比上升 1.9%。2018 年 12 月 1 日，法国国家统计局发布数据显示，法国 11 月份 CPI 同比上升 1.9%，环比下降 0.2%。

瑞士 2018 年 10 月份零售销售环比上升 1.9%。2018 年 12 月 3 日，瑞士联邦统计局发布数据显示，经季调，瑞士 10 月份零售销售同比上升 0.8%，环比上升 1.9%。

4. 亚太

东盟地区 2018 年 11 月份制造业 PMI 为 50.4。2018 年 12 月 4 日，Markit 发布数据显示，东盟地区 11 月份制造业 PMI 为 50.4，同比上升 0.6 个点。其中，越南为 56.5，菲律宾为 54.2，缅甸为 51.3，印度尼西亚为 50.4，泰国为 49.8，马来西亚为 48.2，新加坡为 47.4。

日本 2018 年 10 月份失业率为 2.4%。2018 年 12 月 1 日，日本统计局发布数据显示，经季调，日本 10 月份失业率为 2.4%，环比上升 0.1%。

日本 2018 年 11 月份制造业 PMI 为 52.2。2018 年 12 月 3 日，Markit 发布数据显示，日本 11 月份制造业 PMI 终值为 52.2，环比下降 0.7 个点。

韩国第三季度国民总收入环比增长 0.7%。2018 年 12 月 4 日，韩国央行发布数据显示，韩国第三季度 GDP 同比增长 2.0%，环比增长 0.6%，国民总收入（GNI）环比增长 0.7%。

韩国 2018 年 11 月份 CPI 环比下降 0.7%。2018 年 12 月 4 日，韩国国家统计局发布数据显示，韩国 11 月份 CPI 同比上升 2.0%，环比下降 0.7%。

印度央行维持基准利率 6.5%不变。2018 年 12 月 5 日，印度储备银行宣布维持基准利率 6.5%不变，预计财年下半年印度通胀率为 2.7%—3.2%。

澳大利亚第三季度 GDP 环比增长 0.3%。2018 年 12 月 5 日，澳大利亚国家统计局发布数据显示，澳大利亚三季度 GDP 同比增长 2.8%，环比增长 0.3%。

澳联储维持现金利率 1.5%不变。2018 年 12 月 4 日，澳联储主席洛维宣布维持现金利率 1.5%不变，已连续 28 个月维持最低现金利率。

5. 非洲

南非第三季度 GDP 环比增长 2.2%。2018 年 12 月 4 日，南非国家统计局发布数据显示，南非第三季度 GDP 环比增长 2.2%，高于预期的 1.9%。

二、国际组织

多边开发银行就应对气候变化发布联合声明。2018 年 12 月 3 日，世行等多边开发银行发布联合声明称，为应对气候变化，推动实现《巴黎协定》目标，多边开发银行将构建联合工作框架，在《巴黎协定》六大核心领域开展合作，包括根据协定目标调整业务安排、加大气候融资力度等。其中，在气候融资方面，2017 年多边开发银行已向发展中国家及新兴经济体投入 350 亿美元，并调动私人和公共部门资金共 520 亿美元。

IEA 预计 2018 年发达经济体碳排量上升。2018 年 12 月 4 日，IEA 发布公告称，随着全球经济增长和能耗增加，全球二氧化碳排量正在上升。预计 2018 年北美、欧盟和亚太地区发达经济体碳排放量五年来首次上升，涨幅或达 0.5%。同时，预计 2018 年新兴经济体的碳排放量将超过去年水平。

三、国际大宗商品

本周纽约原油期货价格累计上涨 1.95%。截至星期四，本周纽约原油期货价格累计涨幅 1.95%。星期一纽约原油期货价格上涨 4.65%，收于每桶 53.08 美元；星期二纽约原油期货价格下跌 0.89%，收于每桶 52.61 美元；星期三纽约原油期货价格上涨 0.59%，收于每桶 52.92 美元；星期四纽约原油期货价格下跌 2.29%，收于每桶 51.71 美元。

本周纽约黄金期货价格累计上涨 1.25%。截至星期四，本周纽约黄金期货价格累计涨幅 1.25%。星期一纽约黄金期货价格上涨 0.67%，收于每盎司 1236.0 美元；星期二纽约黄金期货价格上涨 0.64%，收于每盎司 1243.9 美元；星期三纽约黄金期货价格下跌 0.10%，收于每盎司 1242.6 美元；星期四纽约黄金期货价格上涨 0.04%，收于每盎司 1243.1 美元。

四、区域合作

G20 峰会在阿根廷举行。2018 年 11 月 30 日，G20 领导人第十三次峰会会议在阿根廷布宜诺斯艾利斯举行，国家主席习近平出席会议并发表题为《登高望远，牢牢把握世界经济正确方向》的重要讲话。与会各方围绕世界经济重大问题进行讨论，通过了《G20 领导人布宜诺斯艾利斯峰会宣言》，发出了积极正面信息，为国际市场注入信心与活力。宣言指出，目前全球经济增长强劲，但国家间发展不平衡问题愈加突出，且金融脆弱性、地缘政治风险等不确定因素尚存，贸易问题突出。为此，各成员国将采取一切政策手段促进强劲、可持续、平衡和包容的经济增长，共同致力于改善基于规则的国际秩序。

中美元首会晤就两国经贸关系达成重要共识。2018 年 12 月 1 日，国家主席习近平与美国总统特朗普在阿根廷布宜诺斯艾利举行会晤。两国元首就经贸问题进行的讨论十分积极，富有建设性。双方已达成共识，停止相互加征新的关税。双方就如何妥善解决存在的分歧和问题提出了一系列建设性方案。中方愿意根据国内市场和人民的需要扩大进口，包括从美国购买适销对路的商品，逐步缓解贸易不平衡问题。双方同意相互开放市场，在中国推进新一轮改革开放进程中使美方的合理关切得到逐步解决。双方工作团队将按照两国元首达成的原则共识，朝着取消所有加征关税的方向，加紧磋商，尽早达成互利双赢的具体协议。

2018 年非洲经济会议在卢旺达举行。2018 年 12 月 3 日，2018 年非洲经济会议在卢旺达举行，主题是“增进非洲区域一体化，共促非洲发展”。会议议题涉及开放非洲签证、非洲基础设施建设以及基于《非洲自贸协定》推进区域社会、文化和政治一体化。同时，会议发布《2018 年非洲可持续发展报告》称，非洲应充分利用其城市化潜力，以应对当前环境挑战，实现可持续发展。

五、全球宏观经济形势

OECD 国家近期通胀水平略有上升。2018 年 12 月 4 日，OECD 发布最新通胀数据显示，由于能源价格大幅上升，OECD 国家 10 月份通胀率环比上涨 2.9% 至 3.1%。剔除食品和能源价格后，OECD 国家 10 月份核心通胀率稳定在 2.3%，与上月持平。美国 10 月通胀率上涨至 2.5%；欧元区 10 月通胀率上涨至 2.2%；G20 国家 10 月通胀率上涨至 3.8%；中国 10 月通胀率稳定在 2.5%，与 9 月持平；印度 10 月通胀率降至 5.2%。

联合国贸发会议发布全球贸易统计数据。2018 年 12 月 5 日，联合国贸易和发展会议发布《2018 联合国贸发会议统计手册》称，2017 年全球商品贸易总额上涨 10%，服务贸易总额上涨 9.5%。预计 2018 年全球商品出口额将上涨 10.4% 至 19.6 万亿美元。全球 GDP 增长、商品价格上涨是导致全球贸易额激增的重要因素。此外，发达国家和发展中国家的贸易失衡问题已有所改善。

第 50 周（2018/12/08—2018/12/14）

2018 年 12 月 8—14 日，国际财经要情有：美国 11 月份失业率为 3.7%；美国 11 月份 CPI 同比上涨 2.2%；美国 11 月份 PPI 同比上涨 2.5%；欧央行下调欧元区今明两年经济增长预期；欧元区第三季度 GDP 同比增长 1.6%；日本第三季度 GDP 同比下降 2.5%；ADB 预测亚太地区经济将保持稳定增长态势；世行发布最新全球可持续能源政策报告；中日韩自贸区第十四轮谈判在京举行；美国加入“太平洋地区基础设施集团”；首届非洲贸易博览会在埃及举行；OECD 经济体近期失业率基本稳定；OECD 发布最新综合领先指标数据。

一、区域观察

1. 北美

美国 2018 年 11 月份失业率为 3.7%。2018 年 12 月 8 日，美国劳工统计局发布数据显示，美国 11 月份失业率为 3.7%，环比持平；劳动力参与率为 62.9%，环比持平。

美国 2018 年 11 月份 CPI 同比上涨 2.2%。2018 年 12 月 12 日，美国劳工统计局发布数据显示，经季调，美国 11 月份 CPI 同比上涨 2.2%，环比持平；核心 CPI 同比上涨 2.2%，环比上涨 0.2%。

美国 2018 年 11 月份 PPI 同比上涨 2.5%。2018 年 12 月 11 日，美国劳工统计局发布数据显示，经季调，美国 11 月份 PPI 同比上涨 2.5%，环比上涨 0.1%；核心 PPI 同比上涨 2.7%，环比上涨 0.3%。

美国 2018 年 11 月份进口价格指数环比下跌 1.6%。2018 年 12 月 13 日，美国劳工统计局发布数据显示，美国 11 月份进口价格指数同比上升 0.7%，环比下跌 1.6%；出口价格指数同比上升 1.8%，环比下跌 0.9%。

美国 2018 年 10 月份 JOLTs 职位空缺环比上升。2018 年 12 月 10 日，美国劳工部发布数据显示，经季调，美国 10 月份职位空缺为 707.9 万个，同比上升 102

万个，环比上升 11.9 万个。

2. 拉美

巴西 2018 年 11 月份 IPCA 为 -0.21%。2018 年 12 月 8 日，巴西国家地理统计局发布数据显示，巴西 11 月份广义消费者物价指数（IPCA）为 -0.21%，创 1994 年来同比新低；2017 年至 2018 年 11 月份通货膨胀率为 4.05%。

3. 欧洲

欧央行下调欧元区今明两年经济增长预期。2018 年 12 月 13 日，欧央行将欧元区 2018 年和 2019 年 GDP 增速预期分别下调 0.1% 至 1.9% 和 1.7%，预计 2020 年与 2021 年 GDP 增速分别为 1.7% 和 1.5%；预计 2018—2021 年通胀率分别为 1.8%、1.6%、1.7% 和 1.8%。

欧元区第三季度 GDP 同比增长 1.6%。2018 年 12 月 8 日，欧盟统计局发布数据显示，经季调，欧元区第三季度 GDP 同比增长 1.6%，环比增长 0.2%；欧盟第三季度 GDP 同比增长 1.8%，环比增长 0.3%。

欧元区 2018 年 10 月份工业产出同比增长 1.2%。2018 年 12 月 12 日，欧盟统计局发布数据显示，经季调，欧元区 10 月份工业产出同比增长 1.2%，环比增长 0.2%；欧盟 10 月份工业产出同比增长 1.3%，环比增长 0.2%。

英国 2018 年 10 月份 GDP 环比增长 0.1%。2018 年 12 月 10 日，英国国家统计局发布数据显示，英国 10 月份 GDP 环比增长 0.1%；8—10 月 GDP 环比增长 0.4%。

德国经济研究所下调德国今明两年经济增长预期。2018 年 12 月 12 日，德国经济研究所发布报告，将德国 2018 年和 2019 年经济增长预期分别下调 0.3% 和 0.1% 至 1.5% 和 1.6%。

德国 2018 年 10 月份商品出口额同比增长 8.5%。2018 年 12 月 10 日，德国联邦统计局发布数据显示，德国 10 月份商品出口额同比增长 8.5%，进口额同比增长 11.3%；经季调，10 月份出口额环比增长 0.7%，进口额环比增长 1.3%。

德国 2018 年 10 月份工业产出环比下降 0.5%。2018 年 12 月 8 日，德国联邦统计局发布数据显示，经季调，德国 10 月份工业产出环比下降 0.5%；9 月份工业产出环比增幅由 0.2% 下修至 0.1%。

法国 2018 年 10 月份工业产出环比增长 1.2%。2018 年 12 月 8 日，法国国家统计局发布数据显示，经季调，法国 10 月份工业产出环比增长 1.2%。

意大利 2018 年 10 月份零售销售额同比上升 1.5%。2018 年 12 月 8 日，意大利国家统计局发布数据显示，意大利 10 月份零售销售额同比上升 1.5%，环比上升 0.1%。

土耳其第三季度 GDP 同比增长 1.6%。2018 年 12 月 10 日，土耳其国家统计局发布数据显示，土耳其第三季度 GDP 同比增长 1.6%，远低于第二季度 5.3% 及第一季度 7.2% 的增速。

4. 亚太

日本下修第三季度 GDP 同比降幅至 2.5%。2018 年 12 月 10 日，日本内阁府发布数据显示，经季调，日本第三季度 GDP 同比降幅由 1.2% 下修至 2.5%，环比降幅由 0.3% 下修至 0.6%。

日本 2018 年 11 月份 M2 货币供应额同比增长 2.3%。2018 年 12 月 11 日，日本央行发布数据显示，日本 11 月份 M2 货币供应额同比增长 2.3%，M3 同比增长 2.1%。

日本 2018 年 10 月份领先指数为 100.5。2018 年 12 月 8 日，日本内阁府发布数据显示，日本 10 月份领先指数初值为 100.5，一致指数初值为 104.5，滞后指数初值为 103.2。

韩国 2018 年 11 月份进口价格指数环比下降 4.6%。2018 年 12 月 13 日，韩国央行发布数据显示，韩国 11 月份进口价格指数同比上升 6.0%，环比下降 4.6%；韩国 11 月份出口价格指数同比上升 0.3%，环比下降 2.3%。

韩国 2018 年 11 月份失业率为 3.2%。2018 年 12 月 12 日，韩国国家统计局发布数据显示，韩国 11 月份失业率为 3.2%，同比上升 0.1%；失业人数为 90.9 万，同比上升 4.4%。

新加坡上调 2018 年经济增长预期至 3.3%。2018 年 12 月 12 日，新加坡金融管理局发布季度调查报告，将新加坡 2018 年 GDP 增速预期由 3.2% 上调至 3.3%；将 2019 年 GDP 增速预期由 2.7% 下调至 2.6%。

澳大利亚 2018 年 11 月份 NAB 商业景气指数环比下降 2 个点。2018 年 12 月 11 日，澳大利亚国民银行发布数据显示，澳大利亚 11 月份 NAB 商业景气指数为 11，环比下降 2 个点；NAB 商业信心指数为 3，环比下降 2 个点。

5. 非洲

南非 2018 年 11 月份 PPI 同比上涨 6.8%。2018 年 12 月 13 日，南非国家统计局发布数据显示，南非 11 月份 PPI 同比上涨 6.8%，环比上涨 0.4%。

南非 2018 年 11 月份通胀率升至 5.2%。2018 年 12 月 12 日，南非国家统计局发布数据显示，南非 11 月份通胀率为 5.2%，同比上升 0.1%。

南非 2018 年 10 月份制造业产出同比增长 3.0%。2018 年 12 月 11 日，南非国家统计局发布数据显示，南非 10 月份制造业产出同比增长 3.0%；经季调，环比增长 1.1%。

二、国际组织

ADB 预测亚太地区经济将保持稳定增长态势。2018 年 12 月 12 日，ADB 发布

《2018 年亚洲发展展望》更新版补充报告称，得益于强劲的内需，2018 年、2019 年两年亚太地区经济将保持稳定增长态势。报告显示，亚太地区 2018 年和 2019 年经济增速预期分别为 6.0% 和 5.8%，两项预测值均与 9 月发布的《2018 年亚洲发展展望》更新版报告一致。除去中国、韩国、新加坡等亚太新兴经济体，亚太发展中经济体 2018 年和 2019 年的经济增长预期分别为 6.5% 和 6.3%。报告同时指出，由于国际大宗商品价格下降和区域内各经济体央行实施较为稳健的货币政策，亚太地区通胀压力有所缓解。预计 2018 年亚太发展中经济体通胀率为 2.6%，2019 年为 2.7%，而 9 月份预测 2018 年、2019 年两年通胀率均为 2.8%。

世行发布最新全球可持续能源政策报告。2018 年 12 月 10 日，世界银行发布最新全球可持续能源政策报告（RISE 2018），对全球 133 个国家的可持续能源政策及其实施情况进行分析与评估。报告指出，截至 2017 年，全球已有 59 个国家出台强有力的政策框架推动可持续能源发展。2010 年，仅有 37% 的国家提出了国家层面的可持续能源目标，而 2017 年这一比例升至 93%，且 2017 年全球 84% 的国家已确立相关法律框架，以支持可持续能源战略部署。但当前各国可持续能源政策仍有局限性，供暖、交通两大领域的“去碳化”政策进展依然缓慢。

三、国际大宗商品

本周纽约原油期货价格累计上涨 1.38%。截至星期四，本周纽约原油期货价格累计涨幅 1.38%。星期一纽约原油期货价格下跌 2.38%，收于每桶 50.89 美元；星期二纽约原油期货价格上涨 2.10%，收于每桶 51.96 美元；星期三纽约原油期货价格下跌 1.46%，收于每桶 51.20 美元；星期四纽约原油期货价格上涨 3.22%，收于每桶 52.85 美元。

本周纽约黄金期货价格累计下跌 0.61%。截至星期四，本周纽约黄金期货价格累计跌幅 0.61%。星期一纽约黄金期货价格下跌 0.33%，收于每盎司 1249.8 美元；星期二纽约黄金期货价格下跌 0.11%，收于每盎司 1248.4 美元；星期三纽约黄金期货价格上涨 0.17%，收于每盎司 1250.5 美元；星期四纽约黄金期货价格下跌 0.34%，收于每盎司 1246.3 美元。

四、区域合作

中日韩自贸区第十四轮谈判在京举行。2018 年 12 月 7 日，中日韩自贸区第十四轮谈判首席谈判代表会议在北京举行。商务部副部长王受文与日本外务省外务审议官山崎和之、韩国产业通商资源部部长助理俞明希分率各方代表团出席。三方均认为，随着三方共同参加的《区域全面经济伙伴关系协定》（RCEP）谈判取得实质性进展，中日韩自贸区谈判提速基础已经具备，三方将在 RCEP 已取得的成果基础上探讨通过中日韩自贸区进一步提高贸易投资自由化水平。三方商定，下一轮谈判将在日本举行，三方将从下一轮谈判起恢复工作组会议，就货物贸易、服务贸易、投资等议题展开实质性磋商。

美国加入“太平洋地区基础设施集团”。2018 年 12 月 11 日，“太平洋地区基础设施集团”（PRIF）会议在悉尼召开，美国宣布正式加入 PRIF。美国将与亚洲开发银行、欧盟、欧洲投资银行、世界银行集团、澳大利亚、新西兰、日本等共同支持太平洋地区的基础设施建设与服务。亚洲开发银行太平洋局局长洛辛表示，亚行欢迎美国加入 PRIF，这将加强各方在太平洋地区基础设施发展方面的协调合作。

首届非洲贸易博览会在埃及举行。2018 年 12 月 11—17 日，非洲进出口银行与非盟、埃及政府在埃及首都开罗共同举办首届非洲贸易博览会（Intra – African Trade Fair），旨在为促进非洲区域内贸易和交流合作提供平台。此前，44 个非洲国家领导人于 2018 年 3 月在卢旺达首都基加利举行的非洲联盟特别峰会上，签署了启动非洲大陆自由贸易区的协议，并在大会上宣布将于今年举办首届非洲贸易博览会，以促进非洲贸易及经济增长。

五、全球宏观经济形势

OECD 经济体近期失业率基本稳定。2018 年 12 月 11 日，OECD 发布最新数据显示，OECD 国家 10 月份失业率稳定在 5.2%，与上月持平。其中，欧元区 10 月份失业率连续四个月稳定在 8.1%；意大利 10 月份失业率上升 0.3 个百分点至 10.6%；加拿大 10 月份失业率下降 0.1 个百分点至 5.8%；韩国 10 月份失业率下降 0.1 个百分点至 3.9%；墨西哥 10 月份失业率下降 0.1 个百分点至 3.2%；日本 10 月份失业率上升 0.1 个百分点至 2.4%；美国 10 月份失业率稳定在 3.7%。此外，OECD 国家 10 月份青年失业率下降 0.1 个百分点至 11.0%；OECD 国家 10 月份女性失业率稳定在 5.4%，比男性失业率高 0.3 个百分点。

OECD 发布最新综合领先指标数据。2018 年 12 月 10 日，OECD 发布最新综合领先指标（CLIs）数据显示，OECD 经济体总体增长势头有所放缓。在 OECD 主要经济体中，英国、加拿大及欧元区经济增速将进一步放缓；美国出现增长减缓的迹象；日本继续保持稳定增长动能。在新兴经济体方面，中国和印度工业部门增长动力稳固；巴西和俄罗斯出现增长放缓迹象。

第51周（2018/12/15—2018/12/21）

2018 年 12 月 15—21 日，国际财经要情有：美联储上调联邦基金利率目标区间 25 个基点；美国 11 月份联邦财政赤字突破 2000 亿美元；英国央行维持基准利率 0.75% 不变；日本央行维持短期利率 -0.1% 不变；亚投行成员增至 93 个；WTO 对美进行第 14 次贸易政策审议；世行预测中国 2018 年经济增长 6.5%；澜湄合作第四次外长会在老挝举行；G20 国家第三季度实际 GDP 增速略有放缓。

一、区域观察

1. 北美

美联储上调联邦基金利率目标区间 25 个基点。2018 年 12 月 20 日，美联储宣布上调联邦基金利率目标区间 25 个基点至 2.25%—2.50%，为 2018 年内第四次加息，同时继续维持每月 500 亿美元的缩表规模，但表示明年或放缓加息步伐。

美国 2018 年 11 月份联邦财政赤字突破 2000 亿美元。2018 年 12 月 15 日，美国财政部发布数据显示，美国 11 月份联邦政府财政赤字达 2049 亿美元，同比增长 48%。

美国 2018 年 12 月份综合 PMI 为 53.6。2018 年 12 月 15 日，Markit 发布数据显示，美国 12 月份综合 PMI 为 53.6，环比下降 2 个点。

美国 2018 年 11 月份工业产出环比增长 0.6%。2018 年 12 月 15 日，美联储发布数据显示，经季调，美国 11 月份工业产出指数为 109.4，环比增长 0.6%。

美国 2018 年 11 月份新屋开工率环比增长 3.2%。2018 年 12 月 18 日，美国商务部发布数据显示，美国 11 月份新屋开工数环比增长 3.2%；营建许可数环比增长 5%。

加拿大 2018 年 11 月份 CPI 同比上涨 1.7%。2018 年 12 月 19 日，加拿大国家统计局发布数据显示，加拿大 11 月份 CPI 同比增长 1.7%，为 2018 年 1 月份以来最小同比涨幅。

2. 拉美

阿根廷 2018 年第三季度 GDP 同比下降 3.5%。2018 年 12 月 19 日，阿根廷国家统计局发布数据显示，阿根廷第三季度 GDP 同比下降 3.5%，环比下降 0.75%，连续两季度负增长。

墨西哥发布 2019 年国家财政预算。2018 年 12 月 15 日，墨西哥新政府发布《2019 年联邦政府预算支出计划》，加大国防、能源、劳动、教育等领域投入，同时大幅缩减卫生、科技和环境等部门支出。

3. 欧洲

欧元区 2018 年 12 月份制造业 PMI 初值为 51.4。2018 年 12 月 15 日，Markit 发布数据显示，欧元区 12 月份制造业 PMI 初值为 51.4，环比下降 0.4 个点，创 34 个月新低；服务业 PMI 初值为 51.4，环比下降 2 个点，综合 PMI 初值为 51.3，环比下降 1.4 个点，均创 49 个月新低。

欧盟 2018 年 11 月份通胀率降至 2.0%。2018 年 12 月 17 日，欧盟统计局发布数据显示，欧盟 11 月份通胀率为 2.0%，同比上涨 0.2%，环比下降 0.2%。

欧盟 2018 年 10 月份货物贸易逆差同比扩大。2018 年 12 月 17 日，欧盟统计局发布数据显示，欧盟 10 月份货物出口额同比增长 13.4% 至 1807 亿欧元，进口额同比增长 16.8% 至 1884 亿欧元，贸易逆差约为 77 亿欧元，同比增加 59 亿欧元。欧元区 10 月份贸易顺差为 140 亿欧元，同比下降 38 亿欧元。

英国央行维持基准利率 0.75% 不变。2018 年 12 月 20 日，英国央行货币政策委员会宣布维持基准利率 0.75% 不变，维持国债及企业债购买规模不变。

英国 2018 年 11 月份 CPI 同比上涨 2.3%。2018 年 12 月 19 日，英国国家统计局发布数据显示，英国 2018 年 11 月份 CPI 同比上涨 2.3%，为 2017 年 3 月来最低。

德国 2018 年 11 月 PPI 同比上涨 3.3%。2018 年 12 月 15 日，德国联邦统计局发布数据显示，德国 11 月份 PPI 同比上涨 3.3%，环比上涨 0.1%。

德国 2018 年 12 月份制造业 PMI 初值为 51.5。2018 年 12 月 15 日，Markit 发布数据显示，经季调，德国 12 月份制造业 PMI 初值为 51.5，环比下降 0.3 个点，创 33 个月新低。

法国 2018 年 12 月份制造业 PMI 跌破荣枯线。2018 年 12 月 15 日，Markit 发布数据显示，法国 12 月份制造业 PMI 初值为 49.7，环比下跌 1.1 个点，创 27 个月新低；服务业 PMI 初值为 49.6，环比下跌 5.5 个点，创 34 个月新低。

意大利与欧盟达成预算协议。2018 年 12 月 19 日，欧委会副主席表示，欧委会已与意大利就 2019 年预算达成协议，2019 年意大利预算赤字 GDP 占比为 2.04%。

意大利 2018 年 10 月份工业订单环比下降 0.3%。2018 年 12 月 15 日，意大利国家统计局发布数据显示，经季调，意大利 10 月份工业订单同比上升 2.0%，环比下降 0.3%。

4. 亚太

日本央行维持短期利率 -0.1%不变。2018 年 12 月 20 日，日本央行宣布维持当前货币政策不变，将短期利率维持在 -0.1%，继续购买长期国债以使长期利率维持在零左右。

日本连续两个月出现贸易逆差。2018 年 12 月 19 日，日本财务省发布数据显示，日本 11 月份进口额同比增长 12.5% 至 7.6649 万亿日元，出口额同比增长 0.1% 至 6.9276 万亿日元，贸易逆差为 7373 亿日元，连续两月出现贸易逆差。

泰国央行提高基准利率至 1.75%。2018 年 12 月 19 日，泰国央行宣布将基准利率由 1.50% 上调至 1.75%，为 2011 年来首次加息。

澳联邦政府预算赤字大幅下降。2018 年 12 月 17 日，澳洲联邦政府公布《2018—2019 财年中期经济和财政前景报告（MYEFO）》，预计本财年澳大利亚基础现金赤字为 52 亿澳元，远低于 2018 年 5 月预算案中的 145 亿澳元，为 2008 年来最低赤字水平；预计 2019—2020 财年澳大利亚联邦财政有望实现 41 亿澳元盈余，扭转自 2008 年来持续 11 年的财政赤字局面。

澳大利亚 2018 年 11 月份失业率为 5.1%。2018 年 12 月 20 日，澳大利亚国家统计局发布数据显示，经季调，澳大利亚 11 月份失业率环比上升 0.1% 至 5.1%。

5. 非洲

南非贸工部长表示英脱欧不会危及英南贸易关系。2018 年 12 月 17 日，南非贸工部长戴维斯表示，南部非洲关税同盟（SACU）与英国的贸易协定谈判已处在收尾阶段，该协议将在英国脱欧后替代 SACU 与欧盟现有贸易协定。

二、国际组织

亚投行成员增至 93 个。2018 年 12 月 19 日，亚投行理事会宣布批准新一批 6 个意向成员加入，分别为阿尔及利亚、加纳、利比亚、摩洛哥、塞尔维亚和多哥，至此亚投行成员总数增至 93 个。亚投行副行长亚历山大表示，亚投行成员在 3 年内从 57 个增至 93 个，遍布各大洲。成员数量的迅速增长表明亚投行致力于多边合作，体现了其在国际金融领域的重要作用。同时，亚投行在欧洲和非洲的成员不断增加，凸显了增强区域间互联互通的重要性。

WTO 对美进行第 14 次贸易政策审议。2018 年 12 月 17—19 日，WTO 在瑞士日内瓦对美国进行第 14 次贸易政策审议，这是特朗普政府执政以来美国首次接受 WTO 审议。WTO 成员高度关注此次对美国的贸易政策审议，共有 40 个成员向美国提出了 1700 多个书面问题；共有 64 个成员发言，对美国阻挠世贸组织上诉机构成员遴选、以“国家安全”为名提升钢、铝、汽车等产品的关税等一系列政策措施提出关注，要求美国以建设性态度参与多边贸易体制，发挥积极作用。

世行预测中国今年经济增长 6.5%。2018 年 12 月 20 日，世行发布最新版《中国经济简报》，预测 2018 年中国经济增长率为 6.5%，并预计 2019 年中国经济增速将放缓至 6.2%。报告指出，当前中国经济增速放缓且外部环境充满挑战，但中国经济整体表现良好。世行中国局首席经济学家李伟乔表示，消费仍将是推动中国经济增长的主要动力。在全球经济不确定、不稳定因素不断增多的背景下，中国政府拥有支持经济增长的必要政策空间。

国际清算银行发布最新季度评估报告。2018 年 12 月 16 日，国际清算银行发布《国际银行和金融市场发展》季度报告称，全球金融市场在该报告期内经历重大修正，但其在货币政策正常化方面仍面临诸多挑战。从 9 月中旬开始，金融市场剧烈动荡，10 月后资产价格走低，美国债收益率下跌，风险资产被大量抛售，12 月新一轮的波动再次重演，这些都出现在金融环境收紧之时，反映出贸易紧张局势和欧洲政治不确定性给全球金融市场带来强烈冲击。

国际能源署发布最新煤炭市场报告。2018 年 12 月 18 日，国际能源署发布《2018 煤炭市场报告》称，在中国和印度强劲的煤电需求下，全球煤炭市场需求预计在 2018 年将再次增长，未来 5 年全球煤炭需求将基本保持稳定。空气质量和气候政策、煤炭撤资运动、逐步淘汰政策、可再生能源成本下降以及天然气供应充足等因素对煤炭市场造成压力，报告预计 2023 年煤炭占全球能源结构比重将从 2017 年的 27% 降至 25%，但亚洲大部分地区煤炭需求或将持续增长。

三、国际大宗商品

本周纽约原油期货价格累计下跌 10.25%。截至星期四，本周纽约原油期货价格累计跌幅 10.25%。星期一纽约原油期货价格下跌 3.94%，收于每桶 49.47 美元；星期二纽约原油期货价格下跌 6.53%，收于每桶 46.24 美元；星期三纽约原油期货价格上涨 2.53%，收于每桶 47.41 美元；星期四纽约原油期货价格下跌 2.51%，收于每桶 46.22 美元。

本周纽约黄金期货价格累计上涨 1.70%。截至星期四，本周纽约黄金期货价格累计涨幅 1.70%。星期一纽约黄金期货价格上涨 0.60%，收于每盎司 1249.7 美元；星期二纽约黄金期货价格上涨 0.29%，收于每盎司 1253.3 美元；星期三纽约黄金期货价格下跌 0.53%，收于每盎司 1246.7 美元；星期四纽约黄金期货价格上涨 1.34%，收于每盎司 1263.4 美元。

四、区域合作

澜湄合作第四次外长会在老挝举行。2018 年 12 月 17 日，澜沧江—湄公河合作第四次外长会在老挝琅勃拉邦市举行。老挝外交部长沙伦赛·贡马西、中国国务委员兼外交部长王毅、柬埔寨副首相贺南洪、缅甸国际合作部部长觉丁、泰国外交部长敦·巴穆威奈、越南副总理范平明出席会议。各方一致同意积极对接发展战略，充分发挥资源禀赋和比较优势，促进生产要素合理流动和优化配置，并开始讨论共同构建澜湄流域经济发展带的具体方案，实现互惠互利和共同繁荣。

印度尼西亚与欧洲自由贸易联盟签署全面经济伙伴关系协议。2018 年 12 月 16 日，印度尼西亚与欧洲自由贸易联盟（EFTA）在雅加达签署全面经济伙伴关系协议（CEPA）。欧洲自由贸易联盟成员为冰岛、列支敦士登、挪威、瑞士。在货物贸易方面，该协议将为印度尼西亚向 EFTA 国家销售棕榈油、渔产品、纺织品、家具、电子、轮胎、咖啡等提供更广泛的市场准入。同时，EFTA 成员国的药品、纺织品、邮轮、香水等将获得更多进入印度尼西亚市场的机会。

五、全球宏观经济形势

G20 国家第三季度 GDP 环比增速略有放缓。2018 年 12 月 18 日，OECD 发布最新数据显示，G20 国家第三季度 GDP 环比增速为 0.8%，低于上一季度的 1.0%。其中，土耳其、日本、德国和意大利第三季度 GDP 呈负增长，降幅分别为 1.1%、0.6%、0.2%和 0.1%；澳大利亚第三季度 GDP 环比增速降至 0.3%；印度第三季度 GDP 环比增速降至 1.5%；中国第三季度 GDP 环比增速小幅降至 1.6%；美国第三季度 GDP 环比增速小幅降至 0.9%；欧盟第三季度 GDP 环比增速降至 0.3%；墨西哥和南非第三季度 GDP 环比增速分别回升至 0.8%和 0.6%。

第 52 周（2018/12/22—2018/12/28）

2018 年 12 月 22—28 日，国际财经要情有：美国第三季度经济增速下修至 3.4%；美国 11 月份失业率为 3.7%；英国第三季度 GDP 终值同比增长 1.5%；日本政府 2019 财年防卫预算创新高；联合国大会通过未来 3 年经费预算分摊比例决议案；中印举行高级别人文交流机制首次会议；批准《非洲大陆自由贸易协定》国家数量增至 15 个；联合国拉加经委会下调今明两年拉美经济增长预期。

一、区域观察

1. 北美

美国第三季度经济增速下修至 3.4%。2018 年 12 月 22 日，美国商务部发布数据，将美国第三季度 GDP 增速下修 0.1% 至 3.4%。

美国 2018 年 11 月份失业率为 3.7%。2018 年 12 月 22 日，美国劳工统计局发布数据显示，美国 11 月份失业率为 3.7%，环比持平，同比下降 0.4%。

美国 2018 年 11 月份个人消费支出环比上升 0.4%。2018 年 12 月 22 日，美国商务部发布数据显示，美国 11 月份个人消费支出（PCE）环比上升 0.4%；个人收入环比上升 0.2%；可支配个人收入（DPI）环比上升 0.2%。

美国 2018 年 11 月份 PCE 物价指数同比增长 1.8%。2018 年 12 月 22 日，美国商务部发布数据显示，美国 11 月份 PCE 物价指数环比上升 0.1%；核心 PCE 物价指数同比增长 1.9%，环比增长 0.1%。

美国假日零售额同比增长 5.1%。2018 年 12 月 26 日，美国万事达卡旗下市场调查公司发布数据显示，2018 年感恩节和圣诞节期间，美国零售销售额同比增长 5.1% 至 8500 亿美元，创 6 年来最大增幅。

2. 拉美

拉加经委会发布拉美多国今明两年经济增长预期。2018 年 12 月 22 日，联合国拉丁美洲和加勒比经济委员会发布报告，预计巴西 2018 年、2019 年两年经济增速为1.3%和2.0%；智利增速为3.9%和3.3%；秘鲁增速为3.8%和3.6%；委内瑞拉经济将出现15%和10%的大幅萎缩；阿根廷增速为-2.6%和-1.8%。

3. 欧洲

英国第三季度GDP终值同比增长1.5%。2018年12月22日，英国国家统计局发布数据显示，英国第三季度GDP终值同比增长1.5%，环比增长0.6%。

法国第三季度GDP终值环比增长0.3%。2018年12月22日，法国国家统计局发布数据显示，经季调，法国第三季度GDP终值环比增长0.3%。

欧盟破例接受法国2019年预算案。2018年12月27日，欧盟预算委员厄廷格表示，欧盟将接受法国2019年赤字预算占GDP3.2%的“超标”预算案，并敦促法国自2020年起降低这一比重至规定的3.0%以下。

法国2018年12月份制造业信心指数为104。2018年12月22日，法国国家统计局发布数据显示，法国12月份制造业信心指数为104，环比下降1个点。

德国2018年11月份进口价格指数同比上升3.1%。2018年12月22日，德国联邦统计局发布数据显示，德国11月份进口价格指数同比上升3.1%，环比下降1.0%；出口价格指数同比上升1.7%，环比下降0.1%。

意大利2018年12月份消费者信心指数为113.1。2018年12月22日，意大利国家统计局发布数据显示，意大利12月份消费者信心指数为113.1，环比下降1.6个点。

4. 亚太

日本政府发布2019财年政府财政预算案。2018年12月22日，日本政府发布2019财年政府财政预算案显示，2019财年日本政府预算总额达101.46万亿日元，同比增加约3.7万亿日元。其中，防卫预算实现连续7年上涨，达到创纪录的5.26万亿日元。

日本央行称外部不确定性为日本经济最大风险。2018年12月26日，日本央行公布10月30—31日货币政策会议纪要显示，央行已将世界经济不确定性视为影响日本经济稳定运行的最大风险。多位委员认为，世界经济面临很大下行风险，对此要保持高度关注并及时应对。

日本2018年12月份CPI同比上涨0.3%。2018年12月28日，日本总务省发布数据显示，日本12月份CPI同比上升0.3%；11月份核心CPI同比上升0.9%，达101.6，连续23个月上升。

日本2018年10月领先指数终值为99.6。2018年12月25日，日本内阁府发布数据显示，日本10月份领先指数终值为99.6，环比下跌0.9个点。一致指数终值为104.9，滞后指数终值为103.6。

日本计划未来5年引进34.5万名外国劳动者。2018年12月25日，日本政府内阁会议宣布计划在未来5年最多引进约34.5万名外国劳动者。

韩国央行宣布 2019 年维持宽松货币政策。2018 年 12 月 26 日，韩国银行发布年度货币政策报告，预计韩国经济增长率将保持稳定，央行在 2019 年将维持宽松货币政策。

新加坡 2018 年 11 月份 CPI 同比上涨 0.3%。2018 年 12 月 24 日，新加坡贸工部与金融管理局发布数据显示，新加坡 11 月份 CPI 同比上涨 0.3%，核心通胀率环比下降 0.2% 至 1.7%。

新加坡 2018 年 11 月份制造业产出同比增长 7.6%。2018 年 12 月 26 日，新加坡经济发展局发布数据显示，新加坡 11 月份制造业产出同比增长 7.6%，今年前 11 个月新加坡制造业产出同比增长 7.9%。

印度央行将购买 1500 亿卢比政府债券。印度央行宣布将于 2018 年 12 月 27 日购买 1500 亿卢比的政府债券，为印度央行 12 月初货币政策会议后第四次向市场注入流动性资金。

越南 2018 年 GDP 增速预计达 7.08%。2018 年 12 月 27 日，越南统计总局发布数据显示，2018 年越南 GDP 增速预计达 7.08%，超过 6.5%—6.7% 的增长目标。

二、国际组织

联合国大会通过未来 3 年经费预算分摊比例决议案。2018 年 12 月 22 日，联合国大会全体会议表决通过了 2019—2021 年联合国常规预算和维和预算经费分摊比例决议，中国在联合国常规预算经费中的分摊比例将首次超过日本，成为第二大出资国。根据此次决议，在联合国常规预算经费中，美国的分摊比例维持 22% 不变，中国的分摊比例由 7.92% 升至 12.01%，日本的分摊比例由 9.68% 降至 8.56%；在联合国维和预算经费中，中国的分摊比例由目前的 10.24% 升至 15.22%。此次调整后，美国仍然是联合国常规预算和维和预算第一大出资国，中国成为第二大出资国。

三、国际大宗商品

本周纽约原油期货价格累计下跌 0.02%。截至星期四，本周纽约原油期货价格累计跌幅为 0.02%。星期一纽约原油期货价格下跌 6.03%，收于每桶 42.68 美元；星期二圣诞节，原油期货市场休市；星期三纽约原油期货价格上涨 9.21%，收于每桶 46.61 美元；星期四纽约原油期货价格下跌 2.57%，收于每桶 45.41 美元。

本周纽约黄金期货价格累计上涨 1.51%。截至星期四，本周纽约黄金期货价格累计涨幅1.51%。星期一纽约黄金期货价格上涨1.06%，收于每盎司1272.5美元；星期二圣诞节，黄金期货市场休市；星期三纽约黄金期货价格下跌0.21%，收于每盎司1269.8美元；星期四纽约黄金期货价格上涨0.65%，收于每盎司1278.1美元。

四、区域合作

中印举行高级别人文交流机制首次会议。2018年12月21日，中国——印度高级别人文交流机制首次会议在新德里举行，国务委员兼外长王毅与印度外长斯瓦拉吉共同主持。王毅和斯瓦拉吉首先分别宣读了习近平主席、莫迪总理向会议发来的贺信。会上，中印双方有关部门负责人围绕文化、媒体、影视、博物馆、体育、青年、旅游、地方、传统医药与瑜伽、教育与智库等领域的交流合作进行了深入讨论，达成广泛共识。

批准《非洲大陆自由贸易协定》国家数量增至15个。2018年12月25日，非洲联盟委员会贸易与工业委员穆昌加表示，多哥议会批准了《非洲大陆自由贸易协定》（AfCFTA），从而使批准该协定的国家数量增至15个。其他14个国家分别为乍得、科特迪瓦、加纳、几内亚、肯尼亚、马里、尼日尔、卢旺达、塞拉利昂、南非、斯威士兰、乌干达、纳米比亚、刚果（布）。按照协定要求，至少需要22个国家批准，AfCFTA才能生效。目前，非盟委员会正争取在2019年2月召开非盟峰会前，再有7个国家批准AfCFTA。

五、全球宏观经济形势

联合国拉加经委会调低今明两年拉美经济增长预期。2018年12月21日，联合国拉丁美洲和加勒比地区经济委员会发布《2018拉丁美洲和加勒比地区经济初步概览》称，2019年全球经济不确定性上升，并将影响拉美经济增长。报告将2018年拉美和加勒比地区经济增长预期下调至1.2%，2019年经济增长预期下调至1.7%。报告指出，拉美区域内经济增速差异明显，预计南美洲地区2018年、2019年两年经济增速分别为0.6%和1.4%；中美洲地区2018年、2019年两年经济增速分别为3.2%和3.3%；墨西哥2018年、2019年两年经济增速分别为2.2%和2.1%；加勒比地区2018年、2019年两年经济增速分别为1.9%和2.1%。报告显示，个人消费仍是拉动该地区经济增长的主要因素，而新兴经济体金融状况的恶化则是拉美经济当前面临的最大风险。